FAGUAN ZHULI GONGZUO SHIWU

法官助理工作实务

唐素林　主编

法律出版社
LAW PRESS·CHINA

北京

图书在版编目(CIP)数据

法官助理工作实务／唐素林主编. -- 北京：法律出版社，2024
ISBN 978-7-5197-8798-1

Ⅰ. ①法… Ⅱ. ①唐… Ⅲ. ①法院－工作－中国 Ⅳ. ①D926.2

中国国家版本馆 CIP 数据核字（2024）第 036772 号

法官助理工作实务
FAGUAN ZHULI GONGZUO SHIWU

唐素林 主编

责任编辑 冯高琼
装帧设计 李 瞻

出版发行 法律出版社
编辑统筹 法规出版分社
责任校对 王晓萍
责任印制 耿润瑜
经　　销 新华书店

开本 710 毫米×1000 毫米 1/16
印张 15.75　**字数** 248 千
版本 2024 年 5 月第 1 版
印次 2024 年 5 月第 1 次印刷
印刷 北京建宏印刷有限公司

地址：北京市丰台区莲花池西里 7 号(100073)
网址：www.lawpress.com.cn
投稿邮箱：info@lawpress.com.cn
举报盗版邮箱：jbwq@lawpress.com.cn
销售电话：010-83938349
客服电话：010-83938350
咨询电话：010-63939796

书号：ISBN 978-7-5197-8798-1　**定价**：58.00 元

凡购买本社图书，如有印装错误，我社负责退换。电话：010-83938349

作 者 简 介

| 主　　编 |

唐素林　女，中国政法大学法学硕士（理论法学）、访问学者，现任北京政法职业学院法律文秘专业教研室主任、副教授，北京市职业院校专业带头人、优秀中青年骨干教师，兼职律师。从事教学工作29年，其中从事法律高职教育工作20年。参与（国家级）职业教育法律文秘专业教学资源库建设，主持北京市专业教学资源库项目建设，参与北京市职业院校特色高水平骨干专业建设；获北京市教育教学成果奖二等奖，北京市教学能力比赛一等奖、二等奖；研究方向为：法学理论、人民调解、社会治理、法学教育等，主持北京市级课题1项，主持学院课题7项，参与市级、院级科研课题10余项；著有《社会管理创新法治化问题研究》，编著《民间纠纷调解要点与技巧》，主编《纠纷调解与基层法律服务》《庭审实务训练教程》，合著《中国法治建设及公民法律意识培养研究》《创新视角的法学理论与实践教学》《法学实践教育模式研究与创新》，参编教材3部，公开发表论文50余篇。

| 编委会成员 |

林　云　女，毕业于北京大学法学院，现任北京市丰台区人民法院党组副书记、副院长、审判员。2024年1月，荣获第二届"北京法院司法实务研究专家"称号。先后在人民法庭、民事审判专业庭、办公室、立案庭、政治部等多部门工作，长期从事民事立案速裁、商事及刑事审判工作，在审判管理、诉讼服务、党建队建等方面积累了丰富经验。参与探索构建"人力资源系数审判管理法”，该工作方法入选《最高法院第十批司法改革案例选编》和北京法院司法改革“微创新”案例最佳示范案例。参与最高人民法院、北京市高级人民法院、北京市法学会等多项课题研究工作。其中，参与的最高人民法院2019年司法研究重大课题《深化多元化纠纷解决机制改革研究》以及2021年度司法案例课题《社会主义核心价值观融入司法审判典型案例研究》，北京市法学会2022年重点课题《首都法院完善统一法律适用标准工作机制研究》现已结项。参与撰写的调研报告《关于社会主义核心价值观融入法院工作的调查研究》获评北京法院优秀调研成果一等奖。参编《房屋买卖纠纷案件审判实务研究》《民间借贷纠纷案件审判实务》《裁判思维与法律适用精品案例选编（2018~2020年卷）》《庭审实务训练教程》等图书。

吴中华 女，自2003年中国人民公安大学硕士研究生毕业，进入北京市丰台法院工作，先后任北京市丰台法院办公室副主任、卢沟桥法庭副庭长、民五庭庭长、政治部教育培训工作组组长，积累了较为丰富的民商事审判实践经验，教育培训和人才培养工作经验。审结各类民事案件1600余件，并注重及时将审判经验与理论知识相结合，总结民商事案件审判思路，撰写著作《交通纠纷案例答疑》及《医疗纠纷案例答疑》等约30万字；组织干警撰写并出版《房屋买卖纠纷案件审判实务研究》《民间借贷纠纷案件审判实务》等图书。加入了中国人民公安大学刑事侦查学科带头人，现任中国刑事警察学院党委副书记、院长郝宏奎教授组织的翻译团队，翻译《李昌钰博士犯罪现场勘查手册》约10万字，并由中国人民公安大学出版社出版。

张立建 男，现任北京市丰台区人民法院刑事审判庭副庭长，刑事审判经验丰富，曾承办多起疑难复杂案件。审理的徐某某等人诈骗案入选新时代推动法治进程2022年度十大提名案件；审理的王某传授犯罪方法案入选最高人民法院网络司法典型案例。撰写的文章《推进党建与审判双向路径融合模式研究——以刑事审判“一一三一”工作机制为例》获国家法官学院“人民法院与国家治理”研究专题征文二等奖；撰写的调研文章《关于刑事速裁程序适用状况的统计分析》获北京法院优秀司法统计二等奖。曾多次荣立法院系统个人三等功，获北京市扫黑除恶专项斗争先进工作者、北京法院刑事审判业务标兵、2017—2020年度平安北京建设先进个人等荣誉。

王　静　女，2011年9月参加工作，现任丰台法院刑庭副庭长、一级法官。曾荣立个人二等功一次，三等功两次，获全国五一劳动奖章、全国月度平安英雄、首都劳动奖章、北京市三八红旗奖章、北京青年榜样、北京市优秀共产党员、北京市扫黑除恶先进个人、北京市最美巾帼奋斗者、丰台区优秀共产党员等荣誉。受聘担任河北省邯郸中院调研指导教师、北京工商大学校外兼职导师，多次为中央财经大学、北京工商大学等高校授课。主要学术成果：《惩治邪教相关法律问题研究》（合著）；《刑事速裁案件裁判文书范式研究——以515篇裁判文书为研究样本的实证分析》获得第27届全国法院学术论文讨论一等奖、北京法院学术论文讨论特等奖；此外，多篇论文曾获北京法院学术论文讨论一等奖、优秀奖，全国法院学术论文讨论一等奖、二等奖、优秀奖等。

杜明哲　女，西南政法大学宪法与行政法学专业硕士，现任北京市丰台区人民法院二级法官。论文《规范性文件的司法审查标准构建》获第十二届中国法学青年论坛主题征文活动三等奖及北京市法学会行政法学研究会法治政府建设论坛一等奖，论文《关于一审依职权履行法定职责案件审查视角和裁判规则的调查研究》获中国法学会审判理论研究会行政审判理论专业委员会2018年年会主题论坛优秀奖，撰写案例分析《陶淑华诉山东省青岛市社会保险事业局劳动社会保障行政确认案》曾获全国法院系统优秀案例分析评选活动优秀奖。同时，多篇案例发表于《中国审判案例要览》《审判前沿》；入选“中国法院年度案例”等。也曾多次为行政机关、大学生授课。

夏玉婷　女，现任北京金融法院二级法官助理。2015年参加工作以来，多次荣获优秀法官助理称号，并获优秀共产党员、宣传工作先进个人、年度社会主义核心价值观优秀讲师、新闻舆论工作先进个人等称号。主要学术成果：案例分析《收据与借据的效力认定——代某某诉裴某某民间借贷纠纷案》发表于《基层法院典型商事案例裁判规则解析》；案例分析《隐名股东之资格确认——黄某银诉北京乔纳柏森服饰有限公司股东资格确认案》入选“中国法院年度案例”；文章《法官助理协助法官提高审判质效的途径》发表于《管理观察》杂志，《“一带一路”沿线国家跨国司法信息平台的构建》《“一站式”国际商事纠纷解决机制中人员名录及分类建设》等文章在法治论坛获奖。

王昕月　女，中国政法大学硕士研究生，现任北京市丰台区人民法院刑事审判庭四级法官助理，曾在执行庭及审判管理办公室（研究室）担任法官助理。撰写的《批量案件管理现状、问题及解决路径》获北京市高级人民法院优秀司法统计课题优秀奖，撰写调研信息多次被有关领导批示，曾在公务员考核中被评定为嘉奖，曾荣获北京法院扫黑除恶先进个人。

前　言

进入21世纪,党和国家适时提出要"推进司法体制改革,按照公正司法和严格执法的要求,完善司法机关的机构设置、职权划分和管理制度"。司法体制综合配套改革,是党中央作出的重大战略部署,是全面深化改革、全面依法治国的重要组成部分,在中国司法改革史上具有里程碑意义。习近平总书记在党的二十大报告中指出,"司法体制改革取得重大进展,社会公平正义保障更为坚实,法治中国建设开创新局面",同时明确要求"深化司法体制综合配套改革,全面准确落实司法责任制,加快建设公正高效权威的社会主义司法制度,努力让人民群众在每一个司法案件中感受到公平正义"。

新一轮司法体制改革以完善司法人员分类管理制度,完善司法责任制,健全司法人员职业保障制度,推动省以下地方法院、检察院人财物统一管理作为四项基础性改革措施。随着改革的深入,司法人员分类管理成效显著,各类司法人员职责权限更加明确,职业发展渠道更加畅通,人员结构更加优化,司法队伍正规化、专业化、职业化水平进一步提高。

关于司法人员分类管理的改革成果也在法律中予以体现。2018年10月第十三届全国人民代表大会常务委员会第六次会议修改了《人民法院组织法》*,自2019年1月1日起施行。此次修订明确了"人民法院的法官、审判辅助人员和司法行政人员实行分类管理",也第一次在法律中明确了法官助理的工作职责;2019年4月修订的《法官法》也重申了"人民法院的法官助理在法官指导下负责审查案件材料、草拟法律文书等审判辅助事务",并强调人民法院应当加强法官助理队伍建设,为法官遴选储备人才,为法官助理队伍建设指明了方向。

习近平总书记指出,"制度的生命力在于执行",制度的执行需要人才支

---

* 为了便于阅读,本书中的法律法规均使用简称。——编者注

持。随着司法人员分类管理改革的不断深入以及法官助理制度的建立,各级法院不断配备配齐法官助理。如何建立一支合格的、适用司法审判工作的法官助理队伍是法院面临的重大课题。政法院校是培养司法人才的单位,理应在培养法官助理方面有所作为,为法官助理制度建立提供人才支持。为此,我们联合了法院的一线法官和法官助理编写了《法官助理工作实务》,旨在帮助那些即将(或已)进入法院担任法官助理的人员更好地适应法官助理岗位工作,应对社会对法官助理在知识、岗位技能、职业素养方面越来越高的要求。

为了更好地掌握法官助理工作任务,教材编写组在不同的审判程序中,设立了不同的工作情境,可以使读者沉浸式地掌握法官助理在不同审判程序中的工作规范。为此,本教材编写了四编内容,包括第一编法官助理工作总论,让学习者对法官助理制度、法官助理工作职责和要求有一个整体认识。第二编民事审判法官助理工作规范、第三编刑事审判法官助理工作规范、第四编行政审判法官助理工作规范,突出了该教程实践性和实用性的特色。

其实践性体现在:第一,本教材编者大部分是法院审判一线的专家与骨干,他们具有丰富的审判实践经验,可以告诉未来的法官助理从业者将如何做。第二,本教材在内容方面,提供了民事、刑事及行政审判等程序中法官助理在开庭前、庭审中以及庭审后要完成的工作任务及规范,并指出在未来工作中容易失误或应该注意的事项,实践内容翔实丰富。

其实用性体现在:第一,本教材既有对法官助理参与民事、刑事及行政审判工作规范的阐述,也有对工作中容易出现失误点的重点提示,以及涉及的法律法规引用,具有很强的实用性;第二,本教材在编写民事、刑事和行政审判法官助理工作规范时,先设定了高度仿真的工作情境,并进行了工作分析,再讲述相应工作规范,最后对该工作所要求的技能及工作步骤进行了小结,为学习者提供了很好的参考和指引。

在本教材编写过程中,由唐素林负责设计、统稿、定稿及校阅,来自法院的法官及法官助理承担了大部分稿件撰写。具体分工如下:

第一编第一章由唐素林编写,第二章由吴中华编写,第三章由林云编写。

第二编由夏玉婷编写。

第三编由唐素林、王静、张立建、王昕月合作编写。

第四编由唐素林、杜明哲合作编写。

由于水平有限，本教材可能有疏漏和不当之处，敬请广大同仁及读者不吝批评指正。

唐素林

2024 年 3 月 12 日于北京

目　　录

第一编　法官助理工作总论

第二编　民事审判法官助理工作规范

第三编　刑事审判法官助理工作规范

第四编　行政审判法官助理工作规范

第一编

法官助理工作总论

第一章　法官助理制度概述

审判辅助人员是指在案件审理及判决执行过程中以及其他相关司法活动中履行辅助职责、承担相关事务、协助法官依法独立公正行使审判权的人员。其在司法活动中有着不可取代的作用,对维护司法公正至关重要。随着司法体制改革的深入推进,司法人员分类管理正在完善,建立一支高素质的法官助理、书记员等审判辅助人员队伍是此次司法体制改革的目标之一。审判辅助人员队伍的建立和完善虽然可以借鉴西方司法的先进经验、司法智慧等,但也不能忽略审判辅助人员制度成长的"本土资源"。

第一节　审判辅助人员制度概览

一、中国古代审判辅助人员制度

在古代法律体系中,因是诸法合体,司法不独立,司法权和行政权合在一起行使,所以一般由地方行政长官兼理司法,司法事务具有行政事务的性质,遵守"以上率下"原则,行政化色彩浓厚。

(一)西周时期

在西周时期,掌管最高司法权力者是大司寇、小司寇和士师,同时设有审判辅助人员,如司刑、司刺、司约、司厉、司圜、掌囚等。《周礼·秋官》[1]属于刑官之属,其中包含60种司法官职,除上述几种外,其余大多属于审判辅助人员,如司刑掌五刑之法,以丽万民之罪,实际是依据五刑之法辨别罪行的轻重,从而建议大司寇宜施的刑罚;司刺,掌三刺、三宥、三赦之法,以赞司寇听狱讼,实际是辅助大司寇判断量刑情节;司约掌邦国及万民之约剂,实际是辅助民事

〔1〕 参见杨天宇:《〈周礼·秋官司寇第五·司民/掌戮〉译文》,载新法家2006年12月15日,http://www.xinfajia.net/2651.html。

案件,萍氏辅助查处违反水禁之法,司厉、司圜、掌囚等掌管刑罚执行等,这些职位都具有较强的行政色彩。

(二)秦汉时期

秦代的中央司法机关主要是丞相和廷尉。丞相是最高的行政长官,由于行政和司法的合并,因此其也负责处理皇帝交办的一些案件;廷尉属于九卿之一,专理司法,是秦代名义上的中央最高审判机关和最高司法官,其职责是审理皇帝交办的案件和地方不能审理的重大疑难案件。秦代地方司法机构分郡、县两级,由于我国古代司法和行政不分开,司法基本依附于行政,因而在地方由郡守、县令兼理司法。[1]

汉承秦制,廷尉仍是中央司法长官。郡守为地方行政长官也是当地司法长官,负责全郡案件审理;县令兼理本县司法,负责全县审判工作;还设立了民间调解机构,如在县辖的乡中设三老,即有秩、啬夫和游徼,负责教化百姓、地方的治安和纠纷调解。[2]

秦汉都设有审判辅助人员,大致包括:(1)刀笔吏。刀笔吏指从事司法文书的草拟或代写者,由官聘请或雇用,本身不属于官职。(2)县丞。县丞享有一定职权,负责发送文书,询问告发人、证人,审讯被告,参加现场勘验等司法调查活动。[3]

(三)唐代

唐代中央政府的司法机构由大理寺、刑部、御史台三个部门组成。大理寺是中央专门的审判机关,设卿一人、少卿二人,"掌邦国折狱详刑之事"。下有正二人、丞六人,"正掌参议刑狱,详正科条之事。凡六丞断罪不当,则以法正之。丞掌分判寺事",还有"司直六人,评事十二人,掌出使推覆"。凡中央百官犯罪及京师徒刑以上案件都由大理寺审理,其还负责重审刑部批转的地方

---

〔1〕 参见殷湘洋:《秦汉时期的司法机构》,载北京法院网 2009 年 2 月 3 日,http://bjgy.bjcourt.gov.cn/article/detail/2009/02/id/867360.shtml。

〔2〕 参见殷湘洋:《秦汉时期的司法机构》,载北京法院网 2009 年 2 月 3 日,http://bjgy.bjcourt.gov.cn/article/detail/2009/02/id/867360.shtml。

〔3〕 参见[日]宫宅洁:《秦汉时期的审判制度》,载杨一凡、[日]寺田浩明主编:《日本学者中国法制史论著选:先秦秦汉卷》,中华书局 2016 年版,第 294~295 页。

死刑案件。[1] 大理寺的正、丞及司直、评事等都是审判辅助人员。

唐代地方政府有州、县两级，州刺史和县令既是地方的行政长官，又兼理地方司法。州设有司法参军事，县有司法、司户等佐吏等审判辅助人员，协助州刺史和县令处理刑事和民事案件。[2]

(四)宋代

宋代司法制度虽然和唐代有相似之处，司法权还是与行政权混在一起行使，但更加完备，并有不少创新：[3] (1)"鞫谳分司"，即审与判分离。(2)"翻异别勘"，即被告人对判决不能上诉，但可以翻异，其作用类似于上诉，此时须更换审判官员重新进行事实审理。(3)"试刑法"或"试法官"制度，首创专门的司法考试制度，对下级官吏进行法律考试，科目分"律文"与"断案"两大类，优秀者可提拔为官员。(4)"仓法"制度，即给司法辅助人员发放薪俸。在北宋时期实施"仓法"，规定由国家向州县官之外的胥吏衙役等辅助人员发放薪俸，且禁止他们从当事人和百姓那里收取任何费用。[4] (5)区分民刑专业法官及辅助人员。京畿地区设置府院，由司录和参军行使审判权，负责审理民事案件；州级设置州院(府院)、司理院，分别由司录、录事兼理司法，其中司理院专门审理刑事案件，"不兼他事"，另设录事参军、司理参军等协助办案；县级由知县或县令"掌字民治赋，平决狱讼之事"，设县丞、主簿和县尉协助办案。(6)宋代审判程序大体分为巡捕、推鞫、检断和判决4个阶段，原则上4个阶段各自独立。其中，除判决由知州、知县作出外，其余阶段均由其他人员负责，特别是州司法参军设有专事法律事务的胥吏和非正式的"法司习学"的见习者，负责"检断"，即检索可以适用的法律法规。

(五)明代

明代中央司法机关有刑部、大理寺、都察院，合称"三法司"。不同于唐代

---

[1] 参见《唐六典》第18卷"大理寺"。转引自冯辉：《唐代司法制度述论》，载《史学集刊》1998年1期。

[2] 参见《唐六典》第18卷"大理寺"。转引自冯辉：《唐代司法制度述论》，载《史学集刊》1998年1期。

[3] 参见郭彦主编：《人民法院法官助理职业技能教程》(第2版)，人民法院出版社2018年版，第5页。

[4] 此法最后虽以失败告终，但被认为是我国古代历史上颇有新意的司法政策。参见[日]宫崎市定：《宋元时期的法制与审判机构》，载杨一凡、[日]寺田浩明主编：《日本学者中国法制史论著选：宋辽金元卷》，中华书局2016年版，第35页。

设立的大理寺、刑部、御史台体系,明代刑部的组织机构扩大,地位提高,成为中央主审机关。刑部设尚书和左、右侍郎为正副长官,其下设司务厅和十三清吏司,具体掌管中央与各省审判,审核地方徒刑以上重案,同时,代表皇帝去各地录囚,审理大狱。大理寺是复核机关,一般不掌管审判,主要负责案件的复核。凡刑部、都察院审判的案件,都必须将案卷和人犯移送大理寺复核。都察院,即原来的御史台,是中央监察机关,有权监督刑部与大理寺的审判与复核。明代地方设三级司法机构,分为省、府、县三级。省级有专门司法机关"提刑按察使司"。府、县仍是知府、知州、知县兼理司法。

在基层,明朝初期实行里甲制度,在乡建造"申明亭"和"旌善亭"。洪武十年,朝廷颁布了"耆宿"制度,即选出民间德高望重之人,向朝廷推举人才,同时负责里社教化和纠纷处理。"耆宿"制的实行,标志着里老制度正式走上正轨。里老的职责有:(1)理断民讼,仲裁是非。(2)引导风俗,劝民为善。(3)劝课农桑,兴修水利。(4)维持地方治安。当时禁止老百姓就民事案件直接诉官,明太祖《教民榜》规定"凡民间应有词状,许耆老里长准受于本亭剖理",凡户、婚、田土、盗窃、子孙违反教令等案件皆须经申明亭,由里老作出裁决或调解。

(六)清代

刑名幕友制度是清代比较有特色的审判辅助制度。幕友即古代官员的私人秘书,俗称"师爷",原指古代主将幕府中的属官,后泛指军政官员聘请的办理事务、献计献策的各种辅助人员,一般由官员自费私聘。幕友佐治之风起于明代,盛于清代州县衙门。据考证,清代幕友主要有刑名(协助司法)、钱谷(协助税赋)、征比(办理征收)、挂号(负责登记)、书启(负责通信)、朱墨(毛笔誊录)以及账房(管理簿记)等。[1] 刑名幕友就是司法辅助人员,在明清两代地方司法中发挥着重要的辅助作用,主要暗中出主意帮助州县主官,是真正办案、拟稿定罪的人员,州县主官主要是出堂问案。刑名幕友的主要协助职责有:[2]第一,初步审查,对相当部分案件进行初审并拟写批注意见,如果州县官同意批注,即可结案无须开庭审理。幕友阅批诉状是一个重要的审前过滤

---

〔1〕 参见瞿同祖:《瞿同祖法律论著集》,中国政法大学出版社1998年版,第434页。

〔2〕 参见郭彦主编:《人民法院法官助理职业技能教程》(第2版),人民法院出版社2018年版,第7页。

程序,可以将那些相对简单的案件尽量在庭前解决。第二,庭前准备,包括确定开庭日期,准备庭审重点的案情摘要,列出需传唤出庭人员名单。第三,旁听审理,经庭审仍然认为事实存疑的,向州县主官提出庭外查证及重新开庭意见。第四,呈报重案,对重大案件需准备案情上报报告,报告应内容详尽且不能留下任何疑点。刑名幕友一般负责办案日常事务性工作,而主要分析疑点、适用法律和提出定案意见上提供辅助。

二、民国时期审判辅助人员制度

(一)北洋政府时期

清末清政府受形势所迫开始变法修律,沈家本借鉴《日本裁判所构成法》,主持草拟《法院编制法》,该法于1910年颁布实施,是我国第一部法典化的法院组织法,但因清王朝很快覆灭,其并没有真正施行。北洋政府基本上沿用该法。[1] 该法对辅助人员规定主要如下:(1)庭丁。庭丁是法庭日常事务承担人员,法庭置相当数额之庭丁;法庭开审时与案件有关系者均由庭丁引至法庭听审;庭丁着制服;庭丁之雇佣撤换由各审判厅长官决定。(2)书记官。书记官的职责主要为承审判长之命,负责录供、编案、会计、文牍及其他一切庶务;书记官于权限内所行职务即使不合该法所定之事务分配仍属有效;各法院书记官员额视案件数量及繁简确定,但配置数额不得少于其合议庭及独任法官之数;书记官实行考试录。(3)承发吏。承发吏负责发送诉讼文书、受审判厅检察厅之命执行判断没收之物件、当事人有所申请实行通知催传。承发吏实行考试录用,须缴纳保证金,并享有职务津贴,其角色类似后来的执行官或执达员。[2]

北洋政府时期审判机构和审判辅助人员设置基本上沿用清末修律成果。1913年,北洋政府先后将清末制定的《各级审判厅试办章程》和《法院编制法》略加修正后颁行,1914年4月5日,袁世凯以大总统教令的形式颁布实施了《县知事兼理司法事务暂行条例》,该条例规定"凡未设法院各县之司法事

[1] 参见李贵连:《沈家本评传》,南京大学出版社2011年版,第174页。
[2] 参见郭彦主编:《人民法院法官助理职业技能教程》(第2版),人民法院出版社2018年版,第8页。

务,委任县知事处理之”,此后又颁布了《县知事审理诉讼暂行章程》。[1] 上述两个法律文件为县知事兼理司法制度的实施奠定了法律基础,规定:县知事得照规定资格保荐承审员,呈请高等审判厅审定委任,承审员襄理县治诉讼事宜等;同时设立承审员制度,协助县知县处理司法事务,形成县知县主理、承审员辅助的分工格局,司法实务几乎重回司法行政不分的帝制时期[2],县知事得照规定资格保荐承审员,呈请高等审判厅审定委任,承审员襄理县治诉讼事宜等;同时设立承审员制度,协助县长处理司法事务,形成县长主理、承审员辅助的分工格局,司法实务几乎重回司法行政不分的帝制时期。

(二)南京国民政府时期[3]

1932 年,南京国民政府颁布《法院组织法》,对审判辅助人员规定主要如下:(1)书记官。各级法院及分院,各置书记官长一人,书记官若干人,掌理纪录、编案、文牍、统计及其他事务;除最高法院外,各级法院书记官长和书记官均实行委任;各级法院及分院书记官之员额,以命令定之;书记官执行法官命令时,如系关于笔录或其他文件之记载或变更,而书记官认其记载或变更为不当时,应附记自己之意见;委任书记官长、书记官,必须经书记官考试及格或曾修习法律学科二年以上,得有毕业证书者,方可任用。

(2)执达员。地方法院及其分院置执达员,负责送达文件、依法令应由执达员行之裁判以及其他职务事项,其职责同于清末《法院编制法》中之承发吏。

(3)其他辅助人员。法院为通译之必要,除临时指定者外,得置通译;为检验尸伤,除临时指定专门人员外,得置检验员;置相当额数之庭丁、警察。

因该法颁布后一直迟迟未予实施,1933 年、1936 年南京国民政府先后公布《承审员考试暂行条例》和《县司法处组织暂行条例》,通过资格考试对协助县长办理司法案件的承审员资格进行限制,并下令将所有兼理司法县分期改设司法处。总体而言,南京国民政府时期的法院审判辅助人员种类较多,职责较广,但仍以书记官为主要辅助人员。

---

〔1〕 参见《新六法大全·宪法附属法令》,世界书局 1924 年版,第 65~67 页。

〔2〕 参见郭彦主编:《人民法院法官助理职业技能教程》(第 2 版),人民法院出版社 2018 年版,第 9 页。

〔3〕 参见郭彦主编:《人民法院法官助理职业技能教程》(第 2 版),人民法院出版社 2018 年版,第 9~10 页。

三、革命根据地时期的审判辅助人员制度

1932年至1934年，中央苏区先后颁布《中华苏维埃共和国裁判部暂行组织及裁判条例》和《中华苏维埃共和国中央苏维埃组织法》，在政府架构内对苏区法院制度作了最初的探索和规定，其中对审判辅助人员规定较为原则。1939年，陕甘宁边区参议会颁布《陕甘宁边区高等法院组织条例》，其中第五章规定高等法院设书记室，下设书记长及书记员，履行以下辅助职责：司法人员任免登记；案件之收发、登记、分配与保密；撰拟缮写文稿；编制报告及统计表；掌理记录；典守印信；保管证物；管理图书等。1948年9月，毛泽东同志在《在中共中央政治局会议上的报告和结论》中提出，“我们是人民民主专政，各级政府都要加上‘人民’二字，各种政权机关都要加上‘人民’二字，如法院叫人民法院，军队叫人民解放军，以示和蒋介石政权的不同”〔1〕。此后，各地解放区陆续设立人民法院，县司法处改称为县人民法院，推事改称为审判员，人民法院制度由此而来。此时期对审判辅助人员的规定仍以书记员为主，并无大变。

四、新中国成立后审判辅助人员制度的初步建立

（一）新中国成立后审判辅助人员制度的初步建立

1949年以后，随着国民党“六法全书”和旧的司法体制的废除，开始在全国范围建设新的人民法院和审判人员制度。1951年9月，中央人民政府颁布《人民法院暂行组织条例》，其中规定的审判辅助人员类型较多，包括秘书（含主任秘书/秘书处长）、书记员（含主任书记员）、办事员、法警、检验员、翻译员、法医等。其中，秘书、书记员及办事员的职责范围较广，包括掌理记录、人事、宣传教育、文书、庶务、会计、统计、档案、问事、代书等事务。〔2〕

1954年，新中国第一部法院组织基本法《人民法院组织法》颁布实施，其中规定的审判辅助人员主要包括3类：〔3〕

---

〔1〕 中共中央文献研究室编：《毛泽东文集》（第5卷），人民出版社1996年版，第135~136页。

〔2〕 参见郭彦主编：《人民法院法官助理职业技能教程》（第2版），人民法院出版社2018年版，第11页。

〔3〕 参见郭彦主编：《人民法院法官助理职业技能教程》（第2版），人民法院出版社2018年版，第11页。

(1)助理审判员。各级人民法院按照需要可以设助理审判员，由上一级司法行政机关任免；助理审判员协助审判员进行工作，经审判委员会通过，可以临时代行审判员职务。从法律身份看，助理审判员属于审判辅助人员，即使从事审判工作也只是"临时"而已，但基于种种原因，助理审判员实际上成了承担繁重办案任务的主力。

(2)执行员。地方各级人民法院设执行员，办理民事案件判决和裁定的执行事项，办理刑事案件判决和裁定中关于财产部分的执行事项。

(3)书记员。各级人民法院设书记员，担任审判庭的记录工作并管理其他有关事务。

(二)"文化大革命"后审判辅助人员制度的重建

"文化大革命"结束后，人民法院恢复重建，法官和审判辅助人员制度建设重入正轨。

1979年公布的《人民法院组织法》，对于审判辅助人员的规定与1954年《人民法院组织法》没什么太大差异，另增设法医和司法警察。该法先后经过1983年、1986年、2006年和2018年4次修改，将助理审判员的任命改为本级法院任免。同时，《法官法》对审判辅助人员亦有相关规定。据相关统计，到2002年，全国法院在编工作人员共计29.8万人，其中审判员20.4万人，占比为68.46%；助理审判员4.4万人，占比为14.77%；书记员4.56万人，占比为15.30%；法警2.15万人，占比为7.21%。[1] 总体来看，《人民法院组织法》虽经多次修改，毕竟诞生于改革开放初期，缺少对审判辅助人员的地位和职权职责的具体规定，亦未形成法院人员的分类管理体制。

第二节 法官助理制度改革发展

一、法官助理制度改革的源起

由于司法分工不断细化，法官队伍专业化发展的需要，同时人们对司法权基本理论研究逐渐深入，学术界和实务界对分离法官司法裁判权和审判辅助

---

〔1〕 参见周道鸾：《关于确立法官员额制度的思考》，载《法律适用》2004年第8期；郭彦主编：《人民法院法官助理职业技能教程》(第2版)，人民法院出版社2018年版，第12页。

职责达成了共识，因此我们开始逐步推行人员分类管理的改革。据考证，我国最早提出引入并推行法官助理制度的司法政策性文件是最高人民法院1999年颁布的《人民法院五年改革纲要》。其第33条提出，“随着审判长选任工作的开展，结合人民法院组织法的修改，高级人民法院可以对法官配备法官助理和取消助理审判员工作进行试点，摸索经验”。2002年7月，最高人民法院下发《最高人民法院关于加强法官队伍职业化建设的若干意见》，明确提出要积极试行法官助理制度。可以说，1999年至2003年是法官助理改革的筹划阶段，在此阶段，法官助理制度尚无法律依据，改革的重点在研究论证并提出改革初步思路，探索构建法官助理制度的构架方案。

二、法官助理制度改革试点[1]

2004年至2014年是法官助理制度改革的试点阶段。在此阶段，法官助理制度改革已经开始从研究论证逐步转入在全国部分区域试点实施、实战操作。2004年9月，《最高人民法院关于在部分地方人民法院开展法官助理试点工作的意见》发布，确定在海南省高级人民法院、北京市房山区人民法院、常州市中级人民法院等进行试点，这标志着法官助理制度从思路论证进入正式进行试点实施阶段，也是我国法官助理制度实践运作的开端。2007年11月，最高人民法院下发《最高人民法院关于在西部地区部分基层人民法院开展法官助理制度试点、缓解法官短缺的意见》，对试点范围作了较大扩展，在西部12个省、自治区、直辖市800多个基层法院试行法官助理制度，这一制度以缓解西部基层法院法官短缺为主要目标，从政策上予以倾斜，对整个法院审判组织模式的改变起到重要的试验作用。2013年3月，中央组织部、最高人民法院发布《人民法院工作人员分类管理制度改革意见》，规定法院人员分为审判、审判辅助、司法行政三类，审判辅助人员包括执行员、法官助理、书记员、司法警察和司法技术人员五类，首次以中央文件形式对审判辅助人员进行界定和分类。2015年2月，最高人民法院发布《最高人民法院关于全面深化人民法院改革的意见——人民法院第四个五年改革纲要（2014—2018）》，其中

〔1〕 参见郭彦主编：《人民法院法官助理职业技能教程》（第2版），人民法院出版社2018年版，第12~13页。

第48条规定:健全法官助理、书记员、执行员等审判辅助人员管理制度。科学确定法官与审判辅助人员的数量比例,建立审判辅助人员的正常增补机制,切实减轻法官事务性工作负担。拓宽审判辅助人员的来源渠道,探索以购买社会化服务的方式,优化审判辅助人员结构。该意见不仅指明了法院人员分类管理制度的改革方向,而且明确了审判辅助人员来源渠道、来源方式的改革思路。2014年9月5日,上海市举行首批法官助理、检察官助理任命大会并举行宣誓仪式,有报道称此次接受任命的289名年轻人,成为中国大陆首批法官助理、检察官助理,〔1〕这标志着我国法官助理制度逐渐形成。2014年12月,最高人民法院决定在第一、第二巡回法庭试行法官助理制度,借调11名法官助理到第二巡回法庭工作,表明最高人民法院将自身也纳入了试点范围。〔2〕

三、法官助理制度改革的全面推进〔3〕

2015年起,法官助理制度改革进入全新的阶段。前10年的法官助理制度改革试点在全国部分法院已经取得初步成效,积累了不少经验;同时随着法官员额制和司法责任制改革的深入实施,对法官助理制度改革的要求更显迫切,改革开始进入全面推进和提速阶段。2015年,中组部、最高人民法院、最高人民检察院印发《关于招录人民法院法官助理、人民检察院检察官助理的意见》,提出了为保证人民法院、人民检察院队伍正规化、专业化、职业化建设,要建立从政法专业毕业生中招录法官助理、检察官助理的规范机制。2015年7月,最高人民法院下发的《最高人民法院关于建立法律实习生制度的规定》规定,人民法院根据工作实际,定期接收法律院校学生实习,实习期限一般为3~6个月;实习人员在实习期间担任实习法官助理或实习书记员,在指导老师帮助下参与案件审理、案件记录、起草法律文书以及专题调研等辅助工作;实习人员在实习期间,应严格遵守人民法院审判、廉政、保密等各项规章制度和工作纪律。

---

〔1〕 参见《中国大陆首批法官、检察官助理在上海产生》,载中央政府门户网站,https://www.gov.cn/xinwen/2014-09/05/content_2745960.htm。

〔2〕 参见郭彦主编:《人民法院法官助理职业技能教程》(第2版),人民法院出版社2018年版,第13页。

〔3〕 参见郭彦主编:《人民法院法官助理职业技能教程》(第2版),人民法院出版社2018年版,第13~14页。

2015年9月,最高人民法院下发《最高人民法院关于完善人民法院司法责任制的若干意见》,明确提出要全面推行法官助理制度。2016年,中组部、中政委、最高人民法院等部门联合发布《法官助理、检察官助理和书记员职务序列改革试点方案》,规定了法官助理的一般任职资格条件;明确法官助理的6个职务层次由高到低与综合管理类副巡视员至科员一一对应;不具有本科学历的未入额法官可以转任法官助理;未取得法律职业资格的在编书记员符合条件的,可以转任法官助理。2016年7月,全国司法体制改革推进会提出,对未入额的法官、检察官,要保护好他们的积极性。在他们转为司法辅助人员后,原来享有的津补贴保留不变。同时,要加快完善录用、聘用法官助理、检察官助理和书记员制度,探索建立法学专业学生、实习律师到法院、检察院实习、担任司法辅助人员制度,尽快配足配好司法辅助人员,推动形成责任和分工明确、协作紧密的办案团队。随着法官助理制度改革的不断推进,全国人大、最高人民法院、专家学者以及司法实务界也在积极研究和推进《人民法院组织法》修改工作,推动将人民法院人员分类管理和法官助理制度列入《人民法院组织法》。法官助理制度改革逐渐深入,截至2018年3月,全国法院从211,990名法官中共遴选产生120,138名员额法官,改革后,优秀人才增强,各类司法人员职责权限更加明确,职业发展渠道更加畅通,人员结构更加优化,人民法院队伍正规化、专业化、职业化水平进一步提高。[1]

可喜的是,2018年10月第十三届全国人民代表大会常务委员会第六次会议修改了《人民法院组织法》,于2019年1月1日施行,其中明确规定人民法院的法官、审判辅助人员和司法行政人员实行分类管理。随后修订的《法官法》[2]也对法官助理的职责作了相应规定。

第三节 法官助理制度改革的规范文件

一、有关法官助理制度的法律规定

虽然我国《民事诉讼法》《刑事诉讼法》《行政诉讼法》等均未对法官助理

[1] 参见郭彦主编:《人民法院法官助理职业技能教程》(第2版),人民法院出版社2018年版,第13~14页。

[2] 《法官法》于2019年4月23日第十三届全国人民代表大会常务委员会第十次会议修订。

作出相应规定,大部分与法官助理制度有关的规定主要体现在中央和地方司法改革的政策性文件之中,但可喜的是随着司法改革的深入,我国《人民法院组织法》和《法官法》对此作出相应回应。

2018 年 10 月第十三届全国人民代表大会常务委员会第六次会议修改了《人民法院组织法》,于 2019 年 1 月 1 日施行。此次修订明确了"人民法院的法官、审判辅助人员和司法行政人员实行分类管理",也第一次在法律中明确了法官助理的工作职责,该法第 48 条第 1 款规定,"人民法院的法官助理在法官指导下负责审查案件材料、草拟法律文书等审判辅助事务"。随后修订的《法官法》第 67 条第 1 款[1]也重申了"人民法院的法官助理在法官指导下负责审查案件材料、草拟法律文书等审判辅助事务",并强调人民法院应当加强法官助理队伍建设,为法官遴选储备人才,为法官助理队伍建设指明了方向。

二、中央司法改革文件

目前关于法官助理队伍建设的法律规定不多,但有关法官助理队伍建设与改革的政策文件却不少,尤其在中央的司法改革文件中多次提到。2013 年 3 月,中组部和最高人民法院联合下发《人民法院工作人员分类管理制度改革意见》,开启了法官助理制度改革,之后,先后发布 10 余个文件都是关于法官助理改革的政策文件。

涉及党的会议决议有两次:2013 年 11 月,十八届三中全会通过的《中共中央关于全面深化改革若干重大问题的决定》第 32 条提出,要完善司法人员分类管理制度;2014 年 10 月,十八届四中全会通过的《中共中央关于全面推进依法治国若干重大问题的决定》第四部分提出要"明确各类司法人员工作职责、工作流程、工作标准",为司法体制改革及司法人员分类管理指明总的方向。

中央深改组也多次对司法改革及司法人员分类管理作出决定、发布意见,主要包括:2014 年 2 月,中央深改组第二次会议审议通过《关于深化司法体制和社会体制改革的意见及贯彻实施分工方案》,明确了深化司法体制改革的

---

[1] 《法官法》于 2019 年 4 月 23 日第十三届全国人民代表大会常务委员会第十次会议修订,其第 67 条第 1 款规定:"人民法院的法官助理在法官指导下负责审查案件材料、草拟法律文书等审判辅助事务。"

目标、原则,制定了各项改革任务的路线图和时间表。2014 年 6 月,中央深改组第三次会议审议通过《关于司法体制改革试点若干问题的框架意见》。2015 年 11 月,中组部、最高人民法院、最高人民检察院印发了《关于招录人民法院法官助理、人民检察院检察官助理的意见》。

中央及最高人民法院和最高人民检察院也发布了相关文件,主要包括:2016 年 6 月,中组部、中政委、最高人民法院、最高人民检察院联合下发《法官助理、检察官助理和书记员职务序列改革试点方案》,明确编制内法官助理、书记员原则上按照综合管理类公务员管理,根据工作性质和管理需要设置职务名称,单独核定职数,适当提高工资待遇,并向中基层法院倾斜。2016 年 7 月,中共中央办公厅、国务院办公厅印发《保护司法人员依法履行法定职责规定》。2017 年 1 月,中共中央下发《关于新形势下加强政法队伍建设的意见》。

总体而言,这一阶段的司法改革核心之一是推行司法人员分类管理,即全面推进法官助理制度改革。其总体取向是:第一,区分法官和审判辅助人员,在明确法官核心地位的基础上形成不同类型法院人员的任职和管理序列。第二,根据法院工作需要,把法院辅助人员具体划分为法官助理、书记员、执行员、司法警察以及行政管理、综合保障人员等。第三,对法官助理作出明确规定,形成制度体系。第四,对书记员、司法警察、执行员、司法行政管理和综合保障人员等辅助人员,明确任职资格,列入单独序列,实施分类管理。[1]

这些改革措施的目的是实行法院人员分类管理,建立法官员额制,提高法官任职条件,综合考虑政治素养、廉洁自律、职业操守和专业素养、办案能力、从业经历等多种因素,公平、公正地选任法官,配足配强审判辅助人员,破解法院人少案多矛盾、构建科学审判权运行机制的关键环节,提高队伍素质,提升公正司法能力。

三、人民法院系统的相关文件

最高人民法院作为司法体制改革的“桥头堡”,最早从 1999 年就开始出台关于司法人员分类管理的文件,主要包括:1999 年,最高人民法院在公布的

---

〔1〕 参见郭彦主编:《人民法院法官助理职业技能教程》(第 2 版),人民法院出版社 2018 年版,第 15~16 页。

《人民法院五年改革纲要》首次提出在高级人民法院开展法官助理制度，探索人员分类管理的经验，在第33条提出，“随着审判长选任工作的开展，结合人民法院组织法的修改，高级人民法院可以对法官配备法官助理和取消助理审判员工作进行试点，摸索经验”。2002年7月，《最高人民法院关于加强法官队伍职业化建设的若干意见》明确试行法官助理制度。2004年9月，最高人民法院下发《最高人民法院关于在部分地方人民法院开展法官助理试点工作的意见》，确定在海南省高级人民法院、北京市房山区人民法院、常州市中级人民法院和遵义市红花岗区人民法院等法院试点法官助理制度。2007年11月，最高人民法院下发《最高人民法院关于在西部地区部分基层人民法院开展法官助理制度试点、缓解法官短缺问题的意见》，在西部800多个基层法院试点法官助理制度。2015年2月，最高人民法院发布《最高人民法院关于全面深化人民法院改革的意见——人民法院第四个五年改革纲要（2014—2018）》。2014年12月，最高人民法院决定在第一、第二巡回法庭试行法官助理制度，借调11名法官助理到第二巡回法庭工作。2015年7月，最高人民法院下发《最高人民法院关于建立法律实习生制度的规定》。2015年9月，最高人民法院下发《最高人民法院关于完善人民法院司法责任制的若干意见》。2016年7月，最高人民法院、最高人民检察院配合人社部、财政部出台《法官、检察官和审判辅助人员工资制度改革试点实施办法》。2016年9月，最高人民法院下发《法官、审判辅助人员绩效考核及奖金分配指导意见（试行）》。2017年2月，最高人民法院出台《人民法院落实〈保护司法人员依法履行法定职责规定〉的实施办法》。2017年6月，最高人民法院、司法部下发《最高人民法院、司法部关于开展公证参与人民法院司法辅助事务试点工作的通知》，在全国12个省开展为期1年的公证参与法院司法辅助事务（调解、送达、取证、保全、执行）试点工作。[1] 2018年1月，最高人民法院出台《法官助理管理暂行办法》，对法官助理的职责与要求等作了规定。2019年2月，最高人民法院出台了《最高人民法院关于深化人民法院司法体制综合配套改革的意见——人民法院第五个五年改革纲要（2019—2023）》，指出要健全审判辅助人员配

---

〔1〕 参见郭彦主编：《人民法院法官助理职业技能教程》（第2版），人民法院出版社2018年版，第16页。

备机制,完善不同层级法院审判辅助人员的配备模式和标准。在坚持规范招录、严格把关的同时,探索适合市、县两级法院招录法官助理的有效措施。

为了落实以法官员额为基础的司法责任制改革,各地方法院也相继同步推行法官助理制度改革,并按照中央关于司法改革文件的精神要求制定出台了具体实施办法,比如上海、黑龙江、江苏、北京等地方法院先后出台了《法官助理管理办法》,明确法官助理是在法官指导下开展工作,协助法官进行案件管理、法律研究、起草文书以及其他与案件审理和管理有关的工作,并对法官助理的主要职责、任职条件、任职序列、职务升降、使用管理、考核评价、待遇奖惩等多个方面都作了具体规定。这些地方性文件代表了我国各地法院对法官助理改革的探索思考和实践成果,同样构成我国法官助理制度体系的重要组成部分。

第二章　法官助理职责与定位

第一节　法官助理的职责与角色

当前的司法改革，推进人员分类管理，将法院人员分为三类：法官、审判辅助人员和司法行政人员。其中审判辅助人员包括法官助理、书记员、司法警察、执行员。法官助理和书记员都是在法官指导下，提供法律辅助服务。因此，我们非常有必要厘清法官助理的角色与职责，明白法官助理与法官、书记员等人员的关系。

一、法官助理的职责要求

2018年修订的《人民法院组织法》第48条第1款规定，“人民法院的法官助理在法官指导下负责审查案件材料、草拟法律文书等审判辅助事务”，第一次在法律中明确了法官助理的工作职责，虽然比较原则，但也为法官助理职责确定指明了方向。

2018年最高人民法院颁布的《法官助理管理暂行办法》细化了法官助理在法官的指导下履行的职责：

(1)审查诉讼材料，协助法官组织庭前证据交换；

(2)协助法官组织庭前调解，草拟调解文书；

(3)受法官委托或者协助法官依法办理财产保全和证据保全措施等；

(4)受法官指派，办理委托鉴定、评估等工作；

(5)根据法官的要求，准备与案件审理相关的参考资料，研究案件涉及的相关法律问题；

(6)在法官的指导下草拟裁判文书；

(7)完成法官交办的其他审判辅助事务。

同为审判辅助人员的书记员则是在法官的指导下，按照有关规定履行以下职责:负责庭前准备的事务性工作;检查开庭时诉讼参与人的出庭情况,宣布法庭纪律;负责案件审理中的记录工作;整理、装订、归档案卷材料;完成法官交办的其他事务性工作。

综上,法官助理与书记员都属于审判辅助人员,但法官助理的工作更侧重"业务性",会介入对案件实质性内容的处理,在诉讼流程中承担部分组织、主持、引导、调研、调查等职能;书记员的工作更侧重"事务性",主要在程序性事务中承担记录、整理、装订、归档、校对等职能。法官助理的所有工作均以法官的指导、委托、指派、要求、交办为前提。

二、法官助理的工作类型[1]

法官助理的职责贯穿案件审判全程,覆盖程序、实体领域,法官助理是法官履行审判职责最为重要的助手和伙伴。根据法官助理承担具体职责的范围、经验和专长,对法官助理的培养和使用可以形成不同的模式和类型,结合我国近年来各地法院法官助理制度的改革实践,可以将法官助理的职责类型大致归纳为以下四种。

(一)程序事务性工作

近几年来全国各地司法案件增长势头明显,案多人少矛盾突出的形势更加严峻,一些程序事务性工作就成为法院法官助理配置的工作类型之一。当然,给法官助理配置多少程序事务性工作,是根据各级法院具体情况而定。对侧重于程序事务性工作的法官助理,要求他们的诉讼法知识比较完备、对程序运行比较了解、工作执行力强且注重细节等。目前法院聘任制法官助理承担这方面的工作较多。

(二)法律研究性工作

作为法官审理案件的研究型助手,对侧重于研究职责助理的要求主要体现在5个方面:法学功底扎实、研究能力较强、法律论证逻辑性较优、对案例实务比较关注以及文字表达水平较高等,至于是否有相应的经验不是重点所在。研究型助理与法官之间应当形成一种相互启发关系和智慧支持关系,参与法

---

〔1〕 参见郭彦主编:《人民法院法官助理职业技能教程》(第2版),人民法院出版社2018年版,第31~33页。

律研究并提供裁判意见支持应当成为法官助理的核心职责。这方面的工作，能真正体现法官助理职责和书记员职责明确区分，形成法官助理主要提供裁判意见支持、书记员更多负责程序及日常事务协助的合理格局。总的来说，现行法官助理的任职条件和职责范围中更多地考虑了一般性和事务性，而忽略了对其法律研究能力的特殊要求。但是，法官助理选任还是比较注重法律研究能力，也吸引不少高素质的优秀法学院研究生充实法官助理队伍。

（三）指挥协调类工作

在一些资深法官带领的审判团队里，因其承办案件量大、审判难度大，配备的审判辅助人员较多，势必需要一个法官助理帮助法官统筹协调以其为中心的审判团队的正常运作，负责团队内各法官审判事务的相互协调互补，指挥团队内其他法官助理、书记员和其他辅助人员，使团队在面临案多人少的巨大压力下仍然可以有效运作。这类法官助理侧重于指挥协调职责，要求其整体意识突出、管理能力较强、人际关系较优且善于协调各方等，同时对诉讼事务也要有相当的了解。

（四）综合保障类工作

司法综合保障事务同样属于法官助理职责范围，能将法官从大量烦琐事务中解脱出来，更有效地专注于指挥诉讼、主持庭审、依法裁判等审判核心职责。虽然，不少法院将一些综合保障事务进行社会外包，但由于不少法院案件数量不断增加，而人员不足、审判压力持续加大的严峻形势依然存在，因此需要一定数量的综合保障型助理，担负大量的司法行政事务和综合保障事务，实现有限司法资源利用效能的最优化。

应当说明的是，上述法官助理履职的四种类型并不具有绝对意义，也不意味着实践中不能兼容转化。从有些基层法院探索实践情况看，法官助理的职责范围普遍存在交叉，同时还需要赋予和尊重资深法官团队结合审判案件需要对团队内法官助理职责范围进行必要调整的权利，同时对法官助理和书记员仍应有职责上的明确区分。

三、法官助理的职责角色[1]

设置法官助理的根本目的和制度价值，是分流员额法官的审判辅助性事

---

〔1〕 参见郭彦主编：《人民法院法官助理职业技能教程》（第2版），人民法院出版社2018年版，第38~39页。

务,使法官从烦琐的事务中解脱出来,真正专注于指挥诉讼、主持庭审、裁判案件,同时也是让法官助理在成为法官以前积累必要的司法经验。总体上看,法官助理核心的法律角色是协助法官审判案件者。这种法律角色与同为协助者的书记员具有类似之处,即双方都在法官的指挥和指导下按照职责分工从事审判案件过程中的相关辅助事务,但同时更反映出法官助理法律角色不可替代的独特性,具体体现在以下五个方面。

(一)诉讼流程的引导者

诉讼是由法官主导,辅助人员配合,诉讼参与人共同参与才能完成的活动。由此看来,法官助理的工作是不可或缺的。作为法官助手的法官助理,除了在法官指导下进行工作外,还需发挥自己的主观能动性,及时依法有效推进整个诉讼流程,发挥组织、引导作用,将法官从繁重的事务性工作中解脱出来,使法官更加专注于案件审判工作,专注于庭审、裁判案件等核心审判事务。与此同时,法官助理通过审查诉讼材料、办理保全等事务、整理案件争点、收集典型案例、提供裁判参考意见等,为法官开阔审理思路、提升诉讼效率、保证案件审理质量提供必要的支持。

(二)诉讼信息的传递者

作为法官的助手,法官助理的一个非常重要的职责是沟通法官、当事人、书记员及其他诉讼参与人等,即在法官指挥和指导下,在诉讼各参与方之间传递信息、了解情况、听取意见、沟通协调。法官助理这种起到桥梁作用的法律角色和职能定位,使法官助理能够全方位参与到案件审判工作当中,充分把握案件诉讼资料,有助于更好地辅助法官裁判。[1]

(三)庭前准备工作的助推者

庭前准备工作有很多项,法官助理和书记员都要承担一定的庭前准备工作,但他们之间有合作也有分工,法官助理更多的是起到助推作用。最高人民法院颁布的《法官助理管理暂行办法》第 4 条对法官助理的庭前准备职责作了集中规定:(1)在员额法官指导下,审查诉讼材料,准备与案件审理相关的参考资料;(2)组织庭前会议、庭前证据展示和证据交换等庭前准备工作;

---

〔1〕 参见李文广:《主审法官好帮手 承上启下关键人——法官助理制度改革述评》,载《人民法院报》2015 年 12 月 21 日,第 4 版。

(3)依法调查、收集、核对相关证据;(4)受员额法官委托或协助员额法官办理财产保全和证据保全措施等;(5)承担委托鉴定、评估、审计等事务性工作等。因此,法官助理按照法官指令,对具体个案的庭前准备工作作出安排并予以落实,如初步阅卷并拟出阅卷笔录,受法官委托组织庭前会议,实施财产保全,排定证据交换、调解以及开庭日期等,其中的核心是组织好庭前会议。

(四)案件争点的整理者

法官在开庭审理案件前,有一项非常重要的事项要知晓,即案件的争议焦点是什么。案件争点主要涉及证据争点、事实争点、程序争点和法律适用争点等。法官助理在法官指导下,通过阅卷、召集当事人双方了解情况、听取意见,协助法官对双方无争议的一致部分予以固定,对双方存在争议的部分客观准确记载,为法庭审理明确方向、突出重点和提高效率打下坚实基础。因此,法官助理作为当事人争点整理者对庭审功能的有效发挥和案件的最终解决,起到极其重要的辅助作用。

(五)裁判文书的草拟者

《人民法院组织法》等文件明确了法官助理的职责定位,即在法官指导下负责审查案件材料、草拟法律文书等审判辅助事务。要草拟裁判文书,除需参与一些程序性辅助事务外,还应当通过卓有成效的研究梳理,在案件审理中特别是裁判意见上对法官提供建设性的智慧支持,更好地辅助法官厘清审理思路,提高裁判文书的质量和说服力。因此,法官助理在法官的指导下,围绕案件的重大争点特别是澄清和明确法律适用争点,收集典型类案案例、整理学术论争观点,在此基础上结合个案具体情况综合分析并形成自己关于案件法律适用的意见,提供给法官作为参考,充分彰显法官助理的重要价值。

第二节 法官助理与法官、书记员的关系

一、法官助理与法官的关系

法官助理制度不是中国土生土长出来的制度,是舶来品。现代法官助理制度肇始于美国。19 世纪后半叶,美国联邦最高法院为了缓解案件数量剧增带来的压力,允许大法官雇用私人助理。此后,美国国会多次制定法律,为美

国联邦法院系统法官配备法官助理。经过一个多世纪的发展，法官助理制度已成为美国一项比较成熟的司法制度。[1] 美国法官与助理的关系，复杂且非同一般，有人认为他们是“委托代理关系”，[2] 有人认为是雇佣关系，还有人认为不是简单的雇佣关系，更多侧重于建立良好的私人感情与关系，是“一种相互尊重、相互帮助、相互高度信任的友好关系”[3]。同属英美法系，英国的法官助理制度也同美国一样，其法官与法官助理是私人助理式的指导与服务关系。不同于英美两国，大陆法系国家的德国也建立了自己的法官助理制度。在德国法院系统，司法辅助官相当于法官助理，德国专门制定司法辅助官法，明确其性质、职责及任职条件等。其司法辅助官属于司法公务员，具有较强的稳定性和独立性。德国法官与法官助理之间权责明晰，能有效发挥法官助理制度的功效。[4]

中国虽然学习西方建立法官助理制度，但由于中国与西方的国情、历史传统都不一样，因此中国法官与法官助理的关系也与西方国家不一样。

（一）对法官助理与法官关系的误解

1. 法官助理是法官的“附庸”

《人民法院组织法》第 48 条第 1 款规定，“人民法院的法官助理在法官指导下负责审查案件材料、草拟法律文书等审判辅助事务”，因而有人误认为，法官助理的工作均受法官指派或委托，被定位为纯粹的法官助手，并附属于法官。[5] 法官助理在与法官的相处过程中没有主动性，而是处于被支配的状态；法官居于绝对的核心地位，法官助理的工作完全依附于法官的指挥与部署，作为法官的助手，法官助理的工作，如干什么、怎么干等完全听命于法官，法官助理没有自己的决策权，一切以法官的意志为准。[6] 有人认为法官助

---

〔1〕 参见江振春：《美国联邦最高法院与法官助理制度》，载《南京大学学报（哲学 · 人文科学 · 社会科学）》2010 年第 2 期。

〔2〕 See Todd C. P. , *Christopher Z. Law Clerk Influence on Supreme Court Decision Making: An Empirical Assessment*, DePaul Law Review, 2008, p. 58.

〔3〕 乔钢良：《“现在开庭！”——我为美国联邦法官做助理》，生活 · 读书 · 新知三联书店 1999 年版，第 17 页。

〔4〕 参见李新天、吴扬：《法官与法官助理“法情关系”之构建探究——以 A 市 B 区基层法院为视角》，载《贵州大学学报（社会科学版）》2021 年第 4 期。

〔5〕 参见陈召坤：《法官助理的独立价值解析》，载《山东审判》2016 年第 3 期。

〔6〕 参见陈召坤：《法官助理的独立价值解析》，载《山东审判》2016 年第 3 期。

理工作的好坏完全以法官个人的好恶和评判为标准,这剥夺了法官助理职能中本应具有的"独立性",使法官助理成为法官的"附庸"。这与当初建立法官助理制度的初衷相悖。

2. 法官助理是法官的秘书

有人认为法官与法官助理之间的关系类似于行政领导与下属之间的关系,即法官是领导,法官助理是下属。法官助理的工作,如组织证据交换、调解、送达、保全、起草法律文书等,都是依据法官的命令来执行的,法官助理只是法官命令的执行者,必须不折不扣地完成法官交办的任务。这种认知与我国法院内部长期的行政化管理模式有关,法官职务级别与行政级别挂钩,而行政机关的内部上下级之间是领导与被领导关系。

3. 法官与法官助理是师徒关系

法官与法官助理之间是师傅与徒弟关系是当前比较得到大家认可的观点,即法官助理通过跟随法官参与调查、调解、庭审和裁判文书草拟等环节的实战训练,[1]在法官的指导下完成相应的司法任务。这和美国联邦最高法院大法官与助理之间的关系类似,在这种关系中,法官助理有相对较强的独立性,但是法官助理的成长环境具有随机性,即如果遇到一个业务水平精湛、责任心强的法官,作为徒弟的法官助理会获益匪浅;如果遇到的法官水平一般,对作为徒弟的法官助理责任心不强的话,则法官助理境况堪忧。

上述三种认知虽然有一定道理,但却存在一定误解。

(二)法官助理与法官是合作和伙伴关系[2]

我国法官助理主要由法院而不是法官个人进行选择,配置和管理均以庭为主,与美国法官助理制度的运行模式存在明显差异。

1. 法官助理与法官之间主要表现为工作上的协作关系

我国法官助理虽因法官而生,是法官的助手,辅助法官完成审判工作,但不是"秘书",更不是"附庸"。从法定角色看,法官助理是人民法院的公职人员,不是法官个人的助理,受法院管理,属单独的审判辅助人员序列,具有独立性。法官助理辅助或协助法官完成案件的审判工作,因而他们之间是工作上

---

〔1〕 参见田成有:《"承上启下"的法官助理》,载《人民法院报》2016年11月14日,第2版。

〔2〕 参见郭彦主编:《人民法院法官助理职业技能教程》(第2版),人民法院出版社2018年版,第37页。

的协作关系。

2. 法官与法官助理之间的“法情”关系[1]

法官与法官助理在工作磨合过程中,通过充分沟通和相互信任,在形成稳定协作关系的同时,也会在业务上形成类似师生关系或战友关系的关系,相互尊重、相互学习探讨法律问题,甚至还会形成比较亲密的关系,类似人与人之间的亲情关系,因为他们之间的法定职责,我们可以称此种关系为“法情”关系。

二、法官助理与书记员的关系[2]

(一)书记员的职责与定位

法官助理与书记员都属于审判辅助人员,但法律对他们的定位与他们各自的职责存在差别。《人民法院书记员管理办法(试行)》第 1 条第 1 款规定“书记员是审判工作的事务性辅助人员,在法官指导下工作”,将书记员定位于审判工作的事务性辅助人员。《人民法院组织法》第 48 条规定“人民法院的法官助理在法官指导下负责审查案件材料、草拟法律文书等审判辅助事务”,并且还规定,“符合法官任职条件的法官助理,经遴选后可以按照法官任免程序任命为法官”。从此规定可以看出,法律对书记员和法官助理的定位是不一样的。书记员的工作更侧重“事务性”,侧重于从事务性、技术性事项上辅助法官办理案件;法官助理则侧重“业务性”,会介入对案件实质性内容的处理,侧重于从裁判性事项上辅助法官处理案件。

《人民法院组织法》第 49 条规定了书记员的职责:“人民法院的书记员负责法庭审理记录等审判辅助事务。”《人民法院书记员管理办法(试行)》第 2 条和《最高人民法院关于完善人民法院司法责任制的若干意见》第 20 条比较详细地规定了书记员的职责:(1)办理庭前准备过程中的事务性工作;(2)检查开庭时诉讼参与人的出庭情况,宣布法庭纪律;(3)担任案件审理过程中的记录工作;(4)整理、装订、归档案卷材料;(5)完成法官交办的其他事务性工作。

根据法律规定,书记员是法庭诉讼活动的法定记录者和审判笔录等诉讼

---

[1] 参见李新天、吴扬:《法官与法官助理“法情关系”之构建探究——以 A 市 B 区基层法院为视角》,载《贵州大学学报(社会科学版)》2021 年第 4 期。

[2] 参见郭彦主编:《人民法院法官助理职业技能教程》(第 2 版),人民法院出版社 2018 年版,第 41~42 页。

文书的具体制作者，书记员还是法院办案过程的见证者和法官办案行为的监督者，这对确保法官审判行为的合法性具有重要意义。同时需要强调的是，书记员虽然主要承担审判事务性辅助工作，但其职责同样具有较强的专业属性，即使是记录诉讼活动也绝非简单地抄抄写写或者一成不变地速录复制，未经专业学习和职业培训，将难以胜任书记员的法律角色。

（二）法官助理与书记员的职责共性与差异〔1〕

1. 法官助理与书记员的职责共性

（1）双方都是审判辅助事务的主要承担者。法官助理和书记员在实践中都担负程序推进的职责，且二者的职责都具有较强的专业性和职业性，需要经过系统的专业学习和职业培训。

（2）双方的辅助角色具有独立性。法官助理和书记员都在法官指挥与指导下，按照职责分工从事具体案件的辅助事务工作，其行使审判协助职责虽然具有从属性，但不能被法官的职责所替代，仍具有自身的独立价值。

（3）双方的程序事务辅助角色存在协作性。法官助理和书记员在推进程序进程中，可以在法官指挥下灵活调整，相互协作补位。有些法院因人手不足，所以法官助理代行书记员职责，或者书记员代行法官助理职责。实际履行职责的过程，双方的程序事务很大程度上根据法官审判案件的实际需要而予以适当调整。

2. 法官助理与书记员的职责差异

（1）法律依据不同。书记员参与诉讼和辅助法官处理案件是法定职责，我国《人民法院组织法》《民事诉讼法》等以及最高人民法院相关司法解释对此都有明确规定。对于法官助理的职责到目前为止，《人民法院组织法》《法官法》作出了规定，但比较笼统，《法官助理管理办法》的规定要相对详细一些。

（2）角色定位不同。根据法律规定，书记员既是司法程序事务辅助人，特别是法庭活动记录人，同时又是诉讼程序的法定见证人。法官助理除了程序事务辅助人的角色以外，更重要的是其法律研究辅助人的角色，这是其不同于书记员之处。

---

〔1〕 参见郭彦主编：《人民法院法官助理职业技能教程》（第2版），人民法院出版社2018年版，第41~42页。

(3)职责分工不同。总体上看,书记员的职责范围以庭审为中心但不局限于庭审,贯穿于诉讼全程,职责重点是记录等事务性工作。法官助理和书记员虽然都是司法辅助人员,但法官助理主要是在审判业务上辅助法官,更注重其专业性,书记员则是在审判事务特别是程序技术事务上辅助法官,更注重其事务性。[1]

(三)法官助理与书记员的协作关系与角色互补[2]

法官助理不仅是以员额法官为核心的整个审判团队顺畅运行的关键,也是具体案件审理程序有序推进的枢纽。

一方面,法官助理受法官的指令和安排,负责庭前准备具体工作,既是法院与当事人联系的纽带,又是法院或法官为当事人服务的具体执行者。另一方面,法官助理又是联系法官和书记员之间的纽带,起着承上启下的作用,在协助法官工作时,既要接受法官的业务指导、服从法官的安排,又担负着协调书记员做好相关事务性工作的重要职责。就此而言,法官助理负有带动和指导书记员、促进其业务能力提升的重要任务;在具体案件事务上,与书记员形成两位一体、互动互补的协作关系。

应当明确,法官助理与书记员之间的职责定位总体上是一种法官指挥指导下的既有分工负责,又有协作配合的双向互动关系。分工体现在职责各有侧重,配合体现在诉讼中双方都应当按照诉讼法规定服从法官指挥,共同促进诉讼有序高效进行,及时公正裁判。因此,法官助理与书记员的分工不能截然分开和一成不变,而应当保持开放、动态,所在庭和法官的管理、指挥也要保持一定弹性,必要时结合案件审理工作需要,可以对二者职责临时进行调整。[3]

---

〔1〕 参见万毅:《法官助理,何去何从?》,载四川法制报网,https://www.scfzbs.com/llqy/201703/55864317.html。

〔2〕 参见郭彦主编:《人民法院法官助理职业技能教程》(第2版),人民法院出版社2018年版,第42页。

〔3〕 参见陈葵:《案件猛增,员额紧缩,基层法院如何破局?》,载微信公众号"法影斑斓"2015年10月18日。

第三章　法官助理的职业素养

职业素养是人类在职业工作或活动中需要遵守的行为规范和要求，是在职业过程中表现出来的综合品质。个体行为的总和构成了自身的职业素养，职业素养是内涵，个体行为是外在表象。职业素养的三大核心为：职业信念、职业知识技能和职业行为习惯。“职业信念”是职业素养的核心，包含良好的职业道德、正面积极的职业心态和正确的职业价值观；“职业知识技能”是做好一个职业应该具备的专业知识和能力。“职业行为习惯”是在职场上通过长时间的学习—改变—整合，最后变成习惯的一种职场综合素质。职业信念可以调整，职业技能可以提升。要让正确的信念、良好的技能发挥作用就需要不断地练习、练习、再练习，直到成为习惯。法官助理的职业素养指法官助理完成审判辅助性职业所必须具备的基本职业信念和能力。法官助理的职业信念是审判辅助性职业技能的核心和基础，而所谓的职业技能就是法官助理的综合素质在职业行为上的外化表现。本章重点探讨法官助理的职业信念和职业知识与技能。

第一节　法官助理应遵守的职业信念

基于法官助理的身份定位、工作职责与履职特点，法官助理为正当、规范、高效、优质履行司法审判辅助职责而应当具备良好的职业道德、正面积极的职业心态和正确的职业价值观。

一、法官助理的职业道德

法官助理的职业道德是指法官助理在履行审判辅助职责的过程中，必须遵循相应的道德原则和行为规范。法官助理具有良好的职业道德，对协助法官的工作、保证司法公正、维护国家法治尊严发挥重要作用。本部分对法官助理的职业道德要求作出阐述。

(一)忠于司法事业

1. 忠于宪法和法律

法谚云:“法律必须被信仰,否则将形同虚设。”我国宪法与法律是党的主张和人民共同意志的体现,是神圣的。法官助理有义务忠于宪法和法律;换句话说,法官助理不仅需要发自内心拥护和信仰宪法和法律,自觉带头遵守和服从宪法和法律,而且要在具体审判辅助工作中严格、正确和公正地实施宪法和法律。

2. 忠于人民

忠于人民和忠于宪法和法律是有机联系的整体。因为我国宪法和法律反映的是人民共同意志,法官助理在工作中严格执行宪法和法律,平等对待各方当事人及其他诉讼参与人,就是执行人民的意志,是忠于人民的体现。

3. 忠于社会主义司法制度

坚持党对司法工作的领导,是我国司法制度和西方司法制度的本质区别,也是我们最大的政治优势。法官助理工作虽多体现于审判辅助性事项,但对依法、公正、高效进行审判活动具有基础性作用。法官助理应当深刻认识到司法事业的神圣与光荣,充分认识到审判辅助工作的重要价值,在司法工作与日常生活中旗帜鲜明、立场坚定地走中国特色社会主义法治道路,牢固树立社会主义法治理念,做中国特色社会主义事业建设者和捍卫者。

(二)保障公正司法

司法公正是审判工作的生命和灵魂,是我们建设法治国家的重要标志,也是法官助理必须遵守的基本准则。法官助理只有本着公正的精神,正确履行司法职责,才能实现司法活动的目的。

1. 确保审判程序合法,实现实体公正与程序公正

司法公正包括实体公正和程序公正两个方面的内容。实体公正是指法院认定事实清楚,适用法律正确,最终的裁判结果正当合法。在司法过程中,从立案到审理、判决,甚至到执行等遵守法律规定,体现程序公正,保障当事人享有相应的诉讼权利和诉讼义务、平等的诉讼地位。与此同时,坚持以事实为根据,以法律为准绳,协助法官查明案件事实,准确把握法律精神,正确适用法律,确保案件裁判结果公平公正。敢于坚持原则,不受任何行政机关、社会团

体和个人的干涉，不受权势、人情等因素的影响。

2. 严格执行回避制度，贯彻司法公开原则

回避制度与司法公正息息相关，是我国三大诉讼法确立的基本制度，虽然三大诉讼法没有对法官助理进行规定，但法官助理作为审判团队中的一员，回避制度中所有关于法官和书记员的相应规定，法官助理都应严格遵守。坚持贯彻司法公开原则，尊重人民群众的知情权，自觉接受法律监督和社会监督，同时避免司法辅助工作受到外界的不当影响。

3. 平等对待双方当事人及其他诉讼参与人

要保证司法公正，必须要平等对待双方当事人及其他诉讼参与人。法官助理在协助法官办理案件时要保持中立公正的立场，不偏袒或歧视任何一方当事人，不能因一方当事人身份的特殊性而将其意见作为法庭和其他当事人必须接受的观点。要给予当事人（尤其是被告）充分的辩论权利，不能在当事人未充分发表意见的情况下作出对其不利的判断。此外，不私自单独会见当事人及其代理人、辩护人。私自单独会见当事人及其代理人、辩护人不符合司法从业人员的基本职业准则，因为单独接触一方当事人与司法从业人员公正、中立的角色不符，不仅影响当事人对案件审理过程与裁判结果的信任，而且也会损害法院的公信力。因此，无论是法官、法官助理还是书记员，都不能单独接触一方当事人。

（三）提高司法效率

西方有法谚“迟来的正义是非正义”。没有司法效率，司法公正就会失去存在的基础。司法效率是实现司法公正的保障，司法公正是司法效率的最终目标。法官助理在履行职责过程中，要具备司法效率意识，充分利用司法制度设计，高效履行职责，依法缩短诉讼周期，节约司法资源，减少当事人诉累、杜绝司法拖延。

1. 保持勤勉敬业的积极状态

法官助理作为法官的助手，不仅要为法官提供审判辅助，而且要在法官指导下开展调查、调解、庭审和裁判文书写作以及其他程序性工作。那么，如何在有限时间内完成高强度的工作？这需要法官助理保持勤勉敬业的积极状态，这是法官助理优质高效完成工作的基本条件。法官助理要保证自己有足够的精力投入到审判辅助工作中，同时还应当具有高度的责任心，全身心地致

力于履行审判辅助职责,正确处理审判辅助工作与个人事务及其他公务活动的关系,不得因个人的事务、日程安排或者其他行为影响审判辅助职责的正常履行。

2. 注重方法,培养良好习惯

审判辅助工作的特点更多体现为任务"多且杂",因而法官助理高效率完成工作需要讲求方法与技巧。首先,法官助理要了解并适应法官的工作习惯,适应法官的工作方式,提高工作效率。其次,注重方法,培养良好的工作习惯,有序有效开展工作。比如为避免重复劳动降低效率或者因事务繁杂而迟延或遗漏工作,坚持每日草拟任务清单并及时划减或动态增补,完整记录法官交代的每一项任务;再如任务完成、阶段性推进或推进有困难时及时反馈或寻求法官指导帮助。最后,法官助理应当向法官、资深法官助理或书记员学习,认真发掘、不断总结辅助工作的各项方法,提高工作效率。

3. 全面提高司法辅助工作效率

法官助理应当在辅助审判工作的每一个环节中注重司法效率,以节约审判时间,减少诉讼拖延。法官助理在工作中应当做到:(1)统筹安排各项审判事务,提高诉讼效率。法官助理应合理安排各项审判事务,严格遵守工作纪律,及时、有效、审慎、适当地完成本职工作,杜绝粗心与拖延,更不能因个人事务和其他公务影响审判工作。(2)重视案件的各个环节。对于每个案件都给予同样审慎的关注,并且投入合理、足够的时间。对立案、送达、采取保全措施、审理、执行等各项司法职责的履行都必须给予足够重视,不能掉以轻心、随便应付。(3)在保证审判质量的前提下,注意节省当事人及其代理人、辩护人的时间。法官助理一方面应当尊重当事人和其他诉讼参与人,注意节省当事人和其他诉讼参与人的时间;另一方面,当发现当事人和其他诉讼参与人有意拖延时,应当督促其提高效率、减少拖延。(4)注意节省同一审判组织中其他人员的时间,注重与法官、书记员等共事的有效性,与他们协调一致,彼此珍惜对方的劳动和时间,共同创造高效、和谐的司法环境。

(四)保证清正廉洁

司法腐败会直接影响司法公正、国家权威和社会风尚。保持清正廉洁,反对司法腐败是所有司法从业人员的职业道德要求,也是维护司法公正、树立司法权威的重要保障。

1. 严格遵守廉洁司法规定

法官助理作为司法从业人员，在履行审判辅助职责时，要严格遵守廉洁司法规定，不接受案件当事人及相关人员的请客送礼，不利用职务便利或者法官身份谋取不正当利益，不违反规定与当事人或者其他诉讼参与人进行不正当交往，不在执法办案中徇私舞弊。

2. 约束业外行为

所谓业外活动，是指法官助理在履行司法审判辅助职责以外的一切事务和活动，包括他们的业余生活和业外交际。为了维护司法权威和司法公正，法官助理非常有必要在生活、社交等方面严谨慎重。法官助理要做到：不从事或者参与营利性的经营活动，不在企业及其他营利性组织中兼任法律顾问等职务，不就未决案件或者再审案件给当事人及其他诉讼参与人提供咨询意见。与此同时，法官助理要妥善处理个人和家庭事务，不利用司法从业人员的身份寻求特殊利益，还要教育督促家庭成员不利用司法从业人员的身份和地位谋取不正当利益。

（五）维护司法形象

1. 坚持学习，精研业务，忠于职守

法官助理在辅助法官办理案件过程中，要坚持学习，精研业务，正确理解法律规定的内涵，向有经验的法官及相关人员学习办案的经验和智慧，做到精通办案业务；在办案过程中，忠于职守，秉公办案，耐心听取当事人及其他诉讼参与人的意见，平等对待诉讼参与人；遇到当事人及其他诉讼参与人不懂或理解不到位的，要细心做好释明工作。总之，法官助理通过辅助办案，要做到惩恶扬善，弘扬正义，让老百姓感受到公平正义。法官助理要始终保持昂扬的精神状态和良好的职业操守。

2. 文明司法，遵守司法礼仪

司法审判是由规则与秩序构建的场域，法官助理在履行职责过程中要行为规范、着装得体、语言文明、态度平和。无论是参与正式的庭审活动，还是协助法官组织庭前会议或调查活动，都应当严格遵守法庭规则，不迟到或早退，不随意进出或接打电话，更不得从事用手机上网玩游戏或看视频等与审理活动无关的活动，要始终保持辅助工作的专注度和专业性，保持对当事人和其他诉讼参与人应有的礼仪与尊重，保持良好的职业修养。

3. 加强修养,注重形象举止

法官助理辅助司法审判工作,肯定会接触当事人,因此法官助理的态度言行、形象举止是当事人认知法院的重要窗口。法官助理在工作和生活中要加强自身修养,培育高尚道德操守和健康生活情趣。在工作中,法官助理要注重形象整洁,衣着规范、庄重、按规定着制服及配套徽章,不得着装随意见当事人,如女法官助理不得浓妆艳抹、染指甲,男法官助理不得留长发、蓄胡须等;杜绝任何与法官助理职业形象不相称、与司法职业道德相违背的不良嗜好和行为,不得做出任何有损法院形象的行为;工作之外要遵守社会公德和家庭美德,维护良好的个人声誉。

(六)尊重和维护法官权威[1]

1. 不干涉法官决定

依照法律规定,法官是依法行使国家审判权和承担违法审判责任的主体,作为依法行使国家审判权的人员,依法审判案件不受行政机关、社会团体和个人的干涉是其应有权利。法官助理作为法官的助手,虽然在履职时具有一定独立性,也具有辅助进行法律研究的职责,但若对个案法律程序、事实认定或法律适用上与法官存在不同意见,在向法官提出自己的意见或建议后,最终应服从于法官的决定,不能干涉法官的决定。即便法官确实存在故意违反与审判工作有关的法律、法规,那也应按照法律规定进行处置,而不能随意干涉法官决定。

2. 服从法官安排

从最高人民法院颁布的《法官助理管理暂行办法》看,将法官助理定位为协助法官从事审判业务的辅助人员并无争议,法官助理的工作具有明显的从属性与依附性。因此,无论是采用"跟人"还是"跟庭"管理模式,法官助理都应坚决服从法官的工作指令与安排,全力做好各项辅助工作,减轻法官在案件办理过程中承担的程序性与事务性工作,让其从琐碎性、程序性事项中解脱出来,专司审判与案件研究,以提高审理质量与办案效率。

(七)注重团队协作

法官、法官助理与书记员构成的审判团队具有很强的"人和性"特征,每

[1] 参见郭彦主编:《人民法院法官助理职业技能教程》(第2版),人民法院出版社2018年版,第46页。

个成员必须互相支持与支撑。法官助理的团队协作作用体现在以下两个方面。

1. 做好沟通和统筹管理

实践中,法官助理在审判团队中起着"纽带"或"承上启下"的作用,甚至可能扮演审判团队"大管家"的角色。首先,审判团队内部要加强沟通。无论是法官与法官助理的审判工作与审判辅助工作之间,还是法官助理与书记员的不同辅助工作之间,都具有紧密的关联性。对于临时缺席或工作调整,除事先向法官汇报外,还应当及时与团队其他成员进行工作沟通或交接,明确个案的处理进度或所处环节,避免忙中出乱,确保各项工作有序进行。其次,法官助理要发挥好统筹管理的作用,帮助审判团队成员协调互补,使团队有序运转。一方面,法官助理要统筹安排本职工作。法官助理必须根据各项事务的轻重缓急,妥善安排、及时完成自己手中的辅助工作,避免影响法官或其他辅助人员在下一环节的工作,确保案件在法定审理期限内结案。另一方面,法官助理要统筹协调团队工作。根据法官要求或者审判团队职责分工,承担案件管理、辅助事务安排或人员督促等工作。比如,根据法官近期收结案的数量、案由、案件类型、审理难易、审限缓急等情况,统筹安排案件排期,避免工作忙闲不均,及时提醒法官处理案件顺序,及时提请结案,避免审限延误,提醒书记员及时完成送达、归档等工作。

2. 主动担当、协作补位

一方面,法官助理要及时补位。遇到团队中法官或书记员临时有事不在,法官助理要及时跟进相关工作,不能影响团队工作的正常开展。例如,若当事人因联系不上法官和书记员找到法官助理时,法官助理不能以自己不清楚或者不是经办人为由简单搪塞,而是要及时解释法官与书记员不能接电话的原因,获得对方理解,对自己清楚、能够回复的情况及时回应,对于不清楚的情况,应当了解、记录当事人诉求后及时向相关人员转述,避免增加当事人讼累或者引发不必要的投诉。另一方面,法官助理要主动担当。很多法院存在人员资源配置不均衡,或是聘用制书记员流动性较大等客观情况,实践中不少法院存在法官助理代行书记员职责或兼任内勤职务等情况,也存在面临接手他人额外工作的情形,甚至出现事实上的法官助理与书记员不分、职责混同、工作量倍增等现象。对此,法官助理需要理性认知、正确看待,自觉发挥团队协作意识与担当精神,不抱怨、不推诿他人交接的工作,共同推动团队工作正常开展。

(八)保守工作秘密〔1〕

1. 不得泄露国家秘密

作为司法工作人员,法官助理在日常工作中更容易接触到部分涉密文件或秘密信息,这些秘密可能涉及国家在政治、经济、国防、外交等领域的安全与利益,必须严格执行各项保密管理制度,自觉规范和约束言行,坚决做到不该看的不看,不该说的不说,不该做的不做。尤其是在互联网和自媒体背景下,法官助理要避免在办公电脑上随意使用移动存储设备,避免随意使用手机拍摄法院内部文件等行为,防止出现以口头、复制、拍照等任何形式或介质泄密的情况。故意泄密或因过失导致泄密造成不良后果的,将会被追究相应的违纪违法责任。

2. 不得泄露审判工作秘密

一是宣判前不得泄露案件处理意见。在审判团队中辅助法官工作的法官助理肯定会对案件审理的进程和相关结果比较了解,当事人出于了解案情或其他目的,可能会找法官助理探听案件情况。如果法官助理的保密工作没做到位,就可能导致泄密,这会给案件审理带来极大的麻烦,甚至可能引发舆情状况。法官助理对此必须保有清醒的认知,既不得故意泄露审判工作秘密,也不能在与当事人及其他诉讼参与人沟通交流过程中无意透露结果,或在公共场所及亲友等任何无关人员面前谈论案件的审判情况。二是不得泄露案件评议等内部资料。人民法院的审判委员会、合议庭、专业法官会议等案件讨论的具体情况和记录应当严格保密,与案件相关的单位或部门出具的材料依照规定不得向工作上无关人员和单位透露,尤其不得因当事人缠诉不休而在沟通交流时泄密。在归档时,法官助理应当严格遵照归档规范性要求区分正、副卷,避免诉讼代理人申请阅卷过程中查阅或复制本应存放于副卷内的材料。在日常工作中,法官助理也要注意妥善保管案件材料,严禁携带案卷材料游览、参观、探亲访友或出入与办案无关的场所,防止案件材料丢失、被窃或被无

〔1〕 参见郭彦主编:《人民法院法官助理职业技能教程》(第2版),人民法院出版社2018年版,第48~49页。

关人员复制及传播。

3. 不得泄露商业秘密及个人隐私

除了国家秘密、案件审判执行工作秘密以外，法官助理在履行职务过程中，还可能会接触到当事人的经营信息、商业秘密或者个人隐私等，尤其是在刑事诉讼案件、婚姻家事类案件以及知识产权类纠纷案件中。法官助理应当强化保密意识，严格遵守各项保密工作规定，不得以各种形式向他人透露基于履行职责而掌握的商业秘密、个人隐私等。故意泄露或因过失泄露履行职务掌握的商业秘密或者个人隐私而造成不良后果的，同样可能会被追究违纪违法责任。

二、法官助理的职业心态

（一）法官助理具备良好职业心态的重要性

法官助理的职业心态，顾名思义，指法官助理在从事司法辅助工作中所表现出来的心理状态。法官助理的职业心态除了具有普通个体的心态特征外，还深受司法从业人员职业特征和职业环境的影响。法官助理对外代表法院形象，如果法官助理具有不良的职业心态，如表现出牢骚满腹、情绪激动、担忧焦躁、倦怠逃避、机械麻木等特征，肯定会影响法官助理的职业形象，进而影响整个司法从业人员的形象，甚至损害司法公正和司法权威，因而法官助理需要具备积极健康的职业心态。如果法官助理具备良好的职业心态，则表现出理性、具有自制力、独立、中立、完整而不分裂等诸多特征，使人快乐、进取，彰显精气神，看到的永远是事物好的一面，能把坏的事情变好，更利于引导培育法官助理良好的职业道德和健全的司法人格，还可以促进法官助理以积极的精神风貌和高昂的工作热情为大局服务、为人民司法，同时也是法官助理赢得社会尊重和取得公信力的必要条件。

（二）影响法官助理职业心态的因素

1. 社会不良思想影响法官助理的职业心态

一是社会不良思想的影响导致法官助理使命感和价值观发生变化。当前，利益竞争多元化，道德错位、道德失衡、拜金主义等不良思想冲击着人们的头脑。法官助理作为社会的个体，其思想、道德在遵守社会主流标准的同时，也不可避免地受到社会不良思想的影响。有些法官助理在思想上出现了困惑，在是非对错面前失去了判断力，有的法官助理甚至为了蝇头小利丧失职业道德，败坏司法从业人员队伍，损害司法形象。二是随着司法体制改革和人员分类管理的深入，司法理念、管理机制、考核制度调整日趋合理，方式方法更加科学，但各种制度、举措在实际操作与执行过程中，不可避免地发生一些偏差，落实结果往往不尽如人意，导致法官助理的使命感和责任感渐渐模糊，心态逐步失衡。

2. 职业压力和不良心态导致法官助理缺乏职业的归属感

在实践中，受案多人少的影响，以及法官助理的职业特点，导致法官助理工作时间长、工作责任重、工作压力大，再加上法官助理的上升空间受到一定程度的阻碍，导致法官助理迷茫和困惑，影响法官助理建立良好的职业归属感。职业归属感是建立在职业认同基础之上的，从另一个层面来说，也是一种职业凝聚力和职业荣誉感。一些法官助理常常拿自己的工作与其他职业相比较，并产生自卑、不满等不良的职业心态，而缺乏职业归属感必将影响法官助理的职业自豪感、荣誉感，影响队伍整体的凝聚力。

3. 职责设置不明确导致法官助理职业心态管理工作出现偏差

虽然我国《人民法院组织法》和《法官法》规定了法官助理的职责，但它们的规定都比较笼统，也没有很好地落实相应具体机制。在司法实践中，不少基层人民法院因为人员不足，法官助理承担了书记员、内勤等方面的工作，加上司法辅助工作繁重、压力大，导致法官助理职业心态不稳。相关机构尚未对此问题进行重点关注，法官助理的职业心理评估、疏导工作的可操作性制度尚未建立健全，工作的方式方法无章可循，工作基本停留在被动执行层面，造成面对法官助理队伍中存在的职业心态问题，无有效解决途径，致使法官助理职业心态管理工作滞缓不前。

（三）做好调适，树立良好职业心态

造成法官助理心理压力，影响其良好职业心态的因素颇多，因而缓解法官助理心理压力是一个系统工程，涉及法官助理个人和其所处的社会政治经济、社会综合环境、法院系统内部体制及物质保障等方方面面。法官助理需通过自我心态的调适，积极化解各方压力；管理部门也需采取积极措施缓解法官助理心理压力。

1. 法官助理需通过自我心态的调适,积极化解各方压力

法官助理可以采取措施从紧张心态向放松心态改善。首先,法官助理可以寻求高效方法、提升工作效率,学会利用最少的时间干完更多的事情。其次,对工作分轻重缓急、控制工作节奏,学会按照先主后次的顺序排列工作任务清单,依次逐一完成好各项工作任务。再次,学会忙里偷闲、注重精神愉悦,及时松动"压力之弦",如焦虑时适当倾诉,疲乏之际适当休憩,久坐之后适当走动,每周做适当运动,这些都能起到很好的调剂缓冲作用。又次,要拓展视野、旷达胸襟,铸宽广心态。在工作中难免遇到各种问题及不平之事,法官助理遇事要多角度、换位思考,凡事从长计议,站得高才能看得远,看得远才能行得稳。俗话说得好:"忍一时风平浪静,退一步海阔天空。"最后,克服失衡心理,树立平常心。法官助理的失衡心理来源于与他人或其他职业的比较,与他人或其他职业比待遇、比收入,滋生了患得患失的失衡心态,但法官助理要理智地看待行业差距,正确地对待名利得失,始终把崇高事业摆在第一位,把个人利益放在第二位,树立良好的职业心态。

2. 相关管理部门要采取措施加强法官助理职业心态管理

(1)建立健全职业心态管理体系,创新法官助理队伍职业化建设工作。一是建立法官助理职业心态管理辅导中心,关注法官助理的身心需要,引导法官助理建立积极健康职业心态,帮助法官助理成长。政工部门要从过去单纯的道德品质教育转到法官助理健康人格塑造,从而使法官助理职业心态管理工作直接为法官助理队伍职业化建设服务。职业心态管理辅导中心要积极帮助法官助理树立以下健康的职业心态:敬业、感恩、自信、谦虚、乐观、诚实勤奋、积极进取、付出与奉献、渴望成功、合作与创新等。二是关注法官助理职业生涯的规划和管理。坚持"以人为本",关注法官助理的职业生涯规划,并将此作为法官助理职业心态管理的重要内容,实现法官助理队伍和法官助理个体的共同发展。通过职业生涯管理,达到法院人力资源需求与法官助理个人职业生涯需求之间的平衡,创造高效率的工作环境和引人、育人、留人的氛围。三是构建法官助理职业心态管理的长效机制。通过制度建设,明确目标体系、构建制度和重点工作,使法官助理职业心态管理工作有序进行。建立健全竞争和激励机制,使法官助理的积极性、创造性得到充分调动,使优秀人才能够脱颖而出。建立健全监督和约束机制,增强法官助理的工作责任感和职业危

机感。

(2)加强司法从业人员队伍文化建设,弘扬职业精神、塑造职业形象。一是加强职业道德的教育。践行政法干警社会主义核心价值观,塑造良好职业形象,形成积极向上的精神价值、道德价值、人格价值和高尚的社会公德、职业道德、家庭美德。二是构建良好的学习氛围。通过学习,不断吸收先进的思想、文化,不断提高队伍的整体文化素质,提升文化品位,推进法官助理队伍整体素质的提高。三是着力丰富法官助理的精神文化生活。提高法官助理的精神文化生活质量,丰富他们"八小时"外的生活,创造活动空间,制定活动主题,营造健康、积极向上的文化生活氛围。其一,搭建展示法官助理文化艺术才能的舞台,激发健康的生活情趣。通过举办文艺、书法等活动,提高法官助理的文化艺术品位,发展个人兴趣爱好,增强队伍整体的活力,展示法官助理的良好风貌。其二,大力弘扬团队协作精神。团队精神培养也是法官助理职业心态管理的一个重要内容。司法审判工作必须充分发挥团队的作用、依靠团队成员的共同努力才能完成。积极营造相互尊重、坦诚沟通、积极进取、团结协作的组织氛围,鼓励不同岗位、不同专业、不同部门的司法从业人员在专业分工基础上进行有效合作,齐心协力共同完成各项工作任务。

(3)创新完善职业心态管理手段,探索法官助理职业心态管理模式。一是普及法官助理职业心态管理,提倡健康的生活方式。对法官助理开展多种形式心理健康教育,为他们提供心理帮助,提高他们的自我心理调控能力和健康身心素质。二是尝试建立司法从业人员的心理评价机制和身心健康档案,及时、全面了解法官助理的心理素质。三是加强心理训练基地建设,有效促进法官助理健康心理形成。

三、法官助理的职业价值观

职业价值观是主体在职业认知过程中根据自我的社会需求和知识经验对特定职业作出的价值判断和职业评价。司法作为维护社会公平正义的最后一道防线,其从业人员的职业价值观不同于其他职业,对其要求更高。法官助理要树立正确的权力观、地位观、利益观,坚持自重、自省、自警、自励,坚守廉洁底线,依法正确行使审判权,杜绝以权谋私、贪赃枉法行为。

(一)坚定理想信念,不忘法治初心

法官助理大多是比较年轻的司法从业人员,面对审判工作中疑难复杂的

问题和形形色色的诱惑,更需要用坚定的理想信念来指引前进的道路,坚定不移走中国特色社会主义法治道路。要加强政治理论学习,司法从业初心不改,具备信仰担当,发自内心地信仰法律;要具备政治担当,在思想上政治上行动上同党中央保持高度一致,做审判事业的“燃灯者”。

(二)践行司法为民,保持本色不变

司法为民是我们党全心全意为人民服务的根本宗旨在司法工作中的具体体现。司法从业人员必须牢固树立司法为民宗旨,把为人民司法作为自己的职责使命,要更加适应人民群众在新时代对公平正义的更高要求,及时回应群众关切,做到想群众之所想、急群众之所急、办群众之所需,让人民群众真正、切实感受到公平正义,实现办案政治效果、社会效果和法律效果的有机统一。

(三)强内功除外扰,维护司法公正

大部分法官助理年轻有活力,但他们对法律理解可能不透彻,司法从业经验不足。法官助理需要加强内功修炼,潜心钻研,与同事相互启发、讨论,不断提高自身的法律知识水平和办案实践能力,确保对法律正确理解、对案件依法公正审理;同时妥善地处理好具体情况,坚决排除各种干扰,公正处理好当事人之间的纠纷,维护司法权威。

(四)谨小慎微,牢守廉洁底线

群众对司法廉洁的要求和期望相当高,司法人员一个细小的行为就可能破坏群众心目中的司法公正形象,法官助理必须谨小慎微,注重细节,严防司法腐败,杜绝任何可能会影响司法廉洁的行为。因而,在工作中法官助理要严格遵守办案程序和各项纪律规定,自觉秉承司法为民理念,不断增强司法廉洁与司法作风的意识。对于公正廉洁形象的维护,在处理案件面对当事人时要注意,时刻维护好国家司法机关的公正形象,不负人民群众的期待。

(五)提升品德修养,发挥主体作用

法官助理无论在辅助法官办理案件还是在日常生活中都应当注重培育高尚的道德操守和健康的生活情趣,杜绝与司法人员职业形象不相称的不良嗜好与行为,不断加强自身修养,自觉遵守社会管理秩序、社会公德和传统美德,始终保持健康、积极、昂扬的精神状态。

法官助理虽然是司法辅助人员,但在工作中还是要激发其主观能动性,发挥主体作用。首先,审判辅助工作的过程及内容兼具从属性和独立性,需要增强法官助理工作的主体意识,在职责范围内能动地开展工作。其次,发挥团队协作的主体作用,作为审判团队的组成人员,“承上启下”的关键人,[1]法官助理要时刻关注审判团队其他成员的工作安排与进度,提高办案效率。

总之,法官助理要坚定理想信念,筑牢思想防线,树立正确的金钱观、名利观,正确对待个人得失;要树立正确的职业观,对自己从事的司法辅助工作要有自豪感、神圣感和使命感,倍加珍爱自己的工作,全心全意地为人民群众服务;让人民群众在每一个案件中感受到公平正义。

第二节 法官助理的职业知识与技能

法官助理作为司法审判辅助人员,对内协助法官从事审判业务工作、协作审判团队其他成员,对外联系当事人与诉讼参与人、协调审判工作相关的其他单位与部门。法官助理既需要承担审判程序性辅助事务工作、法律研究及辅助裁判等工作,也需要分担部分司法行政及综合保障事务。因此,本节将着重介绍法官助理履行审判辅助工作职责所应具备的法律专业及综合性知识、信息化办公能力、口头语言表达能力及文书写作能力等。

一、法官助理的职业知识

(一)具备法律专业知识[2]

法官助理是为法官提供审判业务性辅助工作的专业人员,具备法律专业知识是其任职的基本条件。在实践中,法官助理在法官的指导下,履行审查诉讼材料、组织庭前证据交换、组织庭前调解、草拟法律文书、准备与案件审理相关的参考资料及研究案件涉及的相关法律问题等职责,法官助理必须具备相应的法律知识,且能较好地理解与应用。

1. 精通诉讼法知识,为程序合法提供保障

法官助理除了受法官委托或者协助法官依法办理保全、鉴定、评估等事

〔1〕 参见李文广:《主审法官好帮手 承上启下关键人——法官助理制度改革述评》,载《人民法院报》2015年12月21日,第4版。

〔2〕 参见郭彦主编:《人民法院法官助理职业技能教程》(第2版),人民法院出版社2018年版,第54~55页。

项，组织庭前证据交换或进行庭前调解等工作外，在庭前审查诉讼材料时还需要审查案件是否属于法院管辖或主管，诉讼主体是否适格，是否追加当事人或第三人等程序性事项。部分法官助理还需要实际承担或指导书记员制作庭前材料、送达法律文书等辅助工作。因此，法官助理必须精通诉讼法，对诉讼程序的运行有系统、整体的了解，才能确保在实际工作中依法、准确、高效完成各项程序性辅助工作，为法官依法开展审判工作提供保障。

2. 熟悉实体法知识，为辅助裁判增添助力

首先，法官助理在庭前审查案件材料时，需要根据已有诉讼材料及实体法规定找出案件基础法律关系，进而初步归纳可能存在的争议焦点，归纳或摘录部分证据，以便庭审前向法官进行汇报或者制作庭前会议报告。其次，法官助理需要草拟部分裁判文书，由于不同法官对是否干预有不同的做法，可能需要法官助理独立分析并提出初步处理意见。同时，根据法官的要求，法官助理还需要准备与案件审理相关的参考材料，研究案件涉及的相关法律问题。因此，熟悉实体法知识是法官助理准确、有效履行工作职责的基本要求。

3. 掌握法理学知识，为法律论证夯实基础

德沃金在《法律帝国》中讲道："在法理学与判案或法律实践的任何其他方面之间，不能划出一条固定不变的界线。……任何实际的法律论证，不论其内容多么具体和有限，都采用法理学所提供的一种抽象基础，而且当这些对立的基础产生矛盾时，法律论证就只能采用其中之一而反对其他。因此，任何法官的意见本身就是法哲学的一个片段……法理学是判决的一般组成部分，即任何依法判决的无声开场白。"〔1〕该论述精辟地阐释了法理学与法律实践的密切关系，法理知识对法律论证起到不可替代的作用。对于法官助理而言，无论是在程序性工作以及法律研究工作中，如何对个案问题进行分析、研判；还是当法律论证过程中存在两个甚至多个可能适用的法律条文时，如何进行正确选择；或是在面临新型、疑难法律适用问题，现行法律存在漏洞、空白或者不完善等情况下，如何根据法律原则、精神、价值为法官提出合乎情理与法理的裁判参考意见及论证理由，法理学知识都必不可少。

（二）具备综合性知识

司法工作面临形形色色、千奇百怪的案例，以及很多新型、复杂、疑难的法

---

〔1〕［美］德沃金：《法律帝国》，李常青译，中国大百科全书出版社1996年版，第83页。

律适用问题,仅有法律知识尚不能解决这些纷争,因而,除了具备法律知识外,法官助理还需不断积累社会经验,要广泛涉猎各方面的知识,并有意识地学习一些心理学、社会学等综合知识,掌握一些常识性知识,在涉及一些金融、医疗等专业类案件时,还需补充这些专业领域的知识,才能更为有效地开展工作。与此同时,法官助理要具有开阔的视野和多角度思考问题的能力,在强调法律逻辑推理的同时,还要兼顾法理、社情、民意,根据实际情况进行价值衡量与判断、平衡冲突的利益,才能向法官提出合理的裁判建议和论证理由,最终推动案结事了,提升裁判结果的可接受性与可执行性。

二、法官助理职业技能(能力)

(一)信息化办公能力

法院工作进入信息化,信息化办公(技能)能力是法官助理必须要具备的基础(技能)能力。

1. 熟练操作常用办公软件的能力

熟练操作常用办公软件,是法官助理履行职责应当具备的基本技能。法官助理要熟练使用 Word 办公软件,能使用 Word 的文字编辑、排版、图表制作、修订格式、查找替换等功能;还要熟练使用 Excel 办公软件完成相关表格的制作与数据统计工作;掌握 PPT 演示文稿的制作方法,有一些复杂疑难案件可能要进入审委会、专业法官会进行讨论,法官助理需摘取要点制作演示文稿展示,以便合议庭成员能够快速对案件事实或证据有较为清晰的认识,从而提高讨论效率和效果。此外,在法院内部目标考核、创新工作等综合行政事务中,也需要制作演示文稿。总的来讲,在当今信息化背景下,需要法官助理熟练操作常用办公软件。

2. 熟练操作法院办公、办案等管理系统

由于信息技术的发达,法院处理案件可以实现在网上(云端)处理,如网上立案、法律文书的网络送达,甚至可以网上开庭审理等,在平台上可以实现审执流程管理、审判辅助管理、司法档案管理、司法统计管理、办公和司法行政管理、审判智能服务等各项功能。法官助理在协助法官办理案件、处理法律事务过程中应当熟练操作这些常用办公、办案系统。

(1)熟练运用办案管理系统

司法办案系统的功能较多,法官助理至少应掌握案件系统及诉讼服务管理系统。一般而言,案件系统可细分为收立案系统与审判系统。前者涉及案件收立案阶段系统操作,如"收案—呈报—立案—分案—移送"等所有环节都需要在网上操作,法官助理可根据法院审判工作流程、工作人员系统权限及界面操作提示进行工作。审判系统主要是案件从立案庭移送到具体业务庭后,业务庭法官助理需要进入内网平台,查看自己经办的所有案件信息,并可选中具体案件进行追加变更当事人、开庭排期(合并开庭)、开庭记录、文书报批、报结案、上诉登记、归档等常用系统操作。此外,法官助理也要熟练使用诉讼管理服务系统。

(2)主动使用办公管理系统

办公管理系统主要涉及公文系统功能,实践中最常用的是行文办理、传阅公文等系统功能。行文办理主要是针对法官助理需要以自己名义草拟文稿而运用的操作平台,如草拟会议通知、简报、调研文章或公文等材料,需进入办公系统项下的拟稿平台,选择需草拟的文件类型并完成编辑后逐级送签,再根据领导签批意见以及法院内部办文流程在系统上进行上报、下发、传阅等后续处理。传阅公文主要是针对法院内部传阅、流转外部来文、法院公文、重要通知、调研信息等材料的操作平台,这是法院工作人员接受法院各项文件、会议通知、调研材料、动态信息等信息资料的重要渠道,法官助理可以在内网系统中阅看,也可以根据需求进行下载或收藏等处理。

此外,部分法官助理还可能兼任庭室内勤工作,他们需要应用审判管理统计分析系统统计本庭案件收结存、改发率等数据。通过统计分析系统,可以准确、高效地实现分别统计本庭及本庭所有承办法官的收结案总体数据、月度数据以及案件类型、结案方式、改发情况等数据。

法官助理在工作中可能会出差、用车,要会使用后勤保障系统,开展差旅申请、用车申请等后勤保障及规范管理工作,按照要求在该系统填写用车申请、出差申请,填好所要求的信息,办好相关手续。

3. 信息检索能力

当前正处于数字化、网络化和智能化为主要特征的信息化社会,这对司法裁判带来了深刻的影响。如何有效搜集整理、统计分析和合理运用海量司法数据,如何通过司法大数据更好地统一裁判尺度,规范社会行为,服务司法实践和群众需求,成为法院面临的重大课题,也对法官助理工作提出了新的挑战,需要法官助理不断提高在大数据背景下信息搜集和处理能力。

(二)速录速记能力

根据法律的规定,庭审记录已不是法官助理工作职责。在审判团队中有书记员专门做记录,但法官助理也需要自行承担案件评议、专业法官会议讨论案件等记录工作。因此,速录速记是法官助理需要掌握的工作技能,其中包括:用笔记录,用计算机文字录入。从目前的工作环境看,更多的时候是用计算机进行文字录入。无论采用传统用笔记录,还是采用计算机进行速录,首先,法官助理要具备归纳总结能力,能够快速地理解谈话者(包括当事人、法官及同事)所说的内容,并能够快速归纳总结,抓核心要点进行记录。其次,法官助理要掌握快速记录的技能。利用快速录入的设备或软件,经过一定时间的练习,掌握计算机快速录入的技能。再次,法官助理要做好记录准备工作。比如提前熟悉要记录的内容,包括案情、开会的工作内容等,准备好记录模板或做一些要点摘记等,方便法官助理开展速记工作。最后,法官助理要掌握快速记录的方法和技巧。法官助理可以采用一些方法提高记录的速度和正确率,如“舍问取答”“闲时补记”“归纳整理”“简记”等。

(三)口头表达能力[1]

口头沟通交流是法官助理工作中的常见场景,如对内需要在庭前向法官汇报个案基本情况、讨论对具体法律问题的研究情况,与其他同事进行沟通交流;对外需要与当事人及其他诉讼参与人沟通,与其他机构人员进行交流,刑庭法官助理还可能要与公、检、司、律协、监狱等多个职能机关或机构沟通协调。因此,口头语言表达能力是履职的必备技能。

虽然语言表达具有非常强的个性化特点,并需要根据不同场景、不同听众与不同表达内容而有所区别,但总体而言,有效的口头沟通交流应当具备“切中主题、重点突出、条理清晰、简洁明了”等基本要点。“切中主题”可以理解为围绕焦点、目的进行表述,不能顾左右而言他,开场半天还未切入正题。

---

〔1〕 参见郭彦主编:《人民法院法官助理职业技能教程》(第2版),人民法院出版社2018年版,第64~65页。

“重点突出”主要指应当在一堆信息中提炼出要点并开门见山表述要点，让听众很快能掌握到你要表达的主要信息或事情的重难点。“条理清晰”是指逻辑和思路清晰，不要让听众感觉说话不着边际或前言不搭后语。“简洁明了”是指用精练、易懂的语言把事情讲清楚，不要在有限的时间内长篇大论。对于大多数口头沟通交流场景，要达到有效沟通要求，可以有意识地思考三点。

1. 搞清楚定位，明确交流目的、主题以及听众

法官助理面临的沟通场景多样，每种场景对表达的要求不尽相同。比如，与法官沟通交流业务相关的工作时，庭前事务报告、个案研究情况汇报的内容要点与基本要素不同，侧重点也应有区别。沟通事务性工作时，除明确事项内容、目的及时间、地点、人物等具体要求外，沟通对象是本部门还是跨部门、同事还是领导也存在一定差异。根据交流发言场景，形式上是座谈交流还是主题发言，会议主题、受众、发言时间与相关要求不同，对内容要点的组织也有差异。不论是哪种场景，首先应当吃透具体情况，搞清楚自身定位，才可能想清楚到底要说哪些内容。

2. 想清楚要点，围绕目的、主题、听众组织要点

在明确沟通交流定位后，法官助理需要提前构思和组织讲话要点内容。比如汇报个案研究情况时，法官助理要想好自己的观点以及法官可能产生的疑虑，充分分析和论证争议焦点，使自己的观点更有说服力。在通知具体事项时，法官助理需要从听众的角度，换位思考对方需要了解哪些信息，现有信息是否具备沟通事务性工作的基本要素，以便及时与相关部门沟通反馈、完善信息。在会议发言时，法官助理需要根据讨论主题想清楚要点、根据时间增减表达内容、根据受众选取更有吸引力的表述方式等。同时，在向法官汇报案件、向领导汇报工作以及会议发言等相对专业或正式的场合，法官助理原则上可先行准备一些材料或要点，提前系统梳理思路和重点内容，也可在临时紧张或者突发情况下提示自己发言要点，这也是正式场合上对会议主办方和参会人员的一种尊重。

3. 讲清楚内容，简明扼要、重点突出、层次清晰

在思路和要点清晰的情况下，首先，法官助理要做到口齿清晰、用词准确、语速适中，将事先构思好的内容简练、清晰、完整地表达出来，避免因为语速过快或口齿模糊导致听众没听懂表述内容。其次，法官助理要积极使用常见的

表述技巧。例如，表述内容明显有几个层次的，可以采用“总分”加“关键词”等表述方式，先用一句话简要说明有几个层次或要点，随后再逐一用关键词开启每个层次内容。在每个层次开头或结尾时，适当用停顿或调节语速、语调等方式突出重点。此外，法官助理可提前进行自我检视，能起到自我鼓励和暗示作用，让表述更有信心，避免怯场和紧张。

（四）文书写作能力[1]

在法院工作中需要处理大量司法行政事务，要完成这些工作需要制（写）作大量文书，所以，文书写作能力也是法官助理必备的职业能力（技能）。法官助理处理的文书大致有两类，一类是司法文书，另一类是日常应用文书。司法文书是法官助理协助法官办理案件、处理法律事务应用的法律文书；日常应用文书是人们在工作中传递信息、处理事务、交流工作的工具。因而，法官助理在日常工作中以文书为载体解决各种实际问题就必须要掌握一定的文书写作技巧，具备文书写作能力。

1. 掌握法院文书的基本种类和样式

司法文书是法官助理在协助法官办理案件、处理法律事务需要的文书，其中最主要的是裁判文书。关于司法文书的制作要求，最高人民法院颁发了相关的文书样式及要求，如2016年最高人民法院发布了民事诉讼文书样式，其他刑事诉讼文书和行政诉讼文书也有相应的样式和要求，法官助理需要掌握这些文书样式。法院常见应用文书主要包括公文和一般性应用文。公文是指人民法院在审判执行工作和司法行政工作过程中形成的具有特定效力和规范体式的公务文书。2012年，最高人民法院印发了《人民法院公文处理办法》，规定了人民法院的公文种类主要有：决议、决定、命令（令）、公告、通告、意见、通知、通报、报告、请示、批复、议案、函、纪要等14种。一般性应用文可简可繁，简单的一般性应用文包括请假条、收条、便函、介绍信、证明等。

2. 把握法院文书的写作要求

法院代表国家行使审判权，在这个过程中形成的文书具有其特殊性，有着不同于文学作品、理论文章的特殊要求。法官助理无论是处理一般应用文书

[1] 参见郭彦主编：《人民法院法官助理职业技能教程》（第2版），人民法院出版社2018年版，第71~72页。

还是诉讼文书都要遵循如下要求:一是格式规范。法院文书有非常严格的格式限制,法官助理要按照法院文书要求的格式与标准、处理程序等进行,不能随意发挥。二是主旨鲜明。法官助理写作文书时,要围绕一个主题展开,有较强的针对性,要突出主题,围绕基本观点开展论证。三是内容真实。法官助理协助法官处理案件要以事实为根据,以法律为准绳,因而文书内容的真实性非常重要,不得虚构事实、不得歪曲和夸大事实。四是时效严格。法官助理协助法官办理法律事务是有严格时间性和时效性的,因而法官助理在办理文书时也需要注意文书的时间性和时效性。

3. 注重法院文书的制作规范

法院文书的写作,尤其司法文书的制作必须要严格注重规范。这包含三个层面的要求:第一,使用规范汉字,不能滥用繁体字或随意简化汉字,更要杜绝错别字。第二,要规范使用数字,按照要求在不同文书中规范使用阿拉伯数字和汉字数字,在必须用汉字数字时必须要用汉字数字,在需要用阿拉伯数字一定要用阿拉伯数字,不能随意换用或混淆。第三,精准使用标点符号,法官助理要切实掌握各种标点符号的一般用途,用准用精,并注意标点符号的位置。

第二编

民事审判法官助理工作规范

第二章

第一章　法官助理在民事案件庭审前的工作

第一节　案件接收工作规范

【工作情境 1】李欣*经过一系列入职培训后，被分到了某区人民法院民事审判庭做法官助理。工位刚收拾妥当，内勤就抱着一摞卷放在了她的桌子上，对她说："李欣，这是分给法官的卷。每一本卷上都有一个二维码，你根据咱们庭工作群里的通知登录案件流转跟踪管理平台接收一下，一共 9 本。"两人核对了一下卷宗的数量后，李欣登录案件流转跟踪管理平台对案件进行扫描接收。见到法官后，李欣告诉法官新分了 9 个案子，法官说："梳理一下，安排开庭吧。"李欣就把案卷交给了书记员张宁。

【工作分析】在上述工作情境中，李欣的做法是否正确？如果你是该案的法官助理，你应该怎么做？

一、案件登记平台

由于现阶段基层人民法院实行案件繁简分流、速裁调解前置、调解诉讼对接的案件流转模式，案件立案后可能要经历立案庭—诉前调解—速裁庭—后端庭室等诸多流转环节，处于调解阶段的案件没有正式的案件号，无法在审判系统中进行案件的跟踪管理。有的人民法院推出了案件流转跟踪管理平台，对调解卷宗实行条形码扫码跟踪管理，解决了委托调解流转环节多导致的查询困难等问题，便于法院跟踪调解进展，提高对接效率。在工作中，无论是书记员还是法官助理，拿到案卷后一定要第一时间核对案卷的数量、信息、材料，

* 为了模拟真实场景，本书中均使用虚拟人物名字及法人名称。——编者注

核对无误后及时扫码签收。没有案件流转跟踪管理平台的,分案时会在登案本中予以核对登记。

二、新收卷宗内的材料

一般情况下,对于具有正式案号的案件,新收的卷宗内部会有如下材料。

1. 立案信息表或案件信息表。不管是立案信息表还是案件信息表,都会载明案号、案由、收案人、案件名称(如××有限责任公司与××有限责任公司买卖合同纠纷一案),因此,在接收案件时,信息表是非常重要的材料,要一直随卷放置且要根据立案信息表对卷宗内的信息进行核对。

2. 民事起诉状。我国《民事诉讼法》规定,起诉应当向人民法院递交起诉状,并按照被告人数提出副本。因此,在进行材料审查时,法官助理应当对卷宗内部是否有起诉书、起诉书副本数量是否符合要求、起诉书上载明的内容是否符合法律规定进行审查。起诉书是法院需要向被告进行送达的材料,一般情况下,原告需要向法院提交“被告人数+1”份,在送达给各个被告后,法院留存一份起诉书附卷。

3. 送达地址确认书。送达地址是当事人向法院确认的其合法的送达地址,原告在立案时,立案庭会要求其向法院提交或签署送达地址确认书,确认送达地址。当事人提交送达地址确认书后,法院的后续送达、通知工作都可以根据送达地址确认书上的联系电话、电子邮箱、邮寄地址等进行,并且具有法律效力。按照送达地址确认书上的地址送达后,原告经传票传唤拒不到庭,可以按自动撤回起诉处理,被告经传票传唤拒不到庭,可以缺席审理。

4. 身份证明材料。原告向法院起诉,必须提交有效的身份证明材料,如果原告是自然人,则须提供自然人的有效身份证件复印件;如果原告是法人,则需要向法院提供法人的营业执照复印件、法定代表人身份证明、法定代表人身份证复印件,并加盖法人的公章。在有委托诉讼代理人的情况下,还需要向法院提交授权委托书,如果委托诉讼代理人是律师,则需要向法院提交律师事务所的所函、律师证复印件;如果委托诉讼代理人是自然人的近亲属,则需要提供亲属关系证明、被委托人的身份证复印件;如果委托诉讼代理人是法人的员工,则需要提供该员工的劳动合同或员工证明、该员工的身份证复印件等。

5. 证据材料。原告向法院起诉,必须提交其据以提起诉讼的证据材料,且证据材料的份数应当同起诉书份数相同，即“被告人数+1”。原告起诉时无须向法院提交证据材料的原件，但是在开庭时，必须提交原件经法庭审查并由当事人进行质证。

三、卷宗材料的签收

上述情境中，李欣的做法不够严谨。如果我是该案的法官助理，首先，需要签收新分的案卷时，我会先核对案件的数量是否与内勤登记的数量一致；其次，对照卷宗流程表和卷宗内部当事人提交的起诉书上当事人信息是否一致；再次，登录案件流转跟踪管理平台接收案件时，要注意核实案件预字号或正式案号项下的当事人信息是否与纸质卷宗上当事人信息一致；最后，核实完卷宗材料没有缺漏后，点击确认收案。

由于基层法院案件数量众多，且案件流转流程复杂，在流转过程中，难免会出现卷宗内多材料或少材料的情况，后端庭室在接收新卷宗时，核实卷宗数量是为了防止两本卷宗捆绑在一起或者一本卷分捆成两宗的情况发生。核实卷宗流程表和卷宗内部当事人提交的起诉书上的当事人信息是为了防止出现卷宗流程表与真实的案件信息对不上的情况。核实案件流转跟踪管理平台上的案件信息与纸质卷宗上的信息是为了防止平台上接收的案件与实际接收的案件信息不一致，后期造成卷宗流转混乱，难以确定责任人的情况。核实卷宗材料的完整是便于后期正常开展送达等审判工作，以免出现材料的缺漏，需要后补或者无法后补而影响审判工作。

小结：

1.【岗位技能】

(1)检查案件材料的能力。

(2)及时签收卷宗材料。

2.【工作步骤】

(1)接收新案件时对卷宗数量、当事人信息、卷宗材料进行核查。

(2)核查无误后及时登录案件流转跟踪管理平台对案件进行扫描接收或在登案本中予以核对登记。

(3)对核查存在问题的案卷拒绝签收并退回内勤处。

附：

一、【法条链接】

《民事诉讼法》(2023年9月1日修正)

第六十一条　当事人、法定代理人可以委托一至二人作为诉讼代理人。

下列人员可以被委托为诉讼代理人：

(一)律师、基层法律服务工作者；

(二)当事人的近亲属或者工作人员；

(三)当事人所在社区、单位以及有关社会团体推荐的公民。

第六十二条　委托他人代为诉讼，必须向人民法院提交由委托人签名或者盖章的授权委托书。

授权委托书必须记明委托事项和权限。诉讼代理人代为承认、放弃、变更诉讼请求，进行和解，提起反诉或者上诉，必须有委托人的特别授权。

侨居在国外的中华人民共和国公民从国外寄交或者托交的授权委托书，必须经中华人民共和国驻该国的使领馆证明；没有使领馆的，由与中华人民共和国有外交关系的第三国驻该国的使领馆证明，再转由中华人民共和国驻该第三国使领馆证明，或者由当地的爱国华侨团体证明。

第六十三条　诉讼代理人的权限如果变更或者解除，当事人应当书面告知人民法院，并由人民法院通知对方当事人。

第六十六条　证据包括：

(一)当事人的陈述；

(二)书证；

(三)物证；

(四)视听资料；

(五)电子数据；

(六)证人证言；

(七)鉴定意见；

(八)勘验笔录。

证据必须查证属实，才能作为认定事实的根据。

第六十七条　当事人对自己提出的主张，有责任提供证据。

当事人及其诉讼代理人因客观原因不能自行收集的证据，或者人民法院认为审理案件需要的证据，人民法院应当调查收集。

人民法院应当按照法定程序，全面地、客观地审查核实证据。

第一百二十三条 起诉应当向人民法院递交起诉状，并按照被告人数提出副本。

书写起诉状确有困难的，可以口头起诉，由人民法院记入笔录，并告知对方当事人。

第一百二十四条 起诉状应当记明下列事项：

（一）原告的姓名、性别、年龄、民族、职业、工作单位、住所、联系方式，法人或者其他组织的名称、住所和法定代表人或者主要负责人的姓名、职务、联系方式；

（二）被告的姓名、性别、工作单位、住所等信息，法人或者其他组织的名称、住所等信息；

（三）诉讼请求和所根据的事实与理由；

（四）证据和证据来源，证人姓名和住所。

二、【材料样本】

（一）立案信息表

<table>
<tr><td colspan="4" rowspan="2">人民法院民事一审案件立案
审查、审判流程管理信息表</td><td>婚姻家庭和继承</td><td>合同</td><td>权属及侵权</td><td>知识产权</td><td>海事海商</td></tr>
<tr><td></td><td>√</td><td></td><td></td><td></td></tr>
<tr><td colspan="6">民事一审案件立案审查情况</td><td colspan="3">案号：(202×)京××民初1234号</td></tr>
<tr><td colspan="3" rowspan="2">案由：买卖合同纠纷</td><td>收到诉状日期</td><td colspan="2">202×年×月×日</td><td colspan="3">案件来源：当事人起诉</td></tr>
<tr><td>立案日期</td><td colspan="2">202×年×月×日</td><td colspan="3">管辖依据：协议管辖</td></tr>
<tr><td colspan="2">涉诉标的：××万元</td><td>保全方式：</td><td></td><td colspan="2">证据保全：</td><td>先予执行：</td><td colspan="2">案件涉及：未涉及</td></tr>
<tr><td colspan="9">合同、权属及侵权纠纷种类：</td></tr>
<tr><td colspan="9">当事人基本情况</td></tr>
<tr><td>诉讼地位</td><td colspan="2">姓名或单位名称</td><td colspan="4">自然人居住地、经常居住地或单位住所地</td><td>联系电话</td><td>邮政编码</td></tr>
</table>

续表

原告	徐某某	北京市××区××街道××××	139××××××××	
被告	××装饰有限公司	山东省××市××区××路××号		
被告	××集团股份有限公司	北京市××区××路××号		
审查人意见	建议立案		审查人:张某 审查日期:202×年×月×日	
审批人意见	同意立案		审批人:张某 审批日期:202×年×月×日	
对不予受理裁定上诉:		收到上诉状日期:	二审裁定日期:	
二审裁定结果:				
应收受理费:0.00 元		预交日期: 预交受理费:　　元		实收受理费(元):
司法救助对象				
			备注:	

立案人:张某　　　　承办人:赵某　　　　审判长或庭长:徐某

(二)案件信息单

案号:20××年×预民字第 200××号

案由:买卖合同纠纷　　　　标识:

收案人:牛某　　　　收案时间:20××年×月×日

案件名称:××商贸有限责任公司与××建筑工程有限责任公司买卖合同纠纷一案

(三)起诉状

民事起诉状

原告:××商贸有限责任公司

法定代表人:柴某某　　联系电话:155××××××××

住址:北京市××区××路××号

被告:××建筑工程有限责任公司

法定代表人:杨某某　　联系电话:136××××××××

住址:北京市××区××路××号

诉讼请求:

1. 请求法院判令被告支付拖欠货款××万元;

2. 请求法院判令被告向原告支付违约金(以××万元为基数,自2015年1月1日起,按照每月2%的标准计算至实际付清之日止);

3. 本案诉讼费由被告承担。

事实及理由:

原、被告双方于2014年签订买卖合同,约定原告向被告提供货物,被告向原告支付货款,自2015年1月1日起,被告未再向原告支付货款,剩余货款共计××万元。故原告诉至法院。

此致

北京市××区人民法院

具状人:××商贸有限责任公司

时间:2019年××月××日

(四)送达地址确认书

××区人民法院

送达地址确认书

案由		案号	20××京　　　号
告知事项	根据相关法律规定和司法解释,告知如下: 一、受送达人应当向人民法院提供准确的送达地址,并填写送达地址确认书。当事人委托诉讼代理人的,诉讼代理人确认的送达地址视为当事人的送达地址。 二、受送达人可自愿选择是否同意适用微信、电子邮件、北京法院审判信息网、传真等电子送达方式。 三、当事人在送达地址确认书中确认的送达地址适用于一审、二审和执行程序。当事人变更送达地址的,应及时告知人民法院。当事人未及时告知的,以其确认的地址为送达地址。 四、因受送达人拒不提供送达地址、提供虚假地址或者提供送达地址不准确、送达地址变更未及时告知人民法院、受送达人拒绝签收,导致诉讼文书未能被受送达人实际接收,直接送达的,诉讼文书留在该地址之日为送达之日;邮寄送达的,诉讼文书被退回之日为送达之日。		

续表

<table>
<tr><td rowspan="6">当事人</td><td colspan="3">姓名(名称)</td></tr>
<tr><td colspan="3">送达地址</td></tr>
<tr><td colspan="3">联系电话</td></tr>
<tr><td rowspan="3">电子送达</td><td rowspan="2">同意</td><td>手机号码(接收短信提醒):</td></tr>
<tr><td>请选择具体的电子送达方式:
“北京法院诉讼服务”微信公众号
电子邮件,邮箱地址为:
北京法院审判信息网,http://www.bjcourt.gov.cn/
传真,传真号码为:</td></tr>
<tr><td>不同意</td><td></td></tr>
<tr><td rowspan="6">代理人</td><td colspan="3">姓名(名称)</td></tr>
<tr><td colspan="3">送达地址</td></tr>
<tr><td colspan="3">联系电话</td></tr>
<tr><td rowspan="3">电子送达</td><td rowspan="2">同意</td><td>手机号码(接收短信提醒):</td></tr>
<tr><td>请选择具体的电子送达方式:
“北京法院诉讼服务”微信公众号
电子邮件,邮箱地址为:
北京法院审判信息网,http://www.bjcourt.gov.cn/
传真,传真号码为:</td></tr>
<tr><td>不同意</td><td></td></tr>
<tr><td>对以上送达地址和送达方式的确认</td><td colspan="3">我已经阅读了人民法院送达地址确认书的告知事项及相关法律规定,保证上述送达地址准确、有效,并愿意承担相应的法律后果。
受送达人或诉讼代理人(签名或盖章):
年　月　日</td></tr>
<tr><td colspan="4">是否同意通过中国审判流程信息公开网电子送达诉讼文书　　是　否</td></tr>
</table>

第二节 诉讼材料的审查工作

【工作情境 2】法官助理李欣在其他法官助理的指导和帮助下,学会了使用案件流转跟踪管理平台,知道了签收新案件时应对卷宗材料检查完毕后再扫码确认接收,并对拿到新收案件后如何审查有了初步了解。

李欣不知道接下来还需要做什么工作。法官告诉李欣对案件进行筛查后,对于案件基本事实清楚,原告提交证据充分,被告身份信息明确,不存在保全问题、管辖问题的案件,可以交给书记员张宁对被告进行送达。对于存在管辖问题、原告申请保全或者存在其他问题的案件,则需要根据不同情况作出不同的处理。

【工作分析】收案后,如何进行诉讼材料的审查?审查的重点是什么?

案件审查是人民法院审判工作的重要组成部分,是审判程序的第一关,事关审判工作的全局。法官助理和书记员收案后应当立即在法官指导下完成案件送达前的审查工作。具体包括以下事项的初步审查:主管及管辖、诉讼主体、诉讼请求及证据材料、保全等。

一、主管及管辖

根据相关法律的规定,人民法院只有在对案件有管辖权的情况下才能对案件进行审理。在立案阶段,立案庭会对法院是否拥有案件管辖权进行初步审查,在有管辖权的情况下才会对案件进行立案,但也有部分案件,需要进入后端庭室进一步审查后才能确定对该案件是否有管辖权。法官助理、书记员拿到案件后,需要对案件进行程序性审查,如发现案件不属于人民法院主管或本院管辖,应告知原告向有关机关处理或向有管辖权的人民法院提起诉讼,原告拒绝或案件存在指定管辖、专属管辖、集中管辖等情形的,应当提请法官裁定移送。

对于进入后端审判庭室的案件,法官助理在审查管辖权的时候,主要应从立案依据方面入手,对照相关的法律规定来确定案件的管辖权,主要核对:

(1)案件标的是否符合级别管辖的规定;

(2)不同案由项下的案件是否符合地域管辖的规定;

(3)外地移送的案件是否存在移送不当的情况。

二、诉讼主体

根据相关法律的规定,起诉必须符合下列条件:(1)原告是与本案有直接利害关系的公民、法人和其他组织;(2)有明确的被告;(3)有具体的诉讼请求和事实、理由;(4)属于人民法院受理民事诉讼的范围和受诉人民法院管辖。[1]

其中"原告是与本案有直接利害关系的公民、法人和其他组织",指的是原告提起该诉讼必须具有"诉的利益",即原告必须与案件有直接利害关系(公益诉讼等除外)。"有明确的被告"指的不是被告的姓名、名称确定,而是自然人有明确的身份证号且身份证号与姓名对应无误,法人有明确的统一社会信用代码且统一社会信用代码与名称对应无误。在很多情况下,尤其是被告为自然人的情况下,原告在起诉时无法提供被告准确的身份证号,在这种情况下,虽然可以进行立案,但进入后端审判庭室后,如果依然无法提供或通过各种信息无法明确到具体的主体,则可能面临相应的诉讼风险。

因此,在对案件进行审查的过程中,发现当事人主体不适格或遗漏当事人的,告知原告诉讼风险并提请法官及时作出裁定;被告主体不适格的,向原告释明,原告坚持起诉的,提请法官根据案件具体情况作出处理;遗漏必要共同诉讼参与人的,告知原告追加必要共同诉讼参与人或提请法官追加必要共同诉讼参与人。

三、诉讼请求及证据材料

原告向法院提起诉讼,必须在起诉书中明确诉讼请求,列明其所依据的事实理由,并根据其诉讼请求及事实理由确定案件的案由。进入审判程序后,案由就是案件的身份,表明案件的具体法律关系。《民事案件案由规定》将民事案由分为 11 个部分,共 473 个案由。法官助理、书记员在对案件进行审查的过程中,需要对案件有初步的了解,审查原告的诉讼请求是否可以在该案由项

---

〔1〕 参见《民事诉讼法》第 122 条。

下进行审理,并且依据该案由项下的法律关系,审查原告提交的基础证据是否充分。

在审查的时候,如发现诉讼请求、事实理由不明确,应当告知原告明确诉讼请求及事实理由;如发现证据材料有遗漏,应告知原告依照证据形式限期补充提交证据材料;如发现案由不当,应及时提交法官审查处理。

在审判实践中,原告提交的起诉书、证据材料都需要将副本送达给被告及第三人(如有),被告收到后根据法律的规定应当享有答辩期、举证期等期限利益,法官助理、书记员的提前审查可以有效避免多次送达,既减轻了法官助理、书记员的送达负担,又大大增加了审判团队的工作效率,缩短了案件的审理周期。

四、保全

申请财产保全是法律规定案件当事人、利害关系人享有的权利。现阶段,财产保全分为诉前财产保全和诉中财产保全,大部分保全在立案阶段和速裁阶段已经进行,但也有部分当事人选择在案件分到后端庭室后申请进行诉中财产保全。收到案卷后,如发现卷宗信息表上标注有“申请保全”字样或卷宗内附有保全申请书,则需要格外注意,此类案件暂时不宜对被告进行送达,待保全处理完毕、原告同意先行对被告进行送达或原告撤回保全申请后,再安排下一步的送达工作,防止被告收到起诉材料后转移财产的情况发生。

收到当事人提交的保全申请后,法官助理、书记员应当在第一时间与原告进行联系,询问其是否申请财产保全、申请财产保全的原因、是否有明确的财产保全标的或线索、是否可以提供相应的担保、提供何种类型的担保。在与原告进行沟通后,如果原告表示不再申请财产保全,则应当及时进行记录并要求原告书面撤回财产保全申请,并告知原告将对被告进行送达。如原告无法提供明确的财产线索、无法提供相应的担保或存在其他不符合保全条件,则应告知原告其不符合保全条件的原因,如原告坚持要求进行保全,则需要通知原告到庭进行谈话,做好谈话笔录,告知其相应的风险及法院对于原告提交的保全申请的处理结果。对符合保全条件的,通知原告到庭进行保全谈话并提交完备的保全材料,保全材料包括:保全申请书、原告身份信息证明、担保材料,并交纳保全费用。

小结：

1.【岗位技能】

(1)对案件主管及管辖的审查能力。

(2)对诉讼主体的审查能力。

(3)对诉讼请求及事实理由、证据材料的审查能力。

(4)对保全的审查能力。

(5)与当事人沟通的技巧。

2.【工作步骤】

(1)审查是否属于人民法院主管及本院管辖。

(2)审查诉讼主体是否适格、遗漏。

(3)审查诉讼请求、事实理由是否明确及证据材料是否缺漏。

(4)审查是否存在保全申请。

附：

【法条链接】

《民事诉讼法》(2023年9月1日修正)

第二十二条　对公民提起的民事诉讼，由被告住所地人民法院管辖；被告住所地与经常居住地不一致的，由经常居住地人民法院管辖。

对法人或者其他组织提起的民事诉讼，由被告住所地人民法院管辖。

同一诉讼的几个被告住所地、经常居住地在两个以上人民法院辖区的，各该人民法院都有管辖权。

第二十三条　下列民事诉讼，由原告住所地人民法院管辖；原告住所地与经常居住地不一致的，由原告经常居住地人民法院管辖：

(一)对不在中华人民共和国领域内居住的人提起的有关身份关系的诉讼；

(二)对下落不明或者宣告失踪的人提起的有关身份关系的诉讼；

(三)对被采取强制性教育措施的人提起的诉讼；

(四)对被监禁的人提起的诉讼。

第二十四条　因合同纠纷提起的诉讼，由被告住所地或者合同履行地人民法院管辖。

第二十五条　因保险合同纠纷提起的诉讼，由被告住所地或者保险标的物所在地人民法院管辖。

第二十六条　因票据纠纷提起的诉讼，由票据支付地或者被告住所地人民法院管辖。

第二十七条　因公司设立、确认股东资格、分配利润、解散等纠纷提起的诉讼，由公司住所地人民法院管辖。

第二十八条　因铁路、公路、水上、航空运输和联合运输合同纠纷提起的诉讼，由运输始发地、目的地或者被告住所地人民法院管辖。

第二十九条　因侵权行为提起的诉讼，由侵权行为地或者被告住所地人民法院管辖。

第三十条　因铁路、公路、水上和航空事故请求损害赔偿提起的诉讼，由事故发生地或者车辆、船舶最先到达地、航空器最先降落地或者被告住所地人民法院管辖。

第三十一条　因船舶碰撞或者其他海事损害事故请求损害赔偿提起的诉讼，由碰撞发生地、碰撞船舶最先到达地、加害船舶被扣留地或者被告住所地人民法院管辖。

第三十二条　因海难救助费用提起的诉讼，由救助地或者被救助船舶最先到达地人民法院管辖。

第三十三条　因共同海损提起的诉讼，由船舶最先到达地、共同海损理算地或者航程终止地的人民法院管辖。

第三十四条　下列案件，由本条规定的人民法院专属管辖：

（一）因不动产纠纷提起的诉讼，由不动产所在地人民法院管辖；

（二）因港口作业中发生纠纷提起的诉讼，由港口所在地人民法院管辖；

（三）因继承遗产纠纷提起的诉讼，由被继承人死亡时住所地或者主要遗产所在地人民法院管辖。

第三十五条　合同或者其他财产权益纠纷的当事人可以书面协议选择被告住所地、合同履行地、合同签订地、原告住所地、标的物所在地等与争议有实际联系的地点的人民法院管辖，但不得违反本法对级别管辖和专属管辖的规定。

第三十六条　两个以上人民法院都有管辖权的诉讼，原告可以向其中一个人民法院起诉;原告向两个以上有管辖权的人民法院起诉的,由最先立案的人民法院管辖。

第三十七条 人民法院发现受理的案件不属于本院管辖的,应当移送有管辖权的人民法院,受移送的人民法院应当受理。受移送的人民法院认为受移送的案件依照规定不属于本院管辖的,应当报请上级人民法院指定管辖,不得再自行移送。

第三十八条 有管辖权的人民法院由于特殊原因,不能行使管辖权的,由上级人民法院指定管辖。

人民法院之间因管辖权发生争议,由争议双方协商解决;协商解决不了的,报请它们的共同上级人民法院指定管辖。

第三十九条 上级人民法院有权审理下级人民法院管辖的第一审民事案件;确有必要将本院管辖的第一审民事案件交下级人民法院审理的,应当报请其上级人民法院批准。

下级人民法院对它所管辖的第一审民事案件,认为需要由上级人民法院审理的,可以报请上级人民法院审理。

第一百零三条 人民法院对于可能因当事人一方的行为或者其他原因,使判决难以执行或者造成当事人其他损害的案件,根据对方当事人的申请,可以裁定对其财产进行保全、责令其作出一定行为或者禁止其作出一定行为;当事人没有提出申请的,人民法院在必要时也可以裁定采取保全措施。

人民法院采取保全措施,可以责令申请人提供担保,申请人不提供担保的,裁定驳回申请。

人民法院接受申请后,对情况紧急的,必须在四十八小时内作出裁定;裁定采取保全措施的,应当立即开始执行。

第一百零四条 利害关系人因情况紧急,不立即申请保全将会使其合法权益受到难以弥补的损害的,可以在提起诉讼或者申请仲裁前向被保全财产所在地、被申请人住所地或者对案件有管辖权的人民法院申请采取保全措施。申请人应当提供担保,不提供担保的,裁定驳回申请。

人民法院接受申请后,必须在四十八小时内作出裁定;裁定采取保全措施的,应当立即开始执行。

申请人在人民法院采取保全措施后三十日内不依法提起诉讼或者申请仲

裁的,人民法院应当解除保全。

第一百零五条　保全限于请求的范围,或者与本案有关的财物。

第一百零六条　财产保全采取查封、扣押、冻结或者法律规定的其他方法。人民法院保全财产后,应当立即通知被保全财产的人。

财产已被查封、冻结的,不得重复查封、冻结。

第一百零七条　财产纠纷案件,被申请人提供担保的,人民法院应当裁定解除保全。

第一百零八条　申请有错误的,申请人应当赔偿被申请人因保全所遭受的损失。

第一百二十二条　起诉必须符合下列条件:

(一)原告是与本案有直接利害关系的公民、法人和其他组织;

(二)有明确的被告;

(三)有具体的诉讼请求和事实、理由;

(四)属于人民法院受理民事诉讼的范围和受诉人民法院管辖。

第一百二十四条　起诉状应当记明下列事项:

(一)原告的姓名、性别、年龄、民族、职业、工作单位、住所、联系方式,法人或者其他组织的名称、住所和法定代表人或者主要负责人的姓名、职务、联系方式;

(二)被告的姓名、性别、工作单位、住所等信息,法人或者其他组织的名称、住所等信息;

(三)诉讼请求和所根据的事实与理由;

(四)证据和证据来源,证人姓名和住所。

第三节　送达工作

【工作情境3】做完案件的初步审查工作后,接下来就需要通知案件的被告到庭,将原告提交的起诉书、证据材料及其他诉讼材料送达给被告。拿到卷宗后,法官助理李欣该如何给被告进行送达工作呢?

书记员张宁将做完送达工作的8本卷宗交给了李欣,并告诉李欣,其中2本卷宗电话通知被告,被告已经来法院领取了起诉书、证据材料等相关诉讼材料,并签署了送达地址确认书、送达回证等送达文件;其中3本卷宗向被告邮寄送达了诉讼材料,1本卷宗显示他人签收,2本卷宗显示本人签收;剩余3本卷宗通过电话、邮寄方式都没能成功向被告进行送达。

【工作分析】遇到上述情况,李欣应如何处理?如果你是上述案件的法官助理,你会怎么做呢?

送达是指人民法院在诉讼过程中依照法定方式将诉讼材料、诉讼文书等法律文件交付给当事人或其他诉讼参与人的一种诉讼制度。根据案件诉讼阶段的不同可以分为发起诉讼阶段的送达、诉讼过程中的送达和结案阶段的送达;根据送达的文件内容不同可以分为一般诉讼材料的送达和法律文书的送达;根据送达方式的不同可以分为直接送达、邮寄送达、留置送达、委托送达、公告送达和电子送达。

一、送达方式

1. 直接送达

直接送达是指直接将必须送达的诉讼材料交给受送达人或他的同住成年家属、代收人、诉讼代理人的送达方式。直接送达的方式有两种:一种是通知当事人到法院领取诉讼材料从而在法院完成直接送达,这种送达方式是目前最常用的一种送达方式,采用这种方式送达,需要在送达材料时核实当事人或代理人的身份;另一种是在当事人拒不到庭或因故无法到庭的情况下,由法院工作人员直接到当事人所在地进行送达,此种送达方式只有在特殊情况下才适用。需要注意的是,外出直接送达需有两名以上法院工作人员共同进行,并核实记录受送达人身份及送达情况。

2. 邮寄送达

邮寄送达是指在直接送达有困难的情况下,采用由司法专邮寄送挂号信或者特快专递的方式,将需要送达的诉讼材料和法律文件邮寄给受送达人的送达方法。目前,北京法院系统上线了集约一体化送达平台,进行邮寄送达,只需要法官助理、书记员在审判系统"送达文书"项下提交相应的送达任务,并将送达材料移送给送达人员即可完成送达操作。

3. 留置送达

留置送达是指采取直接送达方式向受送达人或有资格接受送达的人送交

诉讼材料时,因为受送达人或有资格接受送达的人拒绝签收,而依法将诉讼材料留放在受送达人住所,视为已经送达的一种方法。目前,商事审判实践中较少采用留置送达方式,在采用留置送达时,需通过拍照、录像等方式记录送达过程。需要注意的是,调解书不适用留置送达。

4. 委托送达

委托送达是指因为直接送达确有困难,而委托受送达人所在地或住所地的人民法院及其他有关单位代为将诉讼文书和法律文件送交受送达人的送达方式。审判实践中,常用的是委托其他法院代为送达,在提交委托材料时,应当出具委托函,并附需要送达的诉讼材料和送达回证、送达地址确认书等,委托送达的材料及回执等需附卷。

5. 公告送达

公告送达是指在送达过程中查明受送达人确实下落不明,或者在采取上述送达方式均无法送达的情况下,而将必须送达的诉讼文书的主要内容予以公告,经过一段期限后视为已送达并产生法律后果的送达方式。公告送达也是审判实践中常用的一种送达方式,在确定符合公告送达的条件后,法官助理、书记员需要通知当事人到庭进行公告谈话、通过审判系统提交公告送达任务、打印交费通知单、通知当事人预交公告费用,并在公告刊登后及时计算公告到期日,进行后续的审判工作安排。

6. 电子送达

电子送达是指在受送达人同意的情况下,法院通过传真、电子邮件等能够确认其收悉的方式送达诉讼文书。目前,法院系统正在大力推广电子送达,逐步扩大电子送达的适用范围。

二、送达流程

送达工作是整个案件审判流程中非常重要的一项工作,送达工作的及时与否直接决定了案件进展的快慢,送达工作是否符合要求直接决定了案件的开庭审理程序是否合法。法官助理、书记员在收到案卷完成案件初步审查后,要在第一时间对被告进行送达,以确保案件迅速进入审判程序。

1. 电话送达

原告在向法院提交起诉材料时,通常会在起诉书中列明被告的联系地址及联系电话。法官助理或书记员在进行送达工作时,通常需要先行通过电话方式与被告进行联系。如果电话可以拨通,则需要确认对方的身份,如果对方确认为案件被告,则通知对方到庭领取起诉书、证据材料等诉讼材料;如果对方拒绝到庭领取诉讼材料,在与对方核实邮寄地址后,向对方邮寄送达起诉材料,对方拒绝提供邮寄地址的,直接按照原告提交的地址或查明的注册地址、户籍地址进行邮寄。如果电话无法拨通,或电话可以拨通但对方否认其为案件被告,则需要向原告核实被告的联系方式再行联系或直接进行邮寄送达。

2. 邮寄送达

邮寄送达是指电话送达失败后,通过邮寄送达系统提交相应的送达任务进行送达的一种送达方式。法官助理、书记员可以随时登录审判系统的送达文书页面或司法送达综合服务平台,查询相应的送达结果,并可自行打印送达回单以便附卷。如果被告按照传票上的时间地点按时到庭,则送达成功并要求被告签署送达回证、送达地址确认书等材料;如果被告未按照传票上的时间地点按时到庭,也未与法院取得联系,则根据邮寄回执的不同情况作出不同的工作安排。

3. 外出送达

电话、邮寄送达失败后,对于住所地、注册地或户籍地为本市区的被告,需要进行上门送达,核实该地址是否有人居住或办公、被告是否在该地址居住或办公、是否有被告的其他联系方式或送达地址等。此前的送达模式中,需要法官自行安排时间,预约车辆进行上门送达。在推广集约一体化送达后,法官助理、书记员只需要在审判系统提交外出送达的任务,选择送达地址、添加送达材料后进行提交,并将纸质材料提交给送达组,就有送达组专门人员负责上门送达,并将上门送达结果反馈给承办法官。

4. 公告送达

在前述三种送达方式都失败的情况下,为维护被告的合法权益,法院可以采取公告送达作为兜底性的送达方式对被告进行最后的送达。法官助理、书记员提交公告送达申请后,通知原告预交公告费用。公告刊登后,法官助理、书记员可以从送达界面下载公告稿,计算公告开庭时间,安排开庭工作。

随着法院信息系统的上线,依托电话录音系统、"集约送达一体化平台",法官助理、书记员可以更方便快捷地开展送达工作,以加快流程节点运转时效,在法律规定时限内及时启动送达。在电话送达、邮寄送达失败后,如需进行外出送达,应安排好手头工作,尽早预约车辆,安排外出上门,或运用集约送达一体化平台委托送达组外出进行送达,整个送达流程应尽量缩短时间,避免出现审限过半但送达尚未完成的情况。

小结:

1.【岗位技能】

(1)掌握不同送达方式的流程及操作方式。

(2)不同送达方式之间进行衔接的能力。

(3)送达后根据不同情况对案件进行不同处理的能力。

(4)熟练掌握和准确把握有关送达程序的法律法规及其他有关规定。

2.【工作步骤】

(1)审查后及时进行电话送达。

(2)电话送达失败后及时安排邮寄送达。

(3)邮寄送达失败后及时安排上门送达。

(4)上门送达依然未成功的,及时安排公告送达。

附:

一、【法条链接】

《民事诉讼法》(2023年9月1日修正)

第八十七条　送达诉讼文书必须有送达回证,由受送达人在送达回证上记明收到日期,签名或者盖章。

受送达人在送达回证上的签收日期为送达日期。

第八十八条　送达诉讼文书,应当直接送交受送达人。受送达人是公民的,本人不在交他的同住成年家属签收;受送达人是法人或者其他组织的,应当由法人的法定代表人、其他组织的主要负责人或者该法人、组织负责收件的人签收;受送达人有诉讼代理人的,可以送交其代理人签收;受送达人已向人民法院指定代收人的,送交代收人签收。

受送达人的同住成年家属,法人或者其他组织的负责收件的人,诉讼代理人或者代收人在送达回证上签收的日期为送达日期。

第八十九条 受送达人或者他的同住成年家属拒绝接收诉讼文书的，送达人可以邀请有关基层组织或者所在单位的代表到场，说明情况，在送达回证上记明拒收事由和日期，由送达人、见证人签名或者盖章，把诉讼文书留在受送达人的住所；也可以把诉讼文书留在受送达人的住所，并采用拍照、录像等方式记录送达过程，即视为送达。

第九十条 经受送达人同意，人民法院可以采用能够确认其收悉的电子方式送达诉讼文书。通过电子方式送达的判决书、裁定书、调解书，受送达人提出需要纸质文书的，人民法院应当提供。

采用前款方式送达的，以送达信息到达受送达人特定系统的日期为送达日期。

第九十一条 直接送达诉讼文书有困难的，可以委托其他人民法院代为送达，或者邮寄送达。邮寄送达的，以回执上注明的收件日期为送达日期。

第九十二条 受送达人是军人的，通过其所在部队团以上单位的政治机关转交。

第九十三条 受送达人被监禁的，通过其所在监所转交。

受送达人被采取强制性教育措施的，通过其所在强制性教育机构转交。

第九十四条 代为转交的机关、单位收到诉讼文书后，必须立即交受送达人签收，以在送达回证上的签收日期，为送达日期。

第九十五条 受送达人下落不明，或者用本节规定的其他方式无法送达的，公告送达。自发出公告之日起，经过三十日，即视为送达。

公告送达，应当在案卷中记明原因和经过。

《最高人民法院关于民事诉讼证据的若干规定》(2019 年 12 月 25 日修正)

第五十一条 举证期限可以由当事人协商，并经人民法院准许。

人民法院指定举证期限的，适用第一审普通程序审理的案件不得少于十五日，当事人提供新的证据的第二审案件不得少于十日。适用简易程序审理的案件不得超过十五日，小额诉讼案件的举证期限一般不得超过七日。

举证期限届满后，当事人提供反驳证据或者对已经提供的证据的来源、形式等方面的瑕疵进行补正的，人民法院可以酌情再次确定举证期限，该期限不受前款规定的期间限制。

《最高人民法院关于进一步加强民事送达工作的若干意见》(2017 年 7 月 19 日发布)

一、送达地址确认书是当事人送达地址确认制度的基础。送达地址确认书应当包括当事人提供的送达地址、人民法院告知事项、当事人对送达地址的确认、送达地址确认书的适用范围和变更方式等内容。

二、当事人提供的送达地址应当包括邮政编码、详细地址以及受送达人的联系电话等。同意电子送达的,应当提供并确认接收民事诉讼文书的传真号、电子信箱、微信号等电子送达地址。当事人委托诉讼代理人的,诉讼代理人确认的送达地址视为当事人的送达地址。

三、为保障当事人的诉讼权利,人民法院应当告知送达地址确认书的填写要求和注意事项以及拒绝提供送达地址、提供虚假地址或者提供地址不准确的法律后果。

四、人民法院应当要求当事人对其填写的送达地址及法律后果等事项进行确认。当事人确认的内容应当包括当事人已知晓人民法院告知的事项及送达地址确认书的法律后果,保证送达地址准确、有效,同意人民法院通过其确认的地址送达诉讼文书等,并由当事人或者诉讼代理人签名、盖章或者捺印。

五、人民法院应当在登记立案时要求当事人确认送达地址。当事人拒绝确认送达地址的,依照《最高人民法院关于登记立案若干问题的规定》第七条的规定处理。

六、当事人在送达地址确认书中确认的送达地址,适用于第一审程序、第二审程序和执行程序。当事人变更送达地址,应当以书面方式告知人民法院。当事人未书面变更的,以其确认的地址为送达地址。

七、因当事人提供的送达地址不准确、拒不提供送达地址、送达地址变更未书面告知人民法院,导致民事诉讼文书未能被受送达人实际接收的,直接送达的,民事诉讼文书留在该地址之日为送达之日;邮寄送达的,文书被退回之日为送达之日。

八、当事人拒绝确认送达地址或以拒绝应诉、拒接电话、避而不见送达人员、搬离原住所等躲避、规避送达,人民法院不能或无法要求其确认送达地址的,可以分别以下列情形处理:

(一)当事人在诉讼所涉及的合同、往来函件中对送达地址有明确约定

的,以约定的地址为送达地址;

(二)没有约定的,以当事人在诉讼中提交的书面材料中载明的自己的地址为送达地址;

(三)没有约定、当事人也未提交书面材料或者书面材料中未载明地址的,以一年内进行其他诉讼、仲裁案件中提供的地址为送达地址;

(四)无以上情形的,以当事人一年内进行民事活动时经常使用的地址为送达地址。

人民法院按照上述地址进行送达的,可以同时以电话、微信等方式通知受送达人。

九、依第八条规定仍不能确认送达地址的,自然人以其户籍登记的住所或者在经常居住地登记的住址为送达地址,法人或者其他组织以其工商登记或其他依法登记、备案的住所地为送达地址。

十、在严格遵守民事诉讼法和民事诉讼法司法解释关于电子送达适用条件的前提下,积极主动探索电子送达及送达凭证保全的有效方式、方法,有条件的法院可以建立专门的电子送达平台,或以诉讼服务平台为依托进行电子送达,或者采取与大型门户网站、通信运营商合作的方式,通过专门的电子邮箱、特定的通信号码、信息公众号等方式进行送达。

十一、采用传真、电子邮件方式送达的,送达人员应记录传真发送和接收号码、电子邮件发送和接收邮箱、发送时间、送达诉讼文书名称,并打印传真发送确认单、电子邮件发送成功网页,存卷备查。

十二、采用短信、微信等方式送达的,送达人员应记录收发手机号码、发送时间、送达诉讼文书名称,并将短信、微信等送达内容拍摄照片,存卷备查。

十三、可以根据实际情况,有针对性地探索提高送达质量和效率的工作机制,确定由专门的送达机构或者由各审判、执行部门进行送达。在不违反法律、司法解释规定的前提下,可以积极探索创新行之有效的工作方法。

十四、对于移动通信工具能够接通但无法直接送达、邮寄送达的,除判决书、裁定书、调解书外,可以采取电话送达的方式,由送达人员告知当事人诉讼文书内容,并记录拨打、接听电话号码、通话时间、送达诉讼文书内容,通话过程应当录音以存卷备查。

十五、要严格适用民事诉讼法关于公告送达的规定,加强对公告送达的管理，充分保障当事人的诉讼权利。只有在受送达人下落不明，或者用民事诉讼法第一编第七章第二节规定的其他方式无法送达的，才能适用公告送达。

十六、在送达工作中，可以借助基层组织的力量和社会力量，加强与基层组织和有关部门的沟通、协调，为做好送达工作创造良好的外部环境。有条件的地方可以要求基层组织协助送达，并可适当支付费用。

十七、要树立全国法院一盘棋意识，对于其他法院委托送达的诉讼文书，要认真、及时进行送达。鼓励法院之间建立委托送达协作机制，节约送达成本，提高送达效率。

二、【法律文书】

（一）传票

<table>
<tr><td colspan="4">北京市　　区人民法院民事传票</td></tr>
<tr><td>案由</td><td>合同纠纷</td><td>卷号</td><td>（202×）京××民初××号</td></tr>
<tr><td>被通知人</td><td></td><td>住址</td><td></td></tr>
<tr><td>事　由</td><td>应到地点</td><td>应到时间</td><td>签发人</td></tr>
<tr><td>到　庭</td><td></td><td>年　月　日
午　时　分</td><td></td></tr>
<tr><td>到　庭</td><td></td><td>年　月　日
午　时　分</td><td></td></tr>
<tr><td>到　庭</td><td></td><td>年　月　日
午　时　分</td><td></td></tr>
<tr><td>到　庭</td><td></td><td>年　月　日
午　时　分</td><td></td></tr>
<tr><td>（请认真阅读）
注意</td><td colspan="3">1. 持本件准时到指定地点报到，否则承担法律责任。
2. 开庭时携带全部证据原件，并按当事人的人数提供多份复印件。
3. 初次开庭时，当事人为个人的，开庭携带本人身份证原件及复印件，委托代理人的，提交个人授权委托书和代理人身份证复印件。当事人为单位的，提交法人营业执照副本复印件、组织机构代码证复印件、法定代表人身份证明书、法定代表人身份证复印件，授权委托书和代理人身份证复印件。
4. 授权委托书如全权委托代理人办理，应注明：代为承认、放弃或者变更诉讼请求、进行和解、提起反诉、上诉，代为签收法律文书等。
5. 单位委托本单位工作人员担任诉讼代理人的，应提交劳动合同、工作证、社保缴费记录、工资支付记录等书面材料，个人委托近亲属担任诉讼代理人的，应当提交证实双方存在亲属关系的证据。
6. 地址：
7. 联系电话：</td></tr>
</table>

（二）送达笔录

送达起诉书笔录

时　间：20××年　月　日

地　点：

送达人：

被送达人：

问：原告　　诉你　　纠纷一案，本院已受理，现将起诉书副本送达你一份，你听明白了吗？

答：

问：根据《中华人民共和国民事诉讼法》第六十一条规定，告知你，你可以委托一至二人代为诉讼，听明白了吗？

答：

问：你是口头答辩，还是书面答辩？

答：

收到起诉书一份。

被告：

年　　月　　日

（三）送达地址确认书

××区人民法院

送达地址确认书

案由		案号	20××京　　　号
告知事项	根据相关法律规定和司法解释，告知如下： 一、受送达人应当向人民法院提供准确的送达地址，并填写送达地址确认书。当事人委托诉讼代理人的，诉讼代理人确认的送达地址视为当事人的送达地址。 二、受送达人可自愿选择是否同意适用微信、电子邮件、北京法院审判信息网、传真等电子送达方式。 三、当事人在送达地址确认书中确认的送达地址适用于一审、二审和执行程序。当事人变更送达地址的，应及时告知人民法院。当事人未及时告知的，以其确认的地址为送达地址。		

续表

<table>
<tr><td></td><td colspan="3">四、因受送达人拒不提供送达地址、提供虚假地址或者提供送达地址不准确、送达地址变更未及时告知人民法院、受送达人拒绝签收，导致诉讼文书未能被受送达人实际接收，直接送达的，诉讼文书留在该地址之日为送达之日；邮寄送达的，诉讼文书被退回之日为送达之日。</td></tr>
<tr><td rowspan="6">当事人</td><td colspan="3">姓名(名称)</td></tr>
<tr><td colspan="3">送达地址</td></tr>
<tr><td colspan="3">联系电话</td></tr>
<tr><td rowspan="3">电子送达</td><td rowspan="2">同意</td><td>手机号码(接收短信提醒)：</td></tr>
<tr><td>请选择具体的电子送达方式：
“北京法院诉讼服务”微信公众号
电子邮件，邮箱地址为：
北京法院审判信息网，http://www.bjcourt.gov.cn/
传真，传真号码为：</td></tr>
<tr><td>不同意</td><td></td></tr>
<tr><td rowspan="6">代理人</td><td colspan="3">姓名(名称)</td></tr>
<tr><td colspan="3">送达地址</td></tr>
<tr><td colspan="3">联系电话</td></tr>
<tr><td rowspan="3">电子送达</td><td rowspan="2">同意</td><td>手机号码(接收短信提醒)：</td></tr>
<tr><td>请选择具体的电子送达方式：
“北京法院诉讼服务”微信公众号
电子邮件，邮箱地址为：
北京法院审判信息网，http://www.bjcourt.gov.cn/
传真，传真号码为：</td></tr>
<tr><td>不同意</td><td></td></tr>
<tr><td>对以上送达地址和送达方式的确认</td><td colspan="3">我已经阅读了人民法院送达地址确认书的告知事项及相关法律规定，保证上述送达地址准确、有效，并愿意承担相应的法律后果。
受送达人或诉讼代理人(签名或盖章)：
年　月　日</td></tr>
<tr><td colspan="4">是否同意通过中国审判流程信息公开网电子送达诉讼文书　是　否</td></tr>
</table>

（四）送达回证

北京市××人民法院

送达回证

收件人		案由		卷号	20××京　　号
送达单位					
送达地点					
送达文件	签发人	送达人	收到日期	收件人签名或盖章	不能送达理由
备考					

注：（1）如收件人不在，将文件交与他的成年家属、近邻、工作机关或收件人居住地的公安派出所或街道居民委员会、生产大队代收。

（2）如系代收，代收人应在收件人栏内签名或盖章并注明与收件人的关系。

第四节　管辖权审查和管辖异议处理

【工作情境4】法官助理李欣在送达过程中发现了有三个案件存在管辖问题：

案件1：原告叫王甲，他起诉的案由是民间借贷纠纷，其要求被告刘乙偿还借款2万元并支付利息。但是他的户籍地在吉林省,被告刘乙的户籍地在福建省,借条上也没有约定管辖法院,李欣很疑惑,为什么原告要坚持在丰台法院起诉呢?于是李欣给王甲拨通了电话,核实对方的身份后,李欣询问了王甲在丰台法院起诉的依据,王甲回答说:“被告刘乙现在住在丰台,我立案的时候向法官提交了刘乙去年的居住证,显示的刘乙就是居住在丰台。但是,我无法获得该居住证的原件。福建太远了,而且刘乙人肯定在北京,我前两天还去过她租住的小区找她要过钱,我也住在丰台,我坚持要在丰台法院起诉。”

案件2:原告唐丁诉被告朱丙民间借贷纠纷一案中,朱丙向法院邮寄管辖权异议申请书,称朱丙和唐丁的住所地都不在北京市丰台区,北京市丰台区人民法院对该案没有管辖权。朱丙签收法院邮寄的诉讼材料的日期是2020年3月25日,但是邮寄管辖异议申请书的日期是2020年4月13日。

案件3:原告中天公司诉被告利明公司买卖合同纠纷案中,双方在买卖合同中明确约定了发生纠纷时的管辖法院为利明公司所在地法院,现利明公司邮寄了相关的证据证明利明公司实际经营地在北京市朝阳区,故利明公司在答辩期内提出管辖权异议,申请将案件移送至北京市朝阳区人民法院。

【工作分析】遇到上述情况,李欣应分别如何处理?如果你是李欣,你会怎么做?

案件的管辖主要处理的是案件是否属于人民法院主管及本院管辖的问题,在案件受理后,对是否属于人民法院主管或本院管辖发生争议的,可通过人民法院依职权进行审查或当事人提出管辖异议的方式予以纠正,以确定该法院对此案件是否享有管辖权。

一、管辖分类

审判实践中,管辖分为级别管辖、地域管辖、专属管辖、移送管辖和指定管辖。

1. 级别管辖

级别管辖主要处理的是哪级人民法院审理哪些具体案件的问题。在我国,法院系统分为4个层级,分别为基层人民法院、中级人民法院、高级人民法院和最高人民法院,根据《民事诉讼法》的相关规定,基层人民法院管辖大部分一审民事案件;中级人民法院管辖的一审民事案件包括重大涉外案件、在本辖区有重大影响的案件、最高人民法院确定由中级人民法院管辖的案件;高级人民法院管辖在本辖区有重大影响的第一审民事案件;最高人民法院管辖的一审民事案件包括在全国有重大影响的案件、认为应当由最高人民法院审理的案件。

2. 地域管辖

地域管辖主要处理的是案件由哪个辖区法院管辖的问题。级别管辖是对案件管辖进行的纵向分割,而地域管辖则是在横向对案件管辖问题进行的处理。地域管辖较级别管辖更加复杂,对民事诉讼来说,有一般的地域管辖、特殊的地域管辖和专属管辖。

(1)一般的地域管辖。一般情况下,以被告住所地确定管辖法院,当被告住所地与经常居住地不一致时,由被告经常居住地人民法院管辖。

(2)特殊的地域管辖。

①"被告就原告"。在一些特殊情况下,为了更好维护原告的诉讼利益,减轻原告的诉讼负担,规定由原告住所地人民法院管辖,在原告住所地与经常居住地不一致时,由原告经常居住地法院管辖,如对不在中华人民共和国领域内居住的人提起的有关身份关系的诉讼、对下落不明或者宣告失踪的人提起的有关身份关系的诉讼、对被采取强制性教育措施的人提起的诉讼、对被监禁的人提起的诉讼。

②特殊案由的管辖。《民事诉讼法》针对某些特定的案由,根据这些案由项下案件的特点,从便利当事人参与诉讼及案件审理的角度出发,对特定案由项下案件的管辖权作了特殊规定,如因合同纠纷提起的诉讼,由被告住所地或者合同履行地人民法院管辖;因保险合同纠纷提起的诉讼,由被告住所地或者保险标的物所在地人民法院管辖;因票据纠纷提起的诉讼,由票据支付地或者被告住所地人民法院管辖等。

3. 专属管辖

专属管辖主要针对三类纠纷案件,《民事诉讼法》对案件管辖法院作了专门规定,在发生此类纠纷时,案件只能由特定的法院进行专属管辖,当事人不能以协议的方式加以变更,该规定具有强制性和排他性,如因不动产纠纷提起的诉讼,由不动产所在地人民法院管辖;因港口作业中发生纠纷提起的诉讼,由港口所在地人民法院管辖;因继承遗产纠纷提起的诉讼,由被继承人死亡时住所地或者主要遗产所在地人民法院管辖。

4. 移送管辖和指定管辖

这两种管辖方式都是在人民法院受理案件后，基于某些特殊原因而变更案件管辖法院的方式。移送管辖是指在人民法院受理案件后，发现受理的案件不属于本院管辖，因而将案件移送别的有管辖权的法院，移送管辖通常发生在同级人民法院之间，但也不排除在上、下级人民法院之间移送。指定管辖是在两个平级法院之间就管辖权发生争议或有管辖权的法院由于特殊原因不能行使管辖权时，报请上级人民法院进行指定的一种管辖确定方式。

二、管辖审查

对基层法院的后端审判庭室来说，处理的最多、最常见的管辖类型为地域管辖，上述三个案例中，主要处理的也是案件的地域管辖问题。

在处理案件的管辖问题时，通常会遇到两种情况，王甲诉刘乙案的管辖审查属于法院依职权进行的审查，而唐丁诉朱丙案及中天公司诉利明公司案属于法官依申请进行的审查。在进行管辖审查时，要根据具体案情作具体分析。

（一）依职权审查管辖

如王甲诉刘乙案，在处理这类案件的管辖问题时，首先需要确定这类案件适用的管辖规定。该案是民间借贷案件，而借贷类案件属于合同类案件，适用合同类案件管辖的规定，由被告住所地或者合同履行地人民法院管辖，被告住所地与经常居住地不一致的，由经常居住地人民法院管辖。因此，在该案中，只有被告刘乙的住所地（或经常居住地）法院及合同履行地法院对该案具有管辖权。

关于被告住所地，《最高人民法院关于适用〈中华人民共和国民事诉讼法〉的解释》规定，公民的住所地是指公民的户籍所在地，公民的经常居住地是指公民离开住所地至起诉时已连续居住一年以上的地方，但公民住院就医的地方除外。该案中，刘乙作为被告，其住所地法院作为被告住所地法院对该案具有管辖权。

关于合同履行地，如果王甲与刘乙在借贷合同中明确约定了合同履行地，则该约定地点的管辖法院作为合同履行地法院对该案具有管辖权。如果双方未约定履行地或约定不明确，则根据《最高人民法院关于审理民间借贷案件适用法律若干问题的规定》,借贷双方就合同履行地未约定或者约定不明确,事后未达成补充协议,按照合同相关条款或者交易习惯仍不能确定的,以接受货币一方所在地为合同履行地。王甲作为该案接受货币的一方,王甲所在地法院作为接受货币一方所在地法院对该案具有管辖权。

在该案中,如果王甲可以证明刘乙已经在北京市丰台区连续居住满一年,则其提交相应的证明材料后,丰台区人民法院作为被告刘乙的经常居住地法院,对该案具有管辖权;如果王甲可以证明自己居住在北京市丰台区,则其提交相应的证明材料后,丰台区人民法院作为接受货币一方王甲的所在地法院,对该案具有管辖权;如果王甲无法提交上述证明材料,则应告知王甲丰台区人民法院对该案不具有管辖权,要求王甲向有管辖权的法院起诉或由丰台区人民法院作出裁定将该案移送至对该案有管辖权的法院进行审理。

(二)依申请审查管辖

管辖权异议是指人民法院受理案件后,当事人对管辖有异议的,应当在提交答辩状期间提出。人民法院对当事人提出的管辖权异议,应当进行审查,异议成立的,裁定将案件移送至有管辖权的人民法院;异议不成立的,裁定驳回。对该裁定不服的,当事人可以依法上诉。人民法院对当事人提出的管辖权异议,未经审查或审查后未作出裁定的,不得进入案件的实体审理程序。

根据《民事诉讼法》的相关规定,法院应当在立案之日起 5 日内将起诉状副本发送被告,被告应当在收到之日起 15 日内提出答辩状。被告不提出答辩状的,不影响人民法院审理。因此,被告提出管辖权异议申请的期限为收到起诉状副本之日起 15 日内,逾期视为其放弃对管辖权提出异议的权利。

唐丁诉朱丙案中,由于朱丙未在法律规定的 15 日答辩期内提出管辖权异议申请,故对于朱丙的管辖异议,法院可以不予处理。但法院可以依职权对该案的管辖权再次进行审查,如不属于本院管辖,则裁定移送其他法院;如属于本院管辖,则可继续进行诉讼程序。

中天公司诉利明公司案中,利明公司在答辩期内向法院提出管辖权异议申请,法院应当对其提出的管辖权异议申请进行审查并及时通知中天公司与利明公司到庭进行有关管辖权的谈话,询问利明公司提出管辖权异议的原因及依据、中天公司对该异议的意见及对于利明公司提交的关于该案管辖的相应证据的意见。谈话结束后,法院根据案件的具体情况作出裁定书,如属于本院管辖,裁定驳回利明公司的管辖权异议申请;如不属于本院管辖,裁定移送有管辖权的人民法院。

小结:

1.【岗位技能】

(1)熟练掌握和准确把握有关管辖的法律法规及其他有关规定。

(2)案卷的梳理能力及问题分析能力。

(3)与当事人沟通的能力及技巧。

2.【工作步骤】

(1)确定该类案件适用的管辖规定。

(2)依职权进行管辖审查。

(3)审查当事人提交的管辖权异议申请。

(4)管辖异议处理。

附:

【法条链接】

《民法典》(2020 年 5 月 28 日公布)

第二十五条　自然人以户籍登记或者其他有效身份登记记载的居所为住所;经常居所与住所不一致的,经常居所视为住所。

《民事诉讼法》(2023 年 9 月 1 日修正)

第十八条　基层人民法院管辖第一审民事案件,但本法另有规定的除外。

第十九条　中级人民法院管辖下列第一审民事案件:

(一)重大涉外案件;

(二)在本辖区有重大影响的案件;

(三)最高人民法院确定由中级人民法院管辖的案件。

第二十条　高级人民法院管辖在本辖区有重大影响的第一审民事案件。

第二十一条　最高人民法院管辖下列第一审民事案件:

(一)在全国有重大影响的案件;

(二)认为应当由本院审理的案件。

第二十二条 对公民提起的民事诉讼,由被告住所地人民法院管辖;被告住所地与经常居住地不一致的,由经常居住地人民法院管辖。

对法人或者其他组织提起的民事诉讼,由被告住所地人民法院管辖。

同一诉讼的几个被告住所地、经常居住地在两个以上人民法院辖区的,各该人民法院都有管辖权。

第二十三条 下列民事诉讼,由原告住所地人民法院管辖;原告住所地与经常居住地不一致的,由原告经常居住地人民法院管辖:

(一)对不在中华人民共和国领域内居住的人提起的有关身份关系的诉讼;

(二)对下落不明或者宣告失踪的人提起的有关身份关系的诉讼;

(三)对被采取强制性教育措施的人提起的诉讼;

(四)对被监禁的人提起的诉讼。

第二十四条 因合同纠纷提起的诉讼,由被告住所地或者合同履行地人民法院管辖。

第二十五条 因保险合同纠纷提起的诉讼,由被告住所地或者保险标的物所在地人民法院管辖。

第二十六条 因票据纠纷提起的诉讼,由票据支付地或者被告住所地人民法院管辖。

第二十七条 因公司设立、确认股东资格、分配利润、解散等纠纷提起的诉讼,由公司住所地人民法院管辖。

第二十八条 因铁路、公路、水上、航空运输和联合运输合同纠纷提起的诉讼,由运输始发地、目的地或者被告住所地人民法院管辖。

第二十九条 因侵权行为提起的诉讼,由侵权行为地或者被告住所地人民法院管辖。

第三十条 因铁路、公路、水上和航空事故请求损害赔偿提起的诉讼,由事故发生地或者车辆、船舶最先到达地、航空器最先降落地或者被告住所地人民法院管辖。

第三十一条 因船舶碰撞或者其他海事损害事故请求损害赔偿提起的诉讼,由碰撞发生地、碰撞船舶最先到达地、加害船舶被扣留地或者被告住所地人民法院管辖。

第三十二条　因海难救助费用提起的诉讼,由救助地或者被救助船舶最先到达地人民法院管辖。

第三十三条　因共同海损提起的诉讼,由船舶最先到达地、共同海损理算地或者航程终止地的人民法院管辖。

第三十四条　下列案件,由本条规定的人民法院专属管辖:

(一)因不动产纠纷提起的诉讼,由不动产所在地人民法院管辖;

(二)因港口作业中发生纠纷提起的诉讼,由港口所在地人民法院管辖;

(三)因继承遗产纠纷提起的诉讼,由被继承人死亡时住所地或者主要遗产所在地人民法院管辖。

第三十五条　合同或者其他财产权益纠纷的当事人可以书面协议选择被告住所地、合同履行地、合同签订地、原告住所地、标的物所在地等与争议有实际联系的地点的人民法院管辖,但不得违反本法对级别管辖和专属管辖的规定。

第三十六条　两个以上人民法院都有管辖权的诉讼,原告可以向其中一个人民法院起诉;原告向两个以上有管辖权的人民法院起诉的,由最先立案的人民法院管辖。

第三十七条　人民法院发现受理的案件不属于本院管辖的,应当移送有管辖权的人民法院,受移送的人民法院应当受理。受移送的人民法院认为受移送的案件依照规定不属于本院管辖的,应当报请上级人民法院指定管辖,不得再自行移送。

第三十八条　有管辖权的人民法院由于特殊原因,不能行使管辖权的,由上级人民法院指定管辖。

人民法院之间因管辖权发生争议,由争议双方协商解决;协商解决不了的,报请它们的共同上级人民法院指定管辖。

第三十九条　上级人民法院有权审理下级人民法院管辖的第一审民事案件;确有必要将本院管辖的第一审民事案件交下级人民法院审理的,应当报请其上级人民法院批准。

下级人民法院对它所管辖的第一审民事案件,认为需要由上级人民法院审理的,可以报请上级人民法院审理。

第一百二十八条　人民法院应当在立案之日起五日内将起诉状副本发送

被告,被告应当在收到之日起十五日内提出答辩状。答辩状应当记明被告的姓名、性别、年龄、民族、职业、工作单位、住所、联系方式;法人或者其他组织的名称、住所和法定代表人或者主要负责人的姓名、职务、联系方式。人民法院应当在收到答辩状之日起五日内将答辩状副本发送原告。

被告不提出答辩状的,不影响人民法院审理。

第一百三十条 人民法院受理案件后,当事人对管辖权有异议的,应当在提交答辩状期间提出。人民法院对当事人提出的异议,应当审查。异议成立的,裁定将案件移送有管辖权的人民法院;异议不成立的,裁定驳回。

当事人未提出管辖异议,并应诉答辩或者提出反诉的,视为受诉人民法院有管辖权,但违反级别管辖和专属管辖规定的除外。

《最高人民法院关于适用〈中华人民共和国民事诉讼法〉的解释》(2022年4月1日修正)

第一条 民事诉讼法第十九条第一项规定的重大涉外案件,包括争议标的额大的案件、案情复杂的案件,或者一方当事人人数众多等具有重大影响的案件。

第二条 专利纠纷案件由知识产权法院、最高人民法院确定的中级人民法院和基层人民法院管辖。

海事、海商案件由海事法院管辖。

第三条 公民的住所地是指公民的户籍所在地,法人或者其他组织的住所地是指法人或者其他组织的主要办事机构所在地。

法人或者其他组织的主要办事机构所在地不能确定的,法人或者其他组织的注册地或者登记地为住所地。

第四条 公民的经常居住地是指公民离开住所地至起诉时已连续居住一年以上的地方,但公民住院就医的地方除外。

第五条 对没有办事机构的个人合伙、合伙型联营体提起的诉讼,由被告注册登记地人民法院管辖。没有注册登记,几个被告又不在同一辖区的,被告住所地的人民法院都有管辖权。

第六条 被告被注销户籍的,依照民事诉讼法第二十三条规定确定管辖;原告、被告均被注销户籍的,由被告居住地人民法院管辖。

第七条 当事人的户籍迁出后尚未落户,有经常居住地的,由该地人民法院管辖;没有经常居住地的,由其原户籍所在地人民法院管辖。

第八条　双方当事人都被监禁或者被采取强制性教育措施的,由被告原住所地人民法院管辖。被告被监禁或者被采取强制性教育措施一年以上的,由被告被监禁地或者被采取强制性教育措施地人民法院管辖。

第九条　追索赡养费、扶养费、抚养费案件的几个被告住所地不在同一辖区的,可以由原告住所地人民法院管辖。

第十条　不服指定监护或者变更监护关系的案件,可以由被监护人住所地人民法院管辖。

第十一条　双方当事人均为军人或者军队单位的民事案件由军事法院管辖。

第十二条　夫妻一方离开住所地超过一年,另一方起诉离婚的案件,可以由原告住所地人民法院管辖。

夫妻双方离开住所地超过一年,一方起诉离婚的案件,由被告经常居住地人民法院管辖;没有经常居住地的,由原告起诉时被告居住地人民法院管辖。

第十三条　在国内结婚并定居国外的华侨,如定居国法院以离婚诉讼须由婚姻缔结地法院管辖为由不予受理,当事人向人民法院提出离婚诉讼的,由婚姻缔结地或者一方在国内的最后居住地人民法院管辖。

第十四条　在国外结婚并定居国外的华侨,如定居国法院以离婚诉讼须由国籍所属国法院管辖为由不予受理,当事人向人民法院提出离婚诉讼的,由一方原住所地或者在国内的最后居住地人民法院管辖。

第十五条　中国公民一方居住在国外,一方居住在国内,不论哪一方向人民法院提起离婚诉讼,国内一方住所地人民法院都有权管辖。国外一方在居住国法院起诉,国内一方向人民法院起诉的,受诉人民法院有权管辖。

第十六条　中国公民双方在国外但未定居,一方向人民法院起诉离婚的,应由原告或者被告原住所地人民法院管辖。

第十七条　已经离婚的中国公民,双方均定居国外,仅就国内财产分割提起诉讼的,由主要财产所在地人民法院管辖。

第十八条　合同约定履行地点的,以约定的履行地点为合同履行地。

合同对履行地点没有约定或者约定不明确,争议标的为给付货币的,接收货币一方所在地为合同履行地;交付不动产的,不动产所在地为合同履行地;其他标的,履行义务一方所在地为合同履行地。即时结清的合同,交易行为地为合同履行地。

合同没有实际履行，当事人双方住所地都不在合同约定的履行地的，由被告住所地人民法院管辖。

第十九条 财产租赁合同、融资租赁合同以租赁物使用地为合同履行地。合同对履行地有约定的，从其约定。

第二十条 以信息网络方式订立的买卖合同，通过信息网络交付标的的，以买受人住所地为合同履行地；通过其他方式交付标的的，收货地为合同履行地。合同对履行地有约定的，从其约定。

第二十一条 因财产保险合同纠纷提起的诉讼，如果保险标的物是运输工具或者运输中的货物，可以由运输工具登记注册地、运输目的地、保险事故发生地人民法院管辖。

因人身保险合同纠纷提起的诉讼，可以由被保险人住所地人民法院管辖。

第二十二条 因股东名册记载、请求变更公司登记、股东知情权、公司决议、公司合并、公司分立、公司减资、公司增资等纠纷提起的诉讼，依照民事诉讼法第二十七条规定确定管辖。

第二十三条 债权人申请支付令，适用民事诉讼法第二十二条规定，由债务人住所地基层人民法院管辖。

第二十四条 民事诉讼法第二十九条规定的侵权行为地，包括侵权行为实施地、侵权结果发生地。

第二十五条 信息网络侵权行为实施地包括实施被诉侵权行为的计算机等信息设备所在地，侵权结果发生地包括被侵权人住所地。

第二十六条 因产品、服务质量不合格造成他人财产、人身损害提起的诉讼，产品制造地、产品销售地、服务提供地、侵权行为地和被告住所地人民法院都有管辖权。

第二十七条 当事人申请诉前保全后没有在法定期间起诉或者申请仲裁，给被申请人、利害关系人造成损失引起的诉讼，由采取保全措施的人民法院管辖。

当事人申请诉前保全后在法定期间内起诉或者申请仲裁，被申请人、利害关系人因保全受到损失提起的诉讼，由受理起诉的人民法院或者采取保全措施的人民法院管辖。

第二十八条　民事诉讼法第三十四条第一项规定的不动产纠纷是指因不动产的权利确认、分割、相邻关系等引起的物权纠纷。

农村土地承包经营合同纠纷、房屋租赁合同纠纷、建设工程施工合同纠纷、政策性房屋买卖合同纠纷，按照不动产纠纷确定管辖。

不动产已登记的，以不动产登记簿记载的所在地为不动产所在地；不动产未登记的，以不动产实际所在地为不动产所在地。

第二十九条　民事诉讼法第三十五条规定的书面协议，包括书面合同中的协议管辖条款或者诉讼前以书面形式达成的选择管辖的协议。

第三十条　根据管辖协议，起诉时能够确定管辖法院的，从其约定；不能确定的，依照民事诉讼法的相关规定确定管辖。

管辖协议约定两个以上与争议有实际联系的地点的人民法院管辖，原告可以向其中一个人民法院起诉。

第三十一条　经营者使用格式条款与消费者订立管辖协议，未采取合理方式提请消费者注意，消费者主张管辖协议无效的，人民法院应予支持。

第三十二条　管辖协议约定由一方当事人住所地人民法院管辖，协议签订后当事人住所地变更的，由签订管辖协议时的住所地人民法院管辖，但当事人另有约定的除外。

第三十三条　合同转让的，合同的管辖协议对合同受让人有效，但转让时受让人不知道有管辖协议，或者转让协议另有约定且原合同相对人同意的除外。

第三十四条　当事人因同居或者在解除婚姻、收养关系后发生财产争议，约定管辖的，可以适用民事诉讼法第三十五条规定确定管辖。

第三十五条　当事人在答辩期间届满后未应诉答辩，人民法院在一审开庭前，发现案件不属于本院管辖的，应当裁定移送有管辖权的人民法院。

第三十六条　两个以上人民法院都有管辖权的诉讼，先立案的人民法院不得将案件移送给另一个有管辖权的人民法院。人民法院在立案前发现其他有管辖权的人民法院已先立案的，不得重复立案；立案后发现其他有管辖权的人民法院已先立案的，裁定将案件移送给先立案的人民法院。

第三十七条　案件受理后，受诉人民法院的管辖权不受当事人住所地、经常居住地变更的影响。

第三十八条 有管辖权的人民法院受理案件后,不得以行政区域变更为由,将案件移送给变更后有管辖权的人民法院。判决后的上诉案件和依审判监督程序提审的案件,由原审人民法院的上级人民法院进行审判;上级人民法院指令再审、发回重审的案件,由原审人民法院再审或者重审。

第三十九条 人民法院对管辖异议审查后确定有管辖权的,不因当事人提起反诉、增加或者变更诉讼请求等改变管辖,但违反级别管辖、专属管辖规定的除外。

人民法院发回重审或者按第一审程序再审的案件,当事人提出管辖异议的,人民法院不予审查。

第四十条 依照民事诉讼法第三十八条第二款规定,发生管辖权争议的两个人民法院因协商不成报请它们的共同上级人民法院指定管辖时,双方为同属一个地、市辖区的基层人民法院的,由该地、市的中级人民法院及时指定管辖;同属一个省、自治区、直辖市的两个人民法院的,由该省、自治区、直辖市的高级人民法院及时指定管辖;双方为跨省、自治区、直辖市的人民法院,高级人民法院协商不成的,由最高人民法院及时指定管辖。

依照前款规定报请上级人民法院指定管辖时,应当逐级进行。

第四十一条 人民法院依照民事诉讼法第三十八条第二款规定指定管辖的,应当作出裁定。

对报请上级人民法院指定管辖的案件,下级人民法院应当中止审理。指定管辖裁定作出前,下级人民法院对案件作出判决、裁定的,上级人民法院应当在裁定指定管辖的同时,一并撤销下级人民法院的判决、裁定。

第四十二条 下列第一审民事案件,人民法院依照民事诉讼法第三十九条第一款规定,可以在开庭前交下级人民法院审理:

(一)破产程序中有关债务人的诉讼案件;

(二)当事人人数众多且不方便诉讼的案件;

(三)最高人民法院确定的其他类型案件。

人民法院交下级人民法院审理前,应当报请其上级人民法院批准。上级人民法院批准后,人民法院应当裁定将案件交下级人民法院审理。

第五节 诉讼保全

【工作情境5】法官助理李欣收到了两个申请保全的案件。

案件1:一起买卖合同纠纷案件中,原告叫张腾,被告名为远大公司,张腾起诉远大公司要求远大公司支付货款2万元。现张腾要求保全远大公司的银行账号,但是张腾无法提供远大公司的账号信息。

案件2:一起股权转让合同纠纷案件中,原告叫刘萌,被告叫王超,刘萌起诉王超要求王超支付股权转让款100万元,现刘萌要求保全王超妻子李倩名下的房产。

简单了解案情之后,李欣开始给张腾和刘萌打电话,沟通保全事宜。

【工作分析】遇到上述情况,李欣应如何处理?如果你是该案的法官助理,你会怎么做?

保全制度设置的目的是防止可能因当事人一方的行为或者其他原因,使判决难以执行或者造成当事人其他损害的情况发生,旨在确保将来生效判决得以执行,当事人的合法权益得以保障。根据保全的标的不同,保全分为诉讼财产保全、行为保全和证据保全;根据当事人申请时间的不同,分为诉前保全和诉中保全;根据引起保全程序发生的主体不同,又分为当事人申请的保全和法院依职权的保全。本部分仅针对当事人在诉讼中提出的财产保全进行说明。[1]

一、保全申请的处理

在后端庭室审理的民商事案件中,大多数保全案件都是当事人提出保全申请而进行的财产保全。收到当事人提交的保全申请后,法官助理、书记员要协助法官进行保全审查,重点审查有无保全的必要性、是否有明确的保全标的、是否提供了明确的财产线索、保全财产的范围以及申请人的担保能力。具体的做法如下:

---

〔1〕 此处为北京基层法院处理方式,各地法院实际处理方式并不一致,应以当地法院规定为准。

1. 及时进行保全审查

通常情况下，民商事案件中的财产保全并不属于“情况紧急”，但是法官助理、书记员在收到当事人提交的保全申请后，要将保全申请等相关材料立即交给法官，或由法官助理对案件保全的必要性等进行初步审查后，将审查结果及保全材料一并交给法官，由法官提出是否进行保全的意见。需要注意的是，在审判实践中，法官助理、书记员在收到当事人的保全申请后，应暂停通知另一方当事人的工作，以免被申请人转移财产。

2. 进行保全谈话

法官对保全材料进行审查后，如果认为结合具体的案件情况，确有保全的必要，要及时通知申请人就保全事宜进行谈话，明确申请保全的原因、保全的标的数额、保全的财产线索、提供担保的方式及保全的风险等，并记入笔录。值得注意的是，保全的财物应为案件的诉讼标的物或是与案件有牵连的其他财物，保全的范围限于当事人争议的财产或被申请人的财产，保全财物的价值应与请求保全的数额基本相当。

3. 通知申请人提供担保并交纳保全费用

后端审判庭室在进行保全时，通常会要求申请人提交相应的担保，具体的担保数额和担保方式由法院根据案件的具体情况确定，并在谈话笔录中予以明确。常见的担保方式有：现金担保、房产担保、保险公司出具的保单保函等。

4. 校对并移交材料审批

法官出具保全裁定书后，法官助理或书记员对保全裁定书予以校对，校对无误后及时填写保全案件移送表，会同保全申请书、保全费交纳凭证、当事人身份信息、保全财产线索、担保材料等保全材料一并送交庭长审批。

5. 移交执行

庭长审批后，将保全裁定书和保全案件移送表及相应保全材料移交执行局执行，并及时向保全申请人寄送保全裁定书。执行完结后，向当事人送达保全裁定书及权利义务告知书，告知书上应载明保全结果、保全期限、续保提示等相关内容。

二、解除保全的处理

审判实践中，法院在进行保全后，随着案件的审理进展，有可能出现保全情形发生变更的情况，导致案件已不具备继续保全的必要，如原、被告双方进行和解，原告申请解除对被告财产的保全；被告已履行完毕涉案债务，不存在继续保全的必要性，被告申请解除保全；被告向法院提供相应的担保，要求解除已作出的财产保全措施等，在这种情况下，法院需要根据当事人的申请，并结合案件的具体情况，作出不同的判断。在收到当事人提交的解除保全申请后，法官助理、书记员的具体做法如下：

1. 将当事人提交的解除保全申请及时交给法官，由法官对案件是否符合解除保全的条件进行判断，并对是否解除保全提出意见。

2. 在法官认为可以解除保全的情况下，由法官出具解除保全的裁定书，法官助理、书记员对保全裁定书予以校对，校对无误后及时填写保全案件移送表，会同解除保全申请书、解除保全的财产信息、保全回执等材料一并送交庭长审批。

3. 庭长审批后，将解除保全裁定书和保全案件移送表及相应材料移交执行局执行，并及时向申请人及被申请人寄送解除保全裁定书。

4. 执行完结后，及时退还当事人担保金和权属证书（如有）。

三、具体案件的处理

具体到上述两个案件中，应根据不同案件情况进行不同的处理。

对张腾诉远大公司案，明确告知张腾申请财产保全需要提供明确的被保全财产信息或者具体的被保全财产线索，如果无法提供，则无法进行财产保全；如果张腾表示可以提供，在案件满足保全条件的情况下，要求张腾限期提供财产线索及相应担保，并预先交纳财产保全费用，由法官出具财产保全裁定书；如果张腾表示无法提供，则询问张腾是否同意撤回保全申请，法院安排先行对被告进行送达，张腾同意后，要求张腾提交书面的撤回申请，做好联系笔录后进行送达工作。

对刘萌诉王超案，明确告知刘萌，财产保全限于请求的范围或者与案件有关的财物，该案中刘萌起诉的被告是王超，申请财产保全一般仅限于保全王超名下的财产，询问刘萌是否可以提供王超名下的财产线索或其他该房屋为与该案有关的财物的证据。如果刘萌表示可以提供，则在案件满足保全条件的情况下，要求刘萌限期提供财产线索及相应担保，并预先交纳财产保全费用，由法官出具财产保全裁定书;如果刘萌表示无法提供,则询问刘萌是否同意撤回保全申请,法院安排先行对被告进行送达,刘萌同意后,要求刘萌提交书面的撤回申请,做好联系笔录后进行送达工作。

小结:

1.【岗位技能】

(1)熟练掌握和准确把握有关财产保全的法律法规及其他有关规定的能力。

(2)审查保全申请的能力。

(3)与当事人沟通的技巧。

(4)办理保全程序性事项的能力。

2.【工作步骤】

(1)收到当事人提出的保全申请后及时与当事人进行联系。

(2)审查是否满足进行财产保全的条件。

(3)要求当事人提供相应的担保。

(4)进行保全谈话。

(5)出具保全裁定书。

(6)填写保全案件移送表,审批后将保全材料送交执行局执行。

(7)向当事人送达保全裁定书及权利义务告知书。

附:

【法条链接】

《民事诉讼法》(2023年9月1日修正)

第八十四条 在证据可能灭失或者以后难以取得的情况下,当事人可以在诉讼过程中向人民法院申请保全证据,人民法院也可以主动采取保全措施。

因情况紧急,在证据可能灭失或者以后难以取得的情况下,利害关系人可以在提起诉讼或者申请仲裁前向证据所在地、被申请人住所地或者对案件有管辖权的人民法院申请保全证据。

证据保全的其他程序,参照适用本法第九章保全的有关规定。

第一百零三条 人民法院对于可能因当事人一方的行为或者其他原因,

使判决难以执行或者造成当事人其他损害的案件,根据对方当事人的申请,可以裁定对其财产进行保全、责令其作出一定行为或者禁止其作出一定行为;当事人没有提出申请的,人民法院在必要时也可以裁定采取保全措施。

人民法院采取保全措施,可以责令申请人提供担保,申请人不提供担保的,裁定驳回申请。

人民法院接受申请后,对情况紧急的,必须在四十八小时内作出裁定;裁定采取保全措施的,应当立即开始执行。

第一百零四条　利害关系人因情况紧急,不立即申请保全将会使其合法权益受到难以弥补的损害的,可以在提起诉讼或者申请仲裁前向被保全财产所在地、被申请人住所地或者对案件有管辖权的人民法院申请采取保全措施。申请人应当提供担保,不提供担保的,裁定驳回申请。

人民法院接受申请后,必须在四十八小时内作出裁定;裁定采取保全措施的,应当立即开始执行。

申请人在人民法院采取保全措施后三十日内不依法提起诉讼或者申请仲裁的,人民法院应当解除保全。

第一百零五条　保全限于请求的范围,或者与本案有关的财物。

第一百零六条　财产保全采取查封、扣押、冻结或者法律规定的其他方法。人民法院保全财产后,应当立即通知被保全财产的人。

财产已被查封、冻结的,不得重复查封、冻结。

第一百零七条　财产纠纷案件,被申请人提供担保的,人民法院应当裁定解除保全。

第一百零八条　申请有错误的,申请人应当赔偿被申请人因保全所遭受的损失。

第一百零九条　人民法院对下列案件,根据当事人的申请,可以裁定先予执行:

(一)追索赡养费、扶养费、抚养费、抚恤金、医疗费用的;

(二)追索劳动报酬的;

(三)因情况紧急需要先予执行的。

第一百一十条　人民法院裁定先予执行的,应当符合下列条件:

(一)当事人之间权利义务关系明确,不先予执行将严重影响申请人的生

活或者生产经营的;

(二)被申请人有履行能力。

人民法院可以责令申请人提供担保,申请人不提供担保的,驳回申请。申请人败诉的,应当赔偿被申请人因先予执行遭受的财产损失。

第一百一十一条 当事人对保全或者先予执行的裁定不服的,可以申请复议一次。复议期间不停止裁定的执行。

《最高人民法院关于人民法院办理财产保全案件若干问题的规定》(2020年12月29日修正)

第一条 当事人、利害关系人申请财产保全,应当向人民法院提交申请书,并提供相关证据材料。

申请书应当载明下列事项:

(一)申请保全人与被保全人的身份、送达地址、联系方式;

(二)请求事项和所根据的事实与理由;

(三)请求保全数额或者争议标的;

(四)明确的被保全财产信息或者具体的被保全财产线索;

(五)为财产保全提供担保的财产信息或资信证明,或者不需要提供担保的理由;

(六)其他需要载明的事项。

法律文书生效后,进入执行程序前,债权人申请财产保全的,应当写明生效法律文书的制作机关、文号和主要内容,并附生效法律文书副本。

第二条 人民法院进行财产保全,由立案、审判机构作出裁定,一般应当移送执行机构实施。

第四条 人民法院接受财产保全申请后,应当在五日内作出裁定;需要提供担保的,应当在提供担保后五日内作出裁定;裁定采取保全措施的,应当在五日内开始执行。对情况紧急的,必须在四十八小时内作出裁定;裁定采取保全措施的,应当立即开始执行。

第五条 人民法院依照民事诉讼法第一百条规定责令申请保全人提供财产保全担保的,担保数额不超过请求保全数额的百分之三十;申请保全的财产系争议标的的,担保数额不超过争议标的的价值的百分之三十。

利害关系人申请诉前财产保全的,应当提供相当于请求保全数额的担保;

情况特殊的,人民法院可以酌情处理。

财产保全期间,申请保全人提供的担保不足以赔偿可能给被保全人造成的损失的,人民法院可以责令其追加相应的担保;拒不追加的,可以裁定解除或者部分解除保全。

第六条　申请保全人或第三人为财产保全提供财产担保的,应当向人民法院出具担保书。担保书应当载明担保人、担保方式、担保范围、担保财产及其价值、担保责任承担等内容,并附相关证据材料。

第三人为财产保全提供保证担保的,应当向人民法院提交保证书。保证书应当载明保证人、保证方式、保证范围、保证责任承担等内容,并附相关证据材料。

对财产保全担保,人民法院经审查,认为违反民法典、公司法等有关法律禁止性规定的,应当责令申请保全人在指定期限内提供其他担保;逾期未提供的,裁定驳回申请。

第七条　保险人以其与申请保全人签订财产保全责任险合同的方式为财产保全提供担保的,应当向人民法院出具担保书。

担保书应当载明,因申请财产保全错误,由保险人赔偿被保全人因保全所遭受的损失等内容,并附相关证据材料。

第八条　金融监管部门批准设立的金融机构以独立保函形式为财产保全提供担保的,人民法院应当依法准许。

第九条　当事人在诉讼中申请财产保全,有下列情形之一的,人民法院可以不要求提供担保:

(一)追索赡养费、扶养费、抚育费、抚恤金、医疗费用、劳动报酬、工伤赔偿、交通事故人身损害赔偿的;

(二)婚姻家庭纠纷案件中遭遇家庭暴力且经济困难的;

(三)人民检察院提起的公益诉讼涉及损害赔偿的;

(四)因见义勇为遭受侵害请求损害赔偿的;

(五)案件事实清楚、权利义务关系明确,发生保全错误可能性较小的;

(六)申请保全人为商业银行、保险公司等由金融监管部门批准设立的具有独立偿付债务能力的金融机构及其分支机构的。

法律文书生效后,进入执行程序前,债权人申请财产保全的,人民法院可以不要求提供担保。

第十条 当事人、利害关系人申请财产保全,应当向人民法院提供明确的被保全财产信息。

当事人在诉讼中申请财产保全,确因客观原因不能提供明确的被保全财产信息,但提供了具体财产线索的,人民法院可以依法裁定采取财产保全措施。

第十八条 申请保全人申请续行财产保全的,应当在保全期限届满七日前向人民法院提出;逾期申请或者不申请的,自行承担不能续行保全的法律后果。

人民法院进行财产保全时,应当书面告知申请保全人明确的保全期限届满日以及前款有关申请续行保全的事项。

第二十二条 财产纠纷案件,被保全人或第三人提供充分有效担保请求解除保全,人民法院应当裁定准许。被保全人请求对作为争议标的的财产解除保全的,须经申请保全人同意。

第二十三条 人民法院采取财产保全措施后,有下列情形之一的,申请保全人应当及时申请解除保全:

(一)采取诉前财产保全措施后三十日内不依法提起诉讼或者申请仲裁的;

(二)仲裁机构不予受理仲裁申请、准许撤回仲裁申请或者按撤回仲裁申请处理的;

(三)仲裁申请或者请求被仲裁裁决驳回的;

(四)其他人民法院对起诉不予受理、准许撤诉或者按撤诉处理的;

(五)起诉或者诉讼请求被其他人民法院生效裁判驳回的;

(六)申请保全人应当申请解除保全的其他情形。

人民法院收到解除保全申请后,应当在五日内裁定解除保全;对情况紧急的,必须在四十八小时内裁定解除保全。

申请保全人未及时申请人民法院解除保全,应当赔偿被保全人因财产保全所遭受的损失。

被保全人申请解除保全,人民法院经审查认为符合法律规定的,应当在本条第二款规定的期间内裁定解除保全。

第六节 庭前会议的辅助

【工作情境6】法官交给法官助理李欣几本案卷,跟李欣说,“整理一下,安排做一个庭前会议吧”。李欣拿到卷宗之后,查看了一下原、被告的证据材料,并与双方当事人电话沟通了主要的诉讼请求和答辩意见,在初步了解双方当事人争议焦点后,将案卷交给了书记员张宁,并安排时间做庭前会议。

李欣与张宁在对原告方德公司诉被告银发公司买卖合同纠纷一案进行证据交换的过程中,原告方德公司当庭增加诉讼请求,被告银发公司表示无法对增加的部分诉讼请求发表答辩意见,请求答辩期,证据交换时方德公司与银发公司均当庭提交了新的证据,对方均表示无法当庭发表质证意见,需要举证期,银发公司称方德公司提供的设备存在质量问题,要申请鉴定且由于银发公司无法调取相关设备的备案信息,申请法院予以调取相关证据。

【工作分析】在上述工作情境中,李欣该如何做?如果你是该案的法官助理,应该怎么做庭前会议的准备工作?又该如何开展庭前会议呢?

庭前会议是指在开庭以前,审判人员召集当事人和诉讼代理人,对于案件审理过程中的程序性问题和部分实体性问题,如回避、管辖、追加第三人、证据的举证质证、证人出庭、鉴定、调解等与案件审理相关的问题,进行的庭前谈话,以便法官进一步了解案件的情况,听取案件各方当事人的意见。

一、庭前会议的准备

并不是所有的案件都必须要召开庭前会议,在审判实践中,一般情况下,只有部分当事人提出回避申请、管辖异议申请、追加第三人申请等需要先行处理程序性问题的案件和部分证据材料繁多、案情疑难复杂的案件需要在开庭前先行组织当事人召开庭前会议。

因此,在决定是否需要召开庭前会议前,法官助理和书记员需要协助法官根据送达、当事人提交的申请材料等情况对案件的基本事实及程序性问题作出判断,对于因程序性问题需要召开庭前会议的,及时安排,以便在程序性问题处理完毕后及时推进案件的实体性审理,避免耽误案件的审理期限;对于因证据问题或其他问题需要召开庭前会议的，要先行与双方当事人进行沟通，明确原告的诉讼请求和被告的答辩意见，确定好双方当事人的举证期限，指导当事人规范提交证据材料，以便庭前会议的顺利进行。

1. 限定举证期限

根据《最高人民法院关于民事诉讼证据的若干规定》的规定，举证期限可以由原、被告双方协商确定，也可以由法院进行指定，对于适用普通程序审理的案件，法院指定的举证期限不少于 15 日，对于适用简易程序审理的案件不超过 15 日。一般情况下，双方当事人应当在双方商定的或者法院指定的举证期限内向法院提交完毕全部证据材料。因此，对于证据材料繁多、案情疑难复杂的案件，庭前会议准备工作的一项重要内容就是需要与原、被告双方进行沟通，确定好案件的举证期限，避免举证期限不确定的情况下双方当事人频繁多次提交材料，导致证据交换重复进行，拖延案件的审理进程。

2. 规范提交证据材料

当事人向法院提交的证据材料应当围绕案件的争议焦点，与案件的待证事实有关，原告主要围绕自己的诉讼请求或反驳对方的答辩意见提交证据，被告主要围绕答辩意见和反驳对方的诉讼请求提交证据，且应当符合法律规定的证据形式。因此，在庭前会议前，法官助理和书记员应当指导当事人规范提交证据，如在证据较多的情况下，应当制作证据目录，对证据进行编号，列明证据名称和证明目的；录音录像资料应当制作光盘，并提交书面的文字说明；外文证据应当附正规翻译公司的译文；证据应当提交原件，且根据对方当事人的人数提供相应的副本等，以便庭前会议能够顺利进行。

3. 在举证期限届满前提交相应的申请

为了避免当事人的某些程序性事项的申请拖延案件审理进程，法律明确规定了一些具体申请的提出时间，如对管辖有异议的，应当在答辩期内提出；当事人申请具有专门知识的人出庭，代表当事人对鉴定意见进行质证，或者对案件事实所涉及的专业问题提出意见的，在举证期限届满前申请；当事人因客观原因难以提交证据，申请人民法院调查收集证据的，应当在举证期限届满前提交书面申请；当事人申请证据保全的，应当在举证期限届满前提交申请；当事人申请延长举证期限的，应当在举证期限届满前提出书面申请；当事人申请证人出庭作证的，应当在举证期限届满前提交申请书等。当事人应当在法律规定的时间内提交相应的申请，逾期提交申请，则法院会根据具体情况作不同的处理。

二、庭前会议

通常情况下，庭前会议围绕特定的问题进行，如管辖、鉴定评估、证据交换等，庭前会议的谈话通常由法官或法官助理主持，由书记员记入笔录。针对庭前会议的不同内容，将庭前会议分为处理程序性事项的庭前会议和进行证据交换的庭前会议。

（一）处理程序性事项的庭前会议

1. 管辖谈话

被告在答辩期内向法院提交管辖异议申请，对案件的管辖权提出异议，在这种情况下，需要组织原、被告双方对案件的管辖问题进行谈话，主要围绕被告提出管辖异议的依据、是否有相应的证据以及原告对被告管辖异议申请的意见进行。

2. 鉴定评估谈话

在案件审判过程中，当事人各方常常会对案件关键证据的真实性产生争议，如签字的真实性、加盖的公章的真实性、产品的质量问题、维修费用的合理性等，在这种情况下，需要启动鉴定评估程序。在进行鉴定评估谈话时，关于签字、印章的真实性鉴定，主要围绕需要鉴定的检材样本、比对样本、鉴定机构的选择、鉴定费用的预交、鉴定风险的告知等内容进行；关于产品质量问题、维修费用的合理性等则主要围绕需要鉴定的内容、鉴定机构的选择、鉴定费用的预交、鉴定风险的告知等内容进行。

（二）进行证据交换的庭前会议

证据交换是大多数庭前会议的主要内容，针对的是一些证据材料繁多、案情疑难复杂的案件。证据交换笔录内容较为复杂，主要包括双方当事人的身份信息、原告的诉讼请求、被告的答辩意见、原告提交的证据名称及证明目的、被告的质证意见、被告提交的证据名称及证明目的、原告的质证意见等。

在有些案件中，证据交换过程中还可能出现当事人申请答辩期、举证期，申请鉴定等情形，要及时做好记录，并明确限定当事人的答辩期、举证期，对证据交换过程中出现的申请评估、鉴定等情况，及时做好评估、鉴定的谈话，要求当事人在限定的期限内提交评估、鉴定所需材料，及时转交鉴定评估机构。

三、具体案件的处理

在实际工作中，当庭变更诉讼请求或者当庭提交证据材料的情况很多，大多是法官助理或书记员在庭前没有与双方当事人进行充分沟通所导致的。但是当前案件数量激增，审判人员审判压力增大，案多人少的矛盾使我们无法在庭前对每一个案件进行充分完整的沟通，因此，法官助理很重要的一项工作就是尽量将所有程序性问题在庭前证据交换过程中予以解决。

具体到上述案件中，关于答辩期，方德公司当庭增加诉讼请求，应当给予银发公司答辩期。答辩期的限定，可以根据案件的具体情况而定，一般应为15日。

关于举证期限，方德公司与银发公司在证据交换时均提交了新的证据，李欣可以先就已有的证据要求双方进行举证质证，对于双方新提交的证据，可以根据证据情况给予对方相应的举证期限，举证期限可以由方德公司和银发公司协商，期限合理的，可以准许，如双方协商不成，法院可以直接确定举证期限。

关于鉴定，李欣可以要求银发公司在限定的期限内提交书面的鉴定申请，交由法官结合案件具体情况审查是否有必要启动鉴定程序，如果确有必要启动鉴定程序，则组织双方当事人对鉴定的具体内容、启动鉴定程序的必要性进行谈话，根据鉴定的程序移转鉴定。

关于申请法院调查取证，对于银发公司的调取证据申请，经审查符合相关法律规定确需法院进行调查取证的，可以通过出具协助调查函的形式，要求银发公司持法院出具的协助调查函至相关部门调取材料，无法通过法院的协助调查函调取的，需要由两名法院干警持有效的工作证件、介绍信至相关部门进行调取。

鉴于上述案件的复杂情况，当事人需要答辩期、举证期限、调查取证及鉴定等多种情况存在，李欣可以先行给双方当事人限定答辩期与举证期限，二期限可以合并，要求当事人在期限届满前提交答辩意见及证据材料，逾期自行承担相应法律后果，在此期间同时进行调查取证的相关工作。如果符合启动鉴定程序的条件，同时启动鉴定程序，及时移转鉴定材料。

小结：

1.【岗位技能】

(1)开展庭前会议辅助工作的能力。

(2)主持庭前会议的能力。

(3)应对突发问题的能力。

(4)总结案件争议焦点的能力。

(5)与当事人沟通的能力。

2.【工作步骤】

(1)庭前会议前尽可能通过电话方式或其他方式与当事人进行充分沟通,限定举证期限并指导当事人尽早提交相关材料。

(2)根据案件的具体情况准备不同的庭前谈话内容。

(3)针对庭前会议过程中出现的不同问题,做好相应的处理工作。

附：

【法条链接】

《民事诉讼法》(2023年9月1日修正)

第六十七条　当事人对自己提出的主张,有责任提供证据。

当事人及其诉讼代理人因客观原因不能自行收集的证据,或者人民法院认为审理案件需要的证据,人民法院应当调查收集。

人民法院应当按照法定程序,全面地、客观地审查核实证据。

第六十八条　当事人对自己提出的主张应当及时提供证据。

人民法院根据当事人的主张和案件审理情况,确定当事人应当提供的证据及其期限。当事人在该期限内提供证据确有困难的,可以向人民法院申请延长期限,人民法院根据当事人的申请适当延长。当事人逾期提供证据的,人民法院应当责令其说明理由;拒不说明理由或者理由不成立的,人民法院根据不同情形可以不予采纳该证据,或者采纳该证据但予以训诫、罚款。

第一百二十八条　人民法院应当在立案之日起五日内将起诉状副本发送被告,被告应当在收到之日起十五日内提出答辩状。答辩状应当记明被告的姓名、性别、年龄、民族、职业、工作单位、住所、联系方式;法人或者其他组织的名称、住所和法定代表人或者主要负责人的姓名、职务、联系方式。人民法院应当在收到答辩状之日起五日内将答辩状副本发送原告。

被告不提出答辩状的,不影响人民法院审理。

第一百三十条 人民法院受理案件后,当事人对管辖权有异议的,应当在提交答辩状期间提出。人民法院对当事人提出的异议,应当审查。异议成立的,裁定将案件移送有管辖权的人民法院;异议不成立的,裁定驳回。

当事人未提出管辖异议,并应诉答辩或者提出反诉的,视为受诉人民法院有管辖权,但违反级别管辖和专属管辖规定的除外。

《最高人民法院关于适用〈中华人民共和国民事诉讼法〉的解释》(2022年4月1日修正)

第九十四条 民事诉讼法第六十七条第二款规定的当事人及其诉讼代理人因客观原因不能自行收集的证据包括:

(一)证据由国家有关部门保存,当事人及其诉讼代理人无权查阅调取的;

(二)涉及国家秘密、商业秘密或者个人隐私的;

(三)当事人及其诉讼代理人因客观原因不能自行收集的其他证据。

当事人及其诉讼代理人因客观原因不能自行收集的证据,可以在举证期限届满前书面申请人民法院调查收集。

第一百二十一条 当事人申请鉴定,可以在举证期限届满前提出。申请鉴定的事项与待证事实无关联,或者对证明待证事实无意义的,人民法院不予准许。

人民法院准许当事人鉴定申请的,应当组织双方当事人协商确定具备相应资格的鉴定人。当事人协商不成的,由人民法院指定。

符合依职权调查收集证据条件的,人民法院应当依职权委托鉴定,在询问当事人的意见后,指定具备相应资格的鉴定人。

第一百二十二条 当事人可以依照民事诉讼法第八十二条的规定,在举证期限届满前申请一至二名具有专门知识的人出庭,代表当事人对鉴定意见进行质证,或者对案件事实所涉及的专业问题提出意见。

具有专门知识的人在法庭上就专业问题提出的意见,视为当事人的陈述。

人民法院准许当事人申请的,相关费用由提出申请的当事人负担。

第二百二十四条 依照民事诉讼法第一百三十六条第四项规定,人民法院可以在答辩期届满后，通过组织证据交换、召集庭前会议等方式，作好审理前的准备。

第二百二十五条　根据案件具体情况，庭前会议可以包括下列内容：

（一）明确原告的诉讼请求和被告的答辩意见；

（二）审查处理当事人增加、变更诉讼请求的申请和提出的反诉，以及第三人提出的与本案有关的诉讼请求；

（三）根据当事人的申请决定调查收集证据，委托鉴定，要求当事人提供证据，进行勘验，进行证据保全；

（四）组织交换证据；

（五）归纳争议焦点；

（六）进行调解。

《最高人民法院关于民事诉讼证据的若干规定》（2019 年 12 月 25 日修正）

第二十条　当事人及其诉讼代理人申请人民法院调查收集证据，应当在举证期限届满前提交书面申请。

申请书应当载明被调查人的姓名或者单位名称、住所地等基本情况、所要调查收集的证据名称或者内容、需要由人民法院调查收集证据的原因及其要证明的事实以及明确的线索。

第二十五条　当事人或者利害关系人根据民事诉讼法第八十一条的规定申请证据保全的，申请书应当载明需要保全的证据的基本情况、申请保全的理由以及采取何种保全措施等内容。

当事人根据民事诉讼法第八十一条第一款的规定申请证据保全的，应当在举证期限届满前向人民法院提出。

法律、司法解释对诉前证据保全有规定的，依照其规定办理。

第五十一条　举证期限可以由当事人协商，并经人民法院准许。

人民法院指定举证期限的，适用第一审普通程序审理的案件不得少于十五日，当事人提供新的证据的第二审案件不得少于十日。适用简易程序审理的案件不得超过十五日，小额诉讼案件的举证期限一般不得超过七日。

举证期限届满后，当事人提供反驳证据或者对已经提供的证据的来源、形式等方面的瑕疵进行补正的，人民法院可以酌情再次确定举证期限，该期限不受前款规定的期间限制。

第五十四条 当事人申请延长举证期限的,应当在举证期限届满前向人民法院提出书面申请。

申请理由成立的,人民法院应当准许,适当延长举证期限,并通知其他当事人。延长的举证期限适用于其他当事人。

申请理由不成立的,人民法院不予准许,并通知申请人。

第六十九条 当事人申请证人出庭作证的,应当在举证期限届满前向人民法院提交申请书。

申请书应当载明证人的姓名、职业、住所、联系方式,作证的主要内容,作证内容与待证事实的关联性,以及证人出庭作证的必要性。

符合《最高人民法院关于适用〈中华人民共和国民事诉讼法〉的解释》第九十六条第一款规定情形的,人民法院应当依职权通知证人出庭作证。

第七节　案件争议焦点的整理

【工作情境7】法官交给法官助理李欣两本卷宗,说是明天要开庭的两个案子,让李欣把案件争议焦点整理一下,方便明天顺利进行庭审。

案件1:张三诉李四民间借贷纠纷案中,张三起诉到法院要求李四归还欠款本金5万元及利息。张三向法院提交了一张借条作为证据。

案件2:东方公司诉南天公司买卖合同纠纷案中,东方公司起诉到法院要求南天公司支付货款200万元。东方公司向法院提交了一份买卖合同及一部分送货凭证。

李欣梳理了一下卷宗内容,把原告的诉讼请求理清,并将原、被告双方的证据材料进行了整理后,把案卷交给了书记员张宁准备明天庭审。

【工作分析】在上述工作情境中,李欣的做法是否正确?如果你是该案的法官助理,应该如何整理案件的争议焦点呢?

案件争议焦点的整理是法官和法官助理必须具备的工作能力之一,在案件的审判过程中,只有准确分析和把握案件的争议焦点,才能抓住原、被告双方矛盾的根源所在,对于案件的后续处理起着非常重要的作用。

在上述案例中,对于案件争议焦点的整理,应当分析具体的案情作出不同的处理。

一、民间借贷纠纷案件争议焦点的整理

上述案件1的案由是民间借贷纠纷,民间借贷纠纷是指公民之间,公民与非金融机构企业之间的借款行为产生的纠纷。民间借贷纠纷是借款合同纠纷案由项下的案由。[1]《民法典》第667条规定,借款合同是借款人向贷款人借款,到期返还借款并支付利息的合同。《民法典》第679条规定,自然人之间的借款合同,自贷款人提供借款时成立。根据上述规定分析可知,张三与李四之间的民间借贷纠纷属于自然人之间的借贷纠纷。张三仅依据借条向法院提起诉讼,此时:

(1)如果李四辩称张三并未向李四实际支付借款,则根据《民法典》中"自然人之间的借款合同,自贷款人提供借款时生效"的规定,张三要证明与李四之间存在民间借贷关系,就需要举证证明双方之间存在借贷的合意(借条),以及借款的实际交付(转账交付、现金交付或其他形式交付)。该案的争议焦点就在于张三是否实际向李四提供涉案借款。在庭审的过程中,法官将重点围绕款项的交付开展举证质证、法庭调查、法庭辩论等环节。

(2)如果李四辩称双方之间确实存在民间借贷关系,但是所借款项均已经还清,则根据《民事诉讼法》第67条的规定,当事人对自己提出的主张,有责任提供证据,由李四就自己主张的已经还清涉案借款承担相应的举证责任。该案的争议焦点就在于李四是否实际向张三清偿完毕涉案借款。在庭审的过程中,法官将重点围绕涉案款项是否清偿完毕开展举证质证、法庭调查、法庭辩论等环节。

二、买卖合同纠纷争议焦点的整理

上述案件2的案由是买卖合同纠纷。根据《民法典》第595条的规定,买卖合同是出卖人转移标的物的所有权于买受人,买受人支付价款的合同。因此,在买卖合同纠纷案件中,与民间借贷纠纷类似,原告起诉到法院,需要举证

---

[1] 参见人民法院出版社编著:《最高人民法院民事案件案由适用要点与请求权规范指引》(第2版),人民法院出版社2020年版。

证明双方之间存在买卖合意(书面合同、口头合同或其他形式合同),以及合同的实际履行。根据上述规定分析可知,东方公司依据买卖合同和送货凭证向法院提起诉讼,此时:

(1)如果南天公司辩称买卖合同签订后尚未履行,则该案的争议焦点就在于东方公司在买卖合同签订后是否向南天公司交付货物,在庭审过程中,法官将重点审查东方公司提交的送货凭证,围绕货物是否实际交付开展举证质证、法庭调查、法庭辩论等环节。

(2)如果南天公司辩称买卖合同签订后东方公司虽然履行了交付货物的义务,但东方公司交付的货物存在质量问题,不符合合同约定,则该案的争议焦点就在于审查货物是否存在质量问题及货物存在质量问题的范围、质量问题的大小等。在庭审过程中,法官将重点围绕货物是否存在质量问题及货物存在质量问题的范围、质量问题的大小等开展举证质证、法庭调查、法庭辩论等环节,必要时还需要委托专业鉴定评估机构进行鉴定评估。

类似的情形还有很多,在实际审判工作中,关于诉讼双方争议焦点的整理和总结,要结合原告方的诉讼请求和被告方的答辩意见来进行。

小结:

1.【岗位技能】

(1)对案由的分析能力。

(2)对原告诉讼请求及被告答辩意见的归纳总结能力。

(3)对案件争议焦点的总结分析能力。

2.【工作步骤】

(1)对案件的案由进行分析,分析不同案由项下原、被告双方的举证证明责任及证明范围。

(2)与原、被告双方进行沟通,明确原告诉讼请求及被告的答辩意见,并确定双方各自所依据的证据及证明目的。

(3)总结归纳案件争议焦点。

附：

【法条链接】

《民法典》(2020年5月28日公布)

第五百九十五条　买卖合同是出卖人转移标的物的所有权于买受人，买受人支付价款的合同。

第五百九十六条　买卖合同的内容一般包括标的物的名称、数量、质量、价款、履行期限、履行地点和方式、包装方式、检验标准和方法、结算方式、合同使用的文字及其效力等条款。

第六百六十七条　借款合同是借款人向贷款人借款，到期返还借款并支付利息的合同。

第六百六十八条　借款合同应当采用书面形式，但是自然人之间借款另有约定的除外。

借款合同的内容一般包括借款种类、币种、用途、数额、利率、期限和还款方式等条款。

第六百七十九条　自然人之间的借款合同，自贷款人提供借款时成立。

第六百八十条　禁止高利放贷，借款的利率不得违反国家有关规定。

借款合同对支付利息没有约定的，视为没有利息。

借款合同对支付利息约定不明确，当事人不能达成补充协议的，按照当地或者当事人的交易方式、交易习惯、市场利率等因素确定利息；自然人之间借款的，视为没有利息。

《民事诉讼法》(2023年9月1日修正)

第六十七条　当事人对自己提出的主张，有责任提供证据。

当事人及其诉讼代理人因客观原因不能自行收集的证据，或者人民法院认为审理案件需要的证据，人民法院应当调查收集。

人民法院应当按照法定程序，全面地、客观地审查核实证据。

《最高人民法院关于审理民间借贷案件适用法律若干问题的规定》(2020年12月29日修正)

第十四条　原告以借据、收据、欠条等债权凭证为依据提起民间借贷诉讼，被告依据基础法律关系提出抗辩或者反诉，并提供证据证明债权纠纷非民间借贷行为引起的，人民法院应当依据查明的案件事实，按照基础法律关系审理。

当事人通过调解、和解或者清算达成的债权债务协议，不适用前款规定。

第八节　鉴　　定

【工作情境 8】法官交给了法官助理李欣 4 个要申请评估鉴定的案子，案件具体情况如下。

案件 1：郭某以财产保险合同纠纷为由将 A 财险公司诉至法院，要求 A 财险公司赔偿郭某车辆损失及施救费 97,765 元。案件审理过程中，双方对郭某车辆的维修价格产生争议，A 财险公司向法院提出鉴定评估申请，请求对郭某车辆维修价格的合理性进行评估。

案件 2：刘某以借款合同纠纷为由将王某诉至法院，要求王某按照借条上的约定偿还借款本金并支付利息，案件在审理过程中，王某表示，欠条上的签字并非王某本人所签，向法院提出鉴定申请，请求对借条上的签字是否为王某本人所签进行鉴定。

案件 3：B 公司以买卖合同纠纷为由将 C 公司诉至法院，要求 C 公司支付货款，案件在审理过程中，C 公司表示其与 B 公司之间并没有买卖合同关系，向法院提出鉴定申请，要求对买卖合同上 C 公司的公章真实性进行鉴定。

案件 4：D 公司以买卖合同纠纷为由将 E 公司诉至法院，要求 E 公司支付货款，案件审理过程中，E 公司表示其与 D 公司之间确实存在买卖合同关系，但是 D 公司向 E 公司交付的设备产品存在质量问题，不符合双方合同的约定，根据合同约定，D 公司无权要求 E 公司支付货款，并向法院提出鉴定申请，要求对 D 公司交付的设备产品的质量进行鉴定。

【工作分析】针对上述 4 个案件，李欣该如何安排鉴定评估工作？如果你是李欣，你会怎么做？

一、鉴定评估常见问题

鉴定评估是鉴定、评估专业人士以其自身专业知识对案件中有待查明的专门性事实问题，经过专业分析后作出鉴定评估意见的过程。审判实践中，常见的鉴定评估为工程类鉴定、人身损害鉴定、文检鉴定；工程类鉴定主要是指工程造价鉴定和工程质量鉴定；人身损害鉴定一般包括伤残等级、赔偿指数及三期（营养期、护理期和误工期）的鉴定；文检鉴定主要包括笔迹检验和印章鉴定。商事审判中，最常见的鉴定类型为工程类鉴定和文检鉴定。这两类鉴定评估工作主要涉及鉴定事项的确定、鉴定检材及比对样本的固定、鉴定评估机构的选定、鉴定评估费用的预交等问题。

（一）鉴定评估事项的确定

当事人申请进行鉴定评估的事项应当与原告的诉讼请求及案件事实的查明相关，且应当具体确定，以上述4个案件为例，鉴定评估的事项应当分别为：郭某车辆维修价格的合理性、借条上的签字与王某签字样本的一致性、买卖合同上加盖的公章与C公司公章印鉴样本的一致性、D公司交付的设备产品的质量问题及质量问题的大小。

（二）鉴定检材与比对样本

鉴定检材是指需要鉴定的材料，如借条上的签名、买卖合同中的公章，而比对样本指的是需要对比进行鉴定的材料，如在进行签名鉴定时，当事人需要向法院提交同时期的比对签名，在进行公章鉴定时，当事人需要向法院提交公司备案公章。法院向鉴定机构移送的鉴定检材与鉴定样本必须经过各方当事人的质证，经各方一致同意并予以固定后，记入笔录，载明检材与比对样本原件的所在。

（三）鉴定评估机构的选择

鉴定评估机构是需要对案件中有待查明的专门性事实问题，经过专业分析后作出鉴定评估意见的机构，鉴定机构可以由各方当事人协商选定；当事人协商不成的，可以通过随机摇号的方式选定或者由法院进行指定。关于选择鉴定机构的相关事由，应当在鉴定谈话笔录中予以明确记录。

（四）鉴定评估费用的预交

鉴定评估费用是鉴定评估机构进行鉴定评估所需收取的费用，通常情况下，在进行鉴定评估前，鉴定评估机构会根据要鉴定的事项确定收费数额，并由当事人预交鉴定费用。一般情况下，鉴定费用由申请鉴定一方当事人预交，因此，在鉴定谈话笔录中需要对鉴定费用的预交义务人及逾期不交鉴定费用的后果予以明确。

二、鉴定评估案件处理方式

在收到当事人提交的鉴定评估申请后，法官助理、书记员应当按照如下方式进行处理。

1. 由法官决定

将当事人提交的鉴定评估申请及时提交给承办法官,由法官决定是否启动鉴定评估程序。

2. 进行鉴定谈话

法官决定启动鉴定评估程序后,及时组织当事人对鉴定评估事宜进行谈话,鉴定事项不同,谈话内容也有所不同,如对于上述案例1,谈话的内容应包括申请评估的内容及范围、评估依据(车辆维修明细清单、事故后的车辆照片等)、鉴定机构的确定方式、鉴定费用的预交等;对于上述案例2,谈话的内容应包括申请鉴定的具体事项、确定比对样本(同时期签字)、鉴定机构的确定方式、鉴定费用的预交等;对于上述案例3,谈话的内容应包括申请鉴定的具体事项、确定比对样本(公司在用的或者备案的印章)、鉴定机构的确定方式、鉴定费用的预交;对于上述案例4,谈话的内容应包括申请鉴定的内容及范围、被鉴定产品所在、鉴定依据、鉴定机构的确定方式、鉴定费用的预交等。

3. 办理相关手续

填写司法鉴定移送表,连同鉴定申请书、鉴定谈话笔录、鉴定相关材料等一并送交庭长审批。

4. 审批并移送鉴定机构

庭长审批完毕后,将司法鉴定移送表和相关材料移交诉讼服务办公室,报送市高级法院通过摇号方式选定鉴定评估机构或在当事人协商确定鉴定评估机构的情况下,直接移送鉴定评估机构。

5. 将鉴定意见送达当事人

在收到鉴定评估机构的鉴定评估意见后,应及时送达各方当事人,并及时安排谈话或庭审,推动案件进展。

小结:

1.【岗位技能】

(1)鉴定评估等程序性事项的把控和推动能力。

(2)进行鉴定谈话的能力。

(3)与当事人进行沟通的能力。

2.【工作步骤】

(1)及时将当事人提交的鉴定申请交给承办法官。

(2)安排组织当事人对鉴定事宜进行谈话,确定鉴定事项、鉴定检材及鉴定机构等。

(3)填写司法鉴定移送表,并送交庭长审批。

(4)将司法鉴定移送表和相关材料移交诉讼服务办公室,选定鉴定机构后移送鉴定机构。

(5)收到鉴定机构的鉴定意见后,及时送达各方当事人并推动案件进展。

附:

【法条链接】

《民事诉讼法》(2023年9月1日修正)

第六十六条　证据包括:

(一)当事人的陈述;

(二)书证;

(三)物证;

(四)视听资料;

(五)电子数据;

(六)证人证言;

(七)鉴定意见;

(八)勘验笔录。

证据必须查证属实,才能作为认定事实的根据。

第七十九条　当事人可以就查明事实的专门性问题向人民法院申请鉴定。当事人申请鉴定的,由双方当事人协商确定具备资格的鉴定人;协商不成的,由人民法院指定。

当事人未申请鉴定,人民法院对专门性问题认为需要鉴定的,应当委托具备资格的鉴定人进行鉴定。

第八十条　鉴定人有权了解进行鉴定所需要的案件材料,必要时可以询问当事人、证人。

鉴定人应当提出书面鉴定意见,在鉴定书上签名或者盖章。

第八十一条 当事人对鉴定意见有异议或者人民法院认为鉴定人有必要出庭的,鉴定人应当出庭作证。经人民法院通知,鉴定人拒不出庭作证的,鉴定意见不得作为认定事实的根据;支付鉴定费用的当事人可以要求返还鉴定费用。

第八十二条 当事人可以申请人民法院通知有专门知识的人出庭,就鉴定人作出的鉴定意见或者专业问题提出意见。

《最高人民法院关于适用〈中华人民共和国民事诉讼法〉的解释》(2022年4月1日修正)

第一百二十一条 当事人申请鉴定,可以在举证期限届满前提出。申请鉴定的事项与待证事实无关联,或者对证明待证事实无意义的,人民法院不予准许。

人民法院准许当事人鉴定申请的,应当组织双方当事人协商确定具备相应资格的鉴定人。当事人协商不成的,由人民法院指定。

符合依职权调查收集证据条件的,人民法院应当依职权委托鉴定,在询问当事人的意见后,指定具备相应资格的鉴定人。

第一百二十二条 当事人可以依照民事诉讼法第八十二条的规定,在举证期限届满前申请一至二名具有专门知识的人出庭,代表当事人对鉴定意见进行质证,或者对案件事实所涉及的专业问题提出意见。

具有专门知识的人在法庭上就专业问题提出的意见,视为当事人的陈述。

人民法院准许当事人申请的,相关费用由提出申请的当事人负担。

第一百二十三条 人民法院可以对出庭的具有专门知识的人进行询问。经法庭准许,当事人可以对出庭的具有专门知识的人进行询问,当事人各自申请的具有专门知识的人可以就案件中的有关问题进行对质。

具有专门知识的人不得参与专业问题之外的法庭审理活动。

《最高人民法院关于民事诉讼证据的若干规定》(2019年12月25日修正)

第三十一条 当事人申请鉴定,应当在人民法院指定期间内提出,并预交鉴定费用。逾期不提出申请或者不预交鉴定费用的,视为放弃申请。

对需要鉴定的待证事实负有举证责任的当事人,在人民法院指定期间内无正当理由不提出鉴定申请或者不预交鉴定费用,或者拒不提供相关材料,致使待证事实无法查明的,应当承担举证不能的法律后果。

第三十二条 人民法院准许鉴定申请的,应当组织双方当事人协商确定具备相应资格的鉴定人。当事人协商不成的,由人民法院指定。

人民法院依职权委托鉴定的,可以在询问当事人的意见后,指定具备相应资格的鉴定人。

人民法院在确定鉴定人后应当出具委托书,委托书中应当载明鉴定事项、鉴定范围、鉴定目的和鉴定期限。

第三十四条 人民法院应当组织当事人对鉴定材料进行质证。未经质证的材料,不得作为鉴定的根据。

经人民法院准许,鉴定人可以调取证据、勘验物证和现场、询问当事人或者证人。

第三十七条 人民法院收到鉴定书后,应当及时将副本送交当事人。

当事人对鉴定书的内容有异议的,应当在人民法院指定期间内以书面方式提出。

对于当事人的异议,人民法院应当要求鉴定人作出解释、说明或者补充。人民法院认为有必要的,可以要求鉴定人对当事人未提出异议的内容进行解释、说明或者补充。

第三十八条 当事人在收到鉴定人的书面答复后仍有异议的,人民法院应当根据《诉讼费用交纳办法》第十一条的规定,通知有异议的当事人预交鉴定人出庭费用,并通知鉴定人出庭。有异议的当事人不预交鉴定人出庭费用的,视为放弃异议。

双方当事人对鉴定意见均有异议的,分摊预交鉴定人出庭费用。

第九节 调 解

【工作情境9】书记员张宁将对被告送达成功的案件交给了法官助理李欣,法官对李欣说,这些案件原、被告都可以到庭,筛选一下,对于案情简单的,可以先尝试做一下调解工作,案情复杂的或者证据材料多的,做一下庭前证据交换,总结一下争议焦点。李欣整理了一下法官交给她的卷宗,初步筛选了一下,就开始给当事人逐一打电话询问当事人是否有调解意向。

【工作分析】上述情境中,李欣的做法是否正确?如果你是该案的法官助理,你会如何组织当事人进行下一步调解工作?

一、案情简单案件的判断标准

对于案情简单的案件,一般来说主要的判断标准是:法律主体单一、法律关系单一、诉讼标的额小、证据材料简单充分。在商事案件中,这类案件主要存在于合同类案件中,如王甲诉刘乙民间借贷纠纷案中,原告主体为单一主体王甲,被告主体为单一主体刘乙,法律关系为单一的民间借贷关系,诉讼标的额 2 万元,证据材料为一张借条、一份转账记录,在这种情况下通过初步判断,该案的法律关系简单明晰,借贷关系清楚确定,且标的额较小,案件通过调解结案的可能性较大,即使调解无法达成一致,一次庭审结案的概率也较大。

二、调解工作流程

(一)调解的原则

调解必须坚持合法自愿原则,严格按照法定程序进行,要平等地保护各方当事人的诉讼权利,保证诉讼调解的程序正当性。在调解过程中,对于损害国家利益、集体利益或他人权利的调解协议不应当予以认可。

(二)庭前调解

1. 确定是否调解

送达完成后,对于可以送达被告的案件,法官助理、书记员应当再次阅卷,庭前与原、被告进行沟通,确定案件法律关系、证据材料、争议焦点,并听取原、被告双方对于案件的调解意向。经审查认为具有可调解性的案件,法官助理、书记员可在庭前组织当事人进行调解。

2. 庭前调解方式

庭前调解的方式很多,包括电话联系或到庭谈话、背靠背调解或面对面调解等,在进行调解时,主要引导当事人围绕诉讼请求中的给付数额、给付时间、给付方式、诉讼费用负担等达成合意。

3. 实施调解

对原、被告双方均有调解意向的案件,法官助理、书记员可以通知当事人交换联系方式,由双方当事人先行进行庭外调解,调解成功的,可以组织当事人到庭依据双方庭外达成的调解协议制作调解笔录,并根据调解笔录出具调解书,送达双方当事人;对当事人仅一方有调解意向的案件,法官助理、书记员可以根据该方当事人给出的调解方案,询问对方当事人是否同意,或在合适的情况下,适当给对方当事人做一下调解工作,对方当事人同意的,通知双方当事人到庭签订调解笔录,并根据调解笔录出具调解书,送达双方当事人,对方当事人不同意的,及时安排庭审,并可根据庭审情况再次组织调解;对双方当事人均表示没有调解意向或争议较大的案件,应当及时安排庭审。

4. 签署调解协议

双方当事人经调解达成协议的,法官助理、书记员应当制作调解笔录并由法官出具调解书,送达双方当事人。调解笔录中法庭调解的过程不必详细记录,但调解的结果及当事人双方的意见均应明确记录,重点记录当事人信息、原告诉讼请求、被告答辩意见、举证质证过程(可省略)、调解内容。当事人通过调解达成协议并即时履行完毕的,可以不制作调解书,但应当制作调解笔录或调解协议书,调解笔录中应记明调解协议的内容及即时履行的情况。双方当事人、审判人员、书记员应当在笔录上签名,双方当事人在调解协议书上签字。

5. 调解书送达签字

调解书不能适用留置送达方法,调解书应当直接送达当事人本人或具有代为调解权限的代理人,当事人或代理人拒绝签收的,应当视为因当事人反悔而调解未成立,原调解书不发生法律效力,法官助理、书记员应当及时通知双方当事人,并应及时安排庭审。调解书经双方当事人签收后,即具有法律效力。法官助理、书记员向当事人、委托诉讼代理人或授权领取人送达调解书时应使用送达回证,在送达回证中记明,如需要邮寄,应当按照当事人在送达地址确认书上签署的地址进行邮寄。

(三)法庭调解

当事人在庭前未达成调解,开庭过程中,法庭辩论后,法官会询问双方当事人是否同意调解,如果当事人同意调解,则将调解的过程及调解意向记录到笔录中,并制作调解书;如果当事人不同意,则继续进行最后陈述,法官宣布开庭结束。法庭辩论终结后当庭进行调解的,当事人均同意调解但没有具体调解方案时,可以在休庭后由承办法官单独组织当事人进行调解。

(四)调解书的制作与校核

民事调解书是人民法院审理民事案件的过程中,根据自愿和合法的原则,在查清事实、分清是非的基础上,通过调解促使当事人达成协议而制作的法律文书。民事调解书是裁判文书的一种，其格式方面的规范性要求适用《民事诉讼文书样式》中的规定。

在民事调解书的校核过程中，法官助理、书记员应当重点根据上述《民事诉讼文书样式》中的规定，对调解书的样式、文书格式等予以对照校核，保证符合上述规范要求。除此之外，在校核中还应注意：(1)调解书中载明的案号与案件号是否一致；(2)当事人的身份信息是否有误；(3)原告的诉讼请求是否有误；(4)调解内容与调解笔录核对是否一致；(5)诉讼费用的分担是否准确；(6)合议庭成员及书记员、落款日期是否准确无误；(7)总览全文，核对民事调解书的语句是否通顺，是否存在错别字，是否存在多字、漏字等情况。

具体到上述情境中，李欣的做法是正确的。如果我是该案的法官助理，对于案情简单的案件，我会通过电话方式与原、被告双方进行沟通，询问双方关于调解的意见，如果双方均有调解意向，可通知双方到庭进行调解，做好调解笔录，调解成功后及时交给法官，由法官出具调解书。对于案情复杂、证据材料多的案件，如果双方当事人不同意调解，我会安排双方当事人到庭进行庭前证据交换，做好证据交换笔录，证据交换完成后，对没有其他问题的案件，总结好争议焦点，交给法官并根据法官的意见安排庭审。

小结：

1.【岗位技能】

(1)与当事人进行沟通的能力。

(2)总结案件争议焦点的能力。

(3)组织调解的能力。

(4)调解笔录的记录能力。

(5)调解书草拟与校核能力。

2.【工作步骤】

(1)进一步审阅案卷，对案情简单、有调解可能的案件先行电话调解。

(2)电话调解成功的，制作调解笔录，通知当事人到庭签订调解笔录。

(3)电话调解不成功，但是有调解意向的，通知当事人到庭进行调解。

(4)签订调解笔录后，及时提交法官出具调解书。

(5)调解不成或案情复杂的，安排庭前证据交换。

(6)总结争议焦点,及时安排开庭。

附:

【法条链接】

《民事诉讼法》(2023年9月1日修正)

第九十六条 人民法院审理民事案件,根据当事人自愿的原则,在事实清楚的基础上,分清是非,进行调解。

第九十七条 人民法院进行调解,可以由审判员一人主持,也可以由合议庭主持,并尽可能就地进行。

人民法院进行调解,可以用简便方式通知当事人、证人到庭。

第九十八条 人民法院进行调解,可以邀请有关单位和个人协助。被邀请的单位和个人,应当协助人民法院进行调解。

第九十九条 调解达成协议,必须双方自愿,不得强迫。调解协议的内容不得违反法律规定。

第一百条 调解达成协议,人民法院应当制作调解书。调解书应当写明诉讼请求、案件的事实和调解结果。

调解书由审判人员、书记员署名,加盖人民法院印章,送达双方当事人。

调解书经双方当事人签收后,即具有法律效力。

第一百零一条 下列案件调解达成协议,人民法院可以不制作调解书:

(一)调解和好的离婚案件;

(二)调解维持收养关系的案件;

(三)能够即时履行的案件;

(四)其他不需要制作调解书的案件。

对不需要制作调解书的协议,应当记入笔录,由双方当事人、审判人员、书记员签名或者盖章后,即具有法律效力。

第一百零二条 调解未达成协议或者调解书送达前一方反悔的,人民法院应当及时判决。

第一百四十五条 法庭辩论终结,应当依法作出判决。判决前能够调解的,还可以进行调解,调解不成的,应当及时判决。

第十节 撤　　诉

【工作情境10】法官助理李欣在工作中遇到了如下3个案件。

案件1:张三诉李四民间借贷纠纷一案中,张三向法院打来电话,称李四已经将欠款归还,现在想向法院申请撤回对李四的起诉。

案件2:中天公司诉明正公司买卖合同纠纷一案中,法院向中天公司送达诉讼费用交纳通知书后,中天公司未在通知书载明的期限内交纳诉讼费用,经法院再次通知后,中天公司拒不交纳诉讼费用。

案件3:叶某诉刘某股权转让合同纠纷案中,法院确定好开庭时间及开庭地点并依法向叶某送达开庭传票后,叶某无正当理由未到庭参加诉讼。

【工作分析】在上述3个案件中,李欣分别该如何处理?如果你是上述案件的法官助理,你会如何做?

撤诉是指法院立案后,作出裁判前,当事人申请撤回起诉或法院裁定按撤回起诉处理的一种结案方式。根据撤诉方式的不同,可以将撤诉分为当事人自愿申请撤诉、法院按撤诉处理;根据撤诉主体的不同,可以将撤诉分为原告申请撤回本诉、被告申请撤回反诉。本节主要围绕本诉的撤诉予以论述。

一、原告申请撤回起诉

诉权是原告的权利,在案件审理过程中,原告可以随时申请撤回对被告的起诉,但是否准许需要经法院审查,对于符合撤诉条件的,可以准许,对于不符合撤诉条件的,不予准许。

收到原告的撤诉申请后,经审查准许撤诉的一般有两种处理方式:一是通知原告到庭谈话,制作笔录,载明原告申请撤回起诉的具体原因并出具准许撤诉的裁定;二是原告无法到庭谈话且撤诉申请已明确载明撤诉原因的情况下,可以直接出具准许撤诉的裁定书,并送达各方当事人。撤诉裁定不能上诉,但原告可依据同一事实理由以同一诉讼请求再次起诉,法律有特别规定的应当符合该特别规定(例如离婚案件撤诉后再次起诉的规定)。

收到原告的撤诉申请后,经审查不准许撤诉的一般也有两种处理方式:一是通知原告到庭谈话，制作笔录，告知原告不准许撤诉的原因并出具不准许撤诉的裁定；二是原告无法到庭谈话的，可以直接出具不准许撤诉的裁定书，并送达各方当事人。

通常情况下，原告申请撤回起诉的原因主要为与被告庭外达成和解、被告已履行义务、需要补充案件的关键证据等，在这种情况下，法院一般会结合案件的具体情况，准许原告撤回起诉。在原告申请撤回起诉损害国家、集体和他人利益的情况下，法院对原告的撤诉申请不予准许。

二、裁定按撤诉处理

（一）原告未按时到庭或未经法庭允许中途退庭，按撤诉处理

原告无正当事由，未按传票通知到庭参加诉讼，或未经法庭允许中途退庭的，应当视为原告怠于参加诉讼或不愿意继续进行诉讼，依据法律的规定，可以按撤诉处理。

通常情况下，法官助理、书记员应当至少于开庭 3 日前将开庭时间、地点通知各方当事人，并在送达回证上予以记载。开庭时，如原告方未按时到庭，法官助理、书记员应当先与原告核实其未到庭原因，原告确有正当理由的，要求原告向法院提交相应的证明材料，可以择期另行安排庭审。在确定原告无正当理由未到庭或未经法庭允许中途退庭的情况下，才可以按自动撤诉处理。

（二）原告未按期交纳诉讼费用，按撤诉处理

根据相关规定，诉讼费用应当由原告预交，原告应当预交而未预交案件受理费的，法院应当通知其预交，经法院通知后仍不预交的，或申请减免、缓交未获批准而不预交的，可以按撤诉处理。

通常情况下，原告在立案时，立案庭会向原告送达诉讼费用交纳通知书，通知书上载明诉讼费用交纳的期限为 7 日内，在立案阶段未要求交纳或进入审判阶段因案件转入普通程序、诉讼请求的变更等原因需要补交的，由审判庭室向原告出具诉讼费用交纳通知书，通知原告限期交纳诉讼费用。在原告无法定理由未按期预交或补交诉讼费用的情况下，可以按原告撤回起诉处理。

在上述案件 1 中，李欣应当通知张三向法院提交撤回起诉申请书，并到庭进行谈话，谈话笔录中记录张三申请撤回起诉的原因，交由法官出具准许撤回起诉的裁定书并送达各方当事人。在上述案件 2 中，李欣应当通知中天公司

到庭进行谈话，询问中天公司未按期交纳诉讼费用的原因，并记入笔录，如果中天公司无正当理由拒不交纳诉讼费用，则交由法官出具裁定书，按中天公司撤回起诉处理，并将裁定书送达各方当事人。在上述案件3中，李欣应当通知叶某到庭进行谈话，询问叶某未按时到庭的原因，若叶某确有正当理由，要求叶某提交相关证明材料；若叶某无正当理由未到庭，则记入笔录，交由法官出具裁定书，按叶某撤回起诉处理。

小结：

1.【岗位技能】

(1)撤诉的程序性事项处理能力。

(2)撤诉裁定的草拟及校核能力。

2.【工作步骤】

(1)收到当事人的撤诉申请后，及时提交法官决定是否准许。

(2)通知当事人进行谈话，裁定是否准许撤诉。

(3)当事人未按期到庭或未按期缴纳诉讼费的，询问当事人原因，并提交法官做进一步处理。

(4)草拟撤诉裁定书。

(5)向当事人送达裁定书。

附：

【法条链接】

《民事诉讼法》(2023年9月1日修正)

第一百四十六条 原告经传票传唤，无正当理由拒不到庭的，或者未经法庭许可中途退庭的，可以按撤诉处理；被告反诉的，可以缺席判决。

第一百四十八条 宣判前，原告申请撤诉的，是否准许，由人民法院裁定。

人民法院裁定不准许撤诉的，原告经传票传唤，无正当理由拒不到庭的，可以缺席判决。

《最高人民法院关于适用〈中华人民共和国民事诉讼法〉的解释》(2022年4月1日修正)

第一百九十九条 适用简易程序审理的案件转为普通程序的，原告自接到人民法院交纳诉讼费用通知之日起七日内补交案件受理费。

原告无正当理由未按期足额补交的,按撤诉处理,已经收取的诉讼费用退还一半。

第二百一十三条 原告应当预交而未预交案件受理费,人民法院应当通知其预交,通知后仍不预交或者申请减、缓、免未获批准而仍不预交的,裁定按撤诉处理。

第二章　法官助理在民事案件庭审后的工作

第一节　裁判文书的撰写

【工作情境 11】法官将开完庭的案件交给法官助理李欣，让李欣根据开庭情况及证据情况试着草拟判决书，并简单交代了一下案件的焦点问题及需要注意的情况。李欣从未撰写过判决书，不知该从何写起。

【工作分析】李欣该如何撰写裁判文书？

草拟裁判文书是法官助理辅助法官进行审判工作的基本要求，对于从未接触过的法官助理，一开始可能会无从下手。其实，每一类型的裁判文书，尤其是判决书，都有其最基础的格式，即模板。《民事诉讼文书样式》[1]中将判决书、裁定书、决定书、通知书等进行了模板细化分类，以第一审程序中的判决书为例，就有第一审普通程序用、简易程序（适用于当事人对案件事实没有争议的、被告承认原告全部诉讼请求的案件）、小额诉讼程序（适用于令状式判决、表格式判决、要素式判决等情况）、公益诉讼用、第三人撤销之诉用、执行异议之诉用等不同模板。民事裁判文书的草拟与校核，都应遵循相应的样式规范以及裁判文书制作的格式要求。

一、案件材料的梳理

撰写裁判文书是对案件的梳理和总结的过程，在撰写裁判文书之前，应当按照习惯的方式对卷宗进行整理，整理的过程也是程序梳理的过程，以防止由于案件前期的程序性失误造成整个案件的错误。

---

〔1〕　参见最高人民法院修改后民事诉讼法贯彻实施工作领导小组编：《民事诉讼文书样式》，人民法院出版社 2016 年版。

在对案件材料进行梳理时，重点梳理原告的诉讼请求、被告及第三人的送达手续、各方当事人的身份信息及授权手续、各方当事人提交的证据材料、谈话笔录、开庭笔录、送达回证，并分别按时间顺序对应排序，以防止文书撰写过程中遗漏关键信息。

二、仔细查阅谈话笔录、开庭笔录

撰写裁判文书的直接依据是案件的谈话笔录和开庭笔录，在撰写裁判文书之前，应当仔细查阅案件的谈话笔录和开庭笔录，对于裁判文书中的关键信息，如当事人信息、到庭当事人及委托诉讼代理人情况、原告的诉讼请求、被告的答辩意见、第三人的意见、各方当事人提交的证据名称及证明目的等都会在谈话笔录和开庭笔录中予以明确记载，裁判文书中的信息必须与笔录中记载的信息一致，否则可能会出现程序问题。

三、撰写裁判文书

每一种类型的裁判文书都有其对应的文书模板，在撰写裁判文书时，应当根据案件的程序（简易程序或普通程序）、当事人到庭情况（对席开庭或缺席开庭）、案件的案由等选择适合的文书模板，并在选定的文书模板上进行编辑操作。

在操作过程中，首先，要注意程序性信息的准确替换与录入，如法院名称、案号、当事人信息及委托诉讼代理人信息、适用程序、到庭当事人、原告诉讼请求及依据的事实理由、被告答辩意见、第三人意见（如有）、合议庭成员（或审判员）及书记员、裁判日期，确保裁判文书中载明的上述信息与卷宗记载的内容一致。

其次，要注意案件实体性内容的认定与裁判的逻辑。如要根据谈话笔录、开庭笔录中各方当事人的举证质证内容，对当事人提交的证据进行梳理，并从证据的真实性、关联性、合法性三方面对证据予以认定；根据对证据的分析认定，并结合当事人的陈述，对案件的事实予以认定；结合认定的事实及证据，以事实为依据、以法律为准绳，围绕案件的争议焦点展开论述，并最终作出裁判。

第二节　裁判文书的校核

在实践中,裁判文书草拟之后,法官助理要将卷宗材料及文书初稿交由法官修改,并对法官修改后的裁判文书进行校核,因此民事裁判文书的校核也是法官助理审判辅助事务的工作之一。由于裁判文书系法院审理案件的结果性文件,关乎各方当事人的核心利益,更代表着法官的裁判水平以及人民法院的司法形象,故裁判文书的校核非常重要,必须保证裁判文书的准确性和完整性。

一、校核裁判文书的结构内容

(一)文书抬头

民事案件的文书抬头分为民事判决书、民事调解书、民事裁定书、民事决定书4种,书记员校对时应首先确定文书种类,确保抬头与文书类别对应。

(二)文书案件号

文书案件号相当于每一个案件的身份号码,如果出现错误,则会导致案件的整体流转出现障碍。书记员应首先核对裁判文书的案件号码与立案表上是否一致。

需要注意的是,同一案件中出现多个同种类型的裁判文书时,后有裁判文书应依次在案件号之后标明之一、之二、之三,以此类推。例如对于某一民事案件,法院已经出具了保全裁定书,按照载明为"×××民初1号",如果解除保全,则解除保全的裁定书为"×××民初1号之一",如果在解除保全之后案件撤诉,法院出具撤诉裁定书,则该文书为"×××民初1号之二",以此类推。

(三)当事人/代理人信息

当事人/代理人信息关乎各方身份的确定,如果出错,则可能导致当事人权利义务受到直接损害,引发错案。当事人为公民的,核实姓名是否有错别字;当事人为公司或其他法人组织的,核实其全称是否准确无误。

(四)判决书主文

判决书主文主要是指在判决书"本院认为"部分后,依据法律判决的全部内容。校对时应重点核对以下部分。

1. 判决依据的法律条文

特别需要注意的是:(1)缺席审理的,应当引用《民事诉讼法》第 147 条;(2)二审驳回诉讼请求的,应当引用《民事诉讼法》第 177 条第 1 款第 1 项;(3)有金额给付内容的应当在判项之后加上《民事诉讼法》第 267 条及相应的法律后果,等等。

2. 当事人全称以及顺序

重点核对当事人的全称是否准确以及顺序是否正确,如被告×××向原告××支付×××元;驳回原告××其他诉讼请求。

3. 给付金额

金额应当以每三位空一格,如一百万元应当为 1,000,000 元。严格审核给付金额的位数,确保金额无误。

(五)诉讼费用的负担

重点核实诉讼费用金额是否准确,有保全的,应当载明保全费金额,有公告费的,应载明公告费金额。

(六)上诉权利

裁判文书为民事判决书的,上诉期限为 15 天;裁判文书为裁定书的,上诉期限为 10 天。民事调解书或者撤诉相关的裁定书,不可上诉。

(七)法庭组成人员

简易程序审理结案的,法庭组成人员为审判员及书记员。普通程序审理结案的,法庭组成人员为审判长、审判员或人民陪审员共计 3 人,另有书记员 1 名。

(八)裁判日期

裁判日期应当在法庭审理终结之后,起草人员可能因套用之前的裁判文书导致文书落款日期早于开庭时间,故校对时务必注意核实。

总之,法官助理在校核裁判文书时,首先要保证其结构完整,要素齐全;此外,还需保证裁判文书中的程序性内容与案件卷宗记载的内容一致,确保从民事判决书首部的案号到判决书尾部的合议庭成员、书记员姓名,都与卷宗记载一致。

二、校核裁判文书的实质内容

法官助理除了要校核裁判文书样式、格式等规范性要求以及本院认为、法律援引等实体性内容外，在文书校核中还应注意以下实质性问题。

(一)证据材料的校核

核对裁判文书对证据材料的认定是否符合证据的真实性、合法性、关联性，对案件事实的认定是否客观、准确，对裁判结果的论述是否以事实为依据，以法律为准绳。

(二)诉讼请求的校核

首先要校核是否支持全部诉讼请求。没有支持当事人全部诉讼请求的，主文中应有驳回原告其他诉讼请求的相关内容。更为重要的是核对裁判文书判决主文与当事人的诉讼请求是否对应，是否存在超出诉讼请求予以裁判或漏判的情形。

(三)原告(包括反诉原告)的诉讼请求

原告的诉讼请求、反诉原告的反诉请求是判决的基础，应仔细核对判决书中载明的诉讼请求与原告起诉状、反诉原告的反诉状是否一致。当事人在诉讼过程中变更了诉讼请求的，应当以变更后的诉讼请求为准。

(四)引用法律法规的校核

主要是核对民事判决书援引的法律、法规、司法解释条文的内容、序号等是否与法律、法规、司法解释规定一致。

(五)诉讼费用负担的校核

核对诉讼费用的计算及负担是否符合《诉讼费用交纳办法》的规定，是否存在多算、少算情况，是否存在负担错误情况。

(六)案件事实的校核

法官助理应当对照当事人提交的证据材料以及庭审笔录，对法院查明案件事实部分进行校核。

(七)裁判文书说理的校核

法官助理要通读几遍裁判文书，保证裁判文书的文本及语句通顺，没有错别字，无歧义，也不存在多字、漏字的情况。

小结：

1.【岗位技能】

(1)认真、细心、耐心的文书模板替换和补充能力。

(2)逻辑思维能力、法律法规运用能力。

(3)良好的语言文字功底。

2.【工作步骤】

(1)详细翻阅案卷材料,捋顺当事人信息、证据材料及谈话笔录、开庭笔录。

(2)选择对应适用的文书模板。

(3)根据案卷材料,将案号、当事人身份信息、代理人信息、案由等信息在文书模板上做对应替换。

(4)梳理原告的诉讼请求及事实理由、被告的答辩意见、双方提交的证据材料并写入文书。

(5)根据庭审情况及证据情况,在法院查明事实部分按照时间顺序或其他逻辑顺序将查明的事实予以确认。

(6)依据事实及法律法规对案件争议焦点予以总结并写明判决理由。

(7)写明依据的法律法规及文书判项。

(8)校核文书。

第三编

刑事审判法官助理工作规范

第一章　法官助理在刑事案件庭审前的准备工作

第一节　审查诉讼材料

庭审是刑事诉讼中最重要的阶段,决定着案件质量、诉讼效率和程序正义。充分而有效的庭前准备工作,可以归纳案件争议焦点,先行处理影响诉讼进程的程序性事项,防止事实和证据突袭,平等保障当事人诉讼权利,为集中审理和提高庭审效率创造条件,最大限度节约诉讼资源。因此,法官助理庭前认真审查诉讼材料非常重要。

【工作情境1】贾宇是A区法院刑事审判庭法官助理,内勤交给贾宇一个新收案卷材料,贾宇将案件填写卷皮后,将案卷放入卷柜中,并将情况告知了法官。

【工作分析】在上述工作情境中,贾宇的做法是否正确?如果你是法官助理,你会如何处理?

一、审查新收案件的诉讼材料是否齐全并初步整卷

《刑事诉讼法》规定,公安机关或者人民检察院发现犯罪事实或者犯罪嫌疑人,应当按照管辖范围,立案侦查,凡需要提起公诉的案件,一律由人民检察院审查决定。人民检察院审查案件后决定提起公诉的,向人民法院提起公诉。人民法院对提起公诉的案件进行审查后,对于起诉书中有明确的指控犯罪事实并且附有证据目录、证人名单和主要证据复印件或者照片的,应当决定开庭审判。对于自诉案件,被害人有权向人民法院直接起诉,被害人死亡或者丧失行为能力的,被害人的法定代理人、近亲属有权向人民法院起诉,人民法院应当依法受理。《刑事诉讼法》第210条规定:"自诉案件包括下列案件:(一)告

诉才处理的案件;(二)被害人有证据证明的轻微刑事案件;(三)被害人有证据证明对被告人侵犯自己人身、财产权利的行为应当依法追究刑事责任,而公安机关或者人民检察院不予追究被告人刑事责任的案件。”

新收案件必须具备以下材料:(1)收案笔录;(2)立案信息表;(3)起诉书正本、副本;(4)证据目录、证人名单;(5)公安卷宗;(6)换押材料(如果被告人被采取的强制措施为拘留或逮捕)。

如果材料齐全,接下来按照归档要求顺序对案卷材料进行整理,在案件办理过程中随时将新增加的材料归入指定位置。

小结:

1.【岗位技能】

(1)对案件诉讼材料的审查能力。

(2)对案件卷宗的整理能力。

2.【工作步骤】

(1)审查新收案件的诉讼材料是否齐全。

(2)对新收案件卷宗进行初步整理。

二、案件管辖权审查及处理

【工作情境2】法官助理贾宇收到内勤移送的新案卷后开展了庭前准备工作,在阅读起诉书时其看到被告人李甲于2020年1月在C区的某社区内将被害人赵乙砍伤,经鉴定被害人赵乙的人体损伤程度属轻伤一级。之后,贾宇立即联系赵乙是否提起附带民事诉讼,并继续开展庭前工作,准备开庭审理。

【工作分析】贾宇的以上做法是否正确,如果你是负责该案的法官助理,你会如何处理?

(一)审查公诉案件的管辖

收案后,审查卷宗材料的过程中要重点核查起诉书指控的基本事实,以及法院对该案是否具有管辖权。

审查是否属于公诉案件的范围;审查是否属于专属管辖的案件;审查是否属于所在法院管辖的案件。审查是否符合级别管辖的规定,如中级人民法院受理的一审案件,是否系危害国家安全、恐怖活动的案件,是否属于可能判处无期徒刑、死刑的案件;高级人民法院受理的第一审刑事案件,是否属于全省(自治区、直辖市)性的重大刑事案件等。审查是否属于案情重大、复杂需要请求移送上一级人民法院审判的案件;审查是否符合地域管辖的规定,犯罪行为地、犯罪结果地、被告人居住地是否在所在人民法院管辖区域,因犯罪行为地而享有管辖权的案件,是否由被告人居住地的人民法院审判更为适宜;几个同级人民法院都有权管辖的案件,所在人民法院是否系最初受理的人民法院,是否应当移送主要犯罪地的人民法院审判,是否属于上级人民法院指定管辖的案件。

(二)审查自诉案件的管辖

审查是否属于侮辱、诽谤、暴力干涉婚姻自由、虐待、侵占等告诉才处理的案件;是否属于人民检察院没有提起公诉,被害人有证据证明的故意伤害、非法侵入住宅、侵犯通信自由、重婚、遗弃、生产、销售伪劣商品、侵犯知识产权,以及《刑法》分则第4章、第5章规定的,对被告人可能判处3年有期徒刑以下刑罚的轻微刑事案件;是否属于被害人有证据证明对被告人侵犯自己人身、财产权利的行为应当依法追究刑事责任,且有证据证明曾经提出控告,而公安机关或者人民检察院不予追究被告人刑事责任的案件。审查犯罪行为地、结果地、被告人居住地是否在所在人民法院的辖区范围内。

(三)管辖权审查后的处理

根据《刑事诉讼法》的规定,刑事案件管辖法院一般为犯罪地法院,犯罪地包括犯罪行为地和犯罪结果地。如果指控的犯罪行为未发生在本法院所在辖区内,一般情况下本法院对该案件不具有管辖权。在此情况下要核实是否有指定管辖材料,若无指定管辖材料则应当向高级人民法院请示,将案件移送管辖或指定管辖。此外,还要注意级别管辖规定,对于分裂国家犯罪、恐怖主义犯罪等案件应当由中级人民法院作为一审法院管辖。

小结:

1.【岗位技能】

(1)对公诉案件管辖的审查能力。

(2)对自诉案件管辖的审查能力。

(3)管辖权审查后的处理能力。

2.【工作步骤】

(1)审查公诉案件的管辖。

(2)审查自诉案件的管辖。

(3)管辖权审查后的处理。

三、审查被告人的主体资格

【工作情境3】法官助理贾宇在阅读起诉书时，看到被告人李甲的信息中显示其出生时间是2003年5月，与后面的叙述中时间不太一致，于是着重对李甲的年龄进行了核对。

【工作分析】贾宇的做法是否正确？如果你是该案的法官助理，该如何进行被告人主体资格的审查？

(一)审查被告人的年龄状况

依据《刑法》第17条的规定，审查被告人是否属于未满16周岁不予刑事处罚的人；审查被告人是否属于已满14周岁不满16周岁的人，指控的罪名是否为故意杀人、故意伤害致人重伤或者死亡、强奸、抢劫、贩卖毒品、放火、爆炸、投放危险物质罪；审查被告人是否属于已满12周岁不满14周岁的人，是否犯故意杀人、故意伤害罪，致人死亡或者以特别残忍手段致人重伤造成严重残疾，情节恶劣，经最高人民检察院核准追诉；审查被告人是否属于已满12周岁不满18周岁，应当从轻或者减轻处罚的对象，是否属于已满75周岁，可以从轻、减轻处罚的对象。犯罪时、审判时是否已满12周岁、14周岁、16周岁、18周岁或者不满75周岁，有无户籍证明、出生证明文件、学籍卡、人口普查登记、无利害关系人的证言等证据予以证明。

(二)审查被告人的身体及智力状况

主要审查被告人是否属于《刑法》第18条、第19条规定的特殊人员，即被告人是否属于不能辨认或者不能控制自己行为的精神病人，是否属于间歇性精神病人；是否属于尚未完全丧失辨认或者控制自己行为能力的精神病人；是否属于醉酒的人；是否属于又聋又哑的人或者盲人。

(三)审查被告人的国籍

主要审查被告人是否属于《刑事诉讼法》第17条规定的享有外交特权和

豁免权的外国人。

（四）审查被控告的单位

单位犯罪的，需要审查被控告的单位是否属于《刑法》第30条所指的公司、企业、事业单位、机关、团体；单位犯罪的，是否一并起诉了直接负责的主管人员和其他直接责任人员，直接负责的主管人员和其他直接责任人员被一并起诉的，应当同时审查其个人身份事项。

（五）审查自诉案件的当事人的资格

如果是自诉案件，需要审查自诉案件的原告人是否系人身或者财产遭受犯罪侵害的被害人，被害人的法定代理人、近亲属告诉或者代为告诉的，是否提供了与被害人关系的证明和被害人不能亲自告诉原因的证明；港、澳、台同胞告诉的，是否有港、澳、台居民身份证、回乡证或者其他证明其本人身份的证明材料；对自诉案件被告人资格的审查，可以参照前述审查被告人主体资格的相关内容。

（六）审查附带民事诉讼当事人的资格

如果案件附带民事诉讼，应当审查附带民事诉讼当事人的资格。依据《刑事诉讼法》第101条，《最高人民法院关于适用〈中华人民共和国刑事诉讼法〉的解释》（以下简称《刑诉法解释》）第175条、第178条、第180条、第181条的规定，审查附带民事诉讼的原告人，是否系因为被告人的犯罪行为而遭受物质损失的被害人，是否系被害人的法定代理人或者近亲属；附带民事诉讼的被告人，是否包括了刑事被告人以及未被追究刑事责任的其他共同侵害人，是否系刑事被告人的监护人，是否系死刑罪犯的遗产继承人，是否属于共同犯罪案件审结前死亡的被告人的遗产继承人，是否是对被害人的物质损失依法应当承担赔偿责任的单位和个人，是否系自愿代为赔偿的附带民事诉讼被告人的亲友，是否有共同犯罪案件中在逃的同案行为人。

对于人民检察院提起的刑事附带民事公益诉讼案件，应当注意相关特别规定。

小结：

1.【岗位技能】

（1）对被告人主体资格的审查能力。

(2)对被控告单位主体资格的审查能力。

(3)对自诉案件当事人资格的审查能力。

(4)对附带民事诉讼当事人资格的审查能力。

2.【工作步骤】

(1)审查被告人的年龄状况。

(2)审查被告人的身体及智力状况。

(3)审查被告人的国籍。

(4)审查被控告的单位。

(5)审查自诉案件的当事人的资格。

(6)审查附带民事诉讼当事人的资格。

四、审查控辩主张

【工作情境4】法官助理贾宇把起诉书阅读了两遍，也把证据材料看了看，觉得对这个案子有了基本了解，然后对控辩双方的意见着重分析了一下，觉得争议不大，就把案卷材料交给了法官。

【工作分析】贾宇的做法是否正确？如果你是该案的法官助理，该如何进行审查控辩双方的主张及他们的争议？

(一)审查是否存在定罪争议

仔细阅读控方指控的材料和辩方的辩护意见，审查控辩双方是否存在犯罪行为与非犯罪行为的争议；是否存在情节显著轻微、危害不大，不认为犯罪与应当认定为犯罪的争议；是否因刑法溯及力问题而存在罪与非罪的争议；是否存在证据确实、充分应当认定有罪与证据不足、指控的犯罪不能成立的争议；是否存在此罪与彼罪的争议；是否存在一罪与数罪的争议；是否存在共同犯罪与单一犯罪的争议；是否存在个人犯罪与单位犯罪的争议；是否存在故意犯罪与过失犯罪的争议。

(二)审查是否存在刑事责任承担的争议

审查是否存在犯罪已过追诉时效期限的争议，是否存在经特赦令免除刑罚的争议；对于依照《刑法》告诉才处理的犯罪，是否存在没有告诉或者撤回告诉的争议；是否存在依照《刑法》追究刑事责任与依照其他法律规定免予追究刑事责任的争议。审查是否存在适用刑罚种类的争议，如是否存在主刑、附加刑单独适用，抑或主刑与附加刑一并适用的争议；是否存在量刑幅度争议；是否存在应当收监执行刑罚与宣告缓刑、暂予监外执行的争议。

（三）审查是否存在量刑情节的争议

着重审查控辩双方是否因刑法溯及力问题而存在量刑依据的争议；是否存在法定加重情节应否认定的争议，是否存在法定从重情节应否认定的争议，是否存在法定从轻情节应否认定的争议，是否存在法定减轻情节应否认定的争议，是否存在法定免除情节应否认定的争议；是否存在犯罪动机的争议；是否存在犯罪手段的争议；是否存在犯罪时间、地点等当时的环境和条件的争议；是否存在犯罪对象的争议；是否存在犯罪所造成损害结果的争议；是否存在被告人的个人情况和一贯表现的争议；是否存在被告人犯罪后态度的争议。

（四）审查附带民事诉讼争议

审查附带民事诉讼原告人的请求中，是否有具体的要求和事实根据，是否要求赔偿精神损失，是否有针对被告人非法占有、处置被害人财产应当依法予以追缴或者责令退赔等对象提出的请求，是否有针对国家机关工作人员行使职权时侵犯他人人身、财产权利提出的请求。审查附带民事诉讼被告人一方的抗辩，是否申请追加附带民事诉讼被告人，是否承认对方的诉讼请求，是否同意对方请求的范围与数额，是否有其他抗辩意见。

小结：

1.【岗位技能】

（1）对是否存在定罪争议的审查能力。

（2）对刑事责任承担情况的审查能力。

（3）对量刑情节的审查能力。

（4）对附带民事诉讼争议的审查能力。

2.【工作步骤】

（1）审查是否存在定罪争议。

（2）审查是否存在刑事责任承担的争议。

（3）审查是否存在量刑情节的争议。

（4）审查附带民事诉讼争议。

五、审查证据材料

【工作情境5】法官助理贾宇在阅读起诉书后，对检察院提供的证据逐一进行查看，发现被告人李甲的陈述与证人的陈述存在不一致的地方，他把这个情形告诉了法官。

【工作分析】贾宇的做法是否正确？如果你是该案的法官助理，你该如何进行证据审查？

(一)审查证据表现形式的合法性

法官助理在查看该案的证据材料时，首先要审查证据的表现形式是否符合法定的形式，证据是否表现为物证、书证、证人证言、被害人陈述、被告人供述和辩解、鉴定意见、勘验、检查、辨认、侦查实验等笔录、视听资料、电子数据等形式。

(二)审查证据收集的合法性

法官助理审查证据时，最重要的还是审查证据的收集是否合法。需要审查被告人供述，是否系采取殴打、违法使用戒具等暴力方法或者变相肉刑的恶劣手段，使被告人遭受难以忍受的痛苦而违背意愿作出的供述，是否系采用以暴力或者严重损害本人及其近亲属合法权益等进行威胁的方法使被告人遭受难以忍受的痛苦而违背意愿作出的供述，是否系采用非法拘禁等非法限制人身自由的方法收集的供述，是否系受到其他身体或心理的强制情形下所作的供述，供述人是否核对、确认笔录，供述人系聋哑人的，是否为其提供了通晓聋哑手势的人，讯问被告人是否在规定办案场所，是否依法进行全程录音录像，录音录像是否不间断进行，是否保持了全程录音录像完整性，是否选择性地录制，是否存在剪接、删改等。审查证人证言、被害人陈述是否系采用暴力、威胁以及非法限制人身自由等方法收集的，询问证人、被害人是否个别进行，是否为不通晓当地通用语言、文字的证人、被害人提供了翻译人员，询问未成年证人、被害人是否有成年亲属在场，书面证言是否经过证人、被害人核对、确认等。审查书证、物证是否附有笔录清单，物证、书证的来源是否清晰，涉案物品、作案工具等是否通过辨认、鉴定等方式确定来源等。审查视听资料、电子数据是否附有提取过程的说明，来源是否存在合法性问题，是否与原始存储介质一并移送,提取、复制电子数据是否保证了电子数据的完整性,对提取、复制过程及原始存储介质存放地点是否有文字说明及签名等。审查鉴定意见是否由具备法定资质鉴定机构作出,鉴定事项是否超出该鉴定机构的技术条件及业务范围,鉴定人是否具备法定资质,鉴定人是否需要回避,送检材料、样本是否来源明确,是否被污染,鉴定程序是否合法,鉴定文书有无鉴定人员签名或盖章,鉴定意见与案件是否有关联性等。审查辨认笔录是否在侦查人员主持下进行辨认后形成,辨认人辨认前是否见到过辨认对象,辨认是否个别进行,提供的辨认数量是否符合规定等。

(三)审查证据的关联性

如果证据的形式和收集都是合法的,那么需要审查证据的关联性。审查控辩双方提供的证据,是否与其自己主张的事实存在客观联系;在案的证据是否与待证事实存在因果联系、条件联系、时间联系、空间联系、必然联系、偶然联系。

(四)审查证据之间是否存在矛盾

这主要审查被告人供述、被害人陈述、证人证言、物证、书证、鉴定意见、勘验笔录、检查笔录、辨认笔录、电子数据等各种证据之间,是否存在矛盾,存在哪些矛盾。现有证据能否形成完整的证据链,是否缺失关键性证据,缺失了哪些关键性证据。

小结:

1.【岗位技能】

(1)对证据合法性的审查能力。

(2)对证据关联性的审查能力。

(3)对证据间关系的审查能力。

2.【工作步骤】

(1)审查证据表现形式的合法性。

(2)审查证据收集的合法性。

(3)审查证据的关联性。

(4)审查证据之间是否存在矛盾。

六、审查辩护与诉讼代理情况

【工作情境6】法官助理贾宇在审阅被告人李甲的起诉材料时，发现李甲没有辩护人，他把该情况告诉了法官，就没有再管这件事。

【工作分析】贾宇的做法是否正确？如果你是该案的法官助理，你该如何处理这项工作？

（一）审查应否为被告人指派辩护律师

法官助理在阅卷中，要查看被告人是否委托了辩护人；没有委托辩护人的，审查是否属于人民法院应当通知法律援助机构指派律师为被告人提供辩护的案件，是否应当为被告人指派辩护律师。

（二）审查辩护人资格

如果被告人委托了辩护人，需要审查同一被告人是否有两名以上的辩护人；同一辩护人是否为两名以上的同案被告人，或者未同案处理但犯罪事实存在关联的被告人辩护；辩护人是否系法律援助机构指派的律师；被告人委托或者其监护人、近亲属代为委托的辩护人，是否具备律师身份，是否系人民团体或者被告人所在单位推荐的人，是否系被告人的监护人、亲友，是否系正在被执行刑罚或者依法被剥夺、限制人身自由的人，是否系处于缓刑、假释考验期间的人，是否系无行为能力或者限制行为能力的人，是否系人民法院、人民检察院、公安机关、国家安全机关、监狱的现职人员，是否系人民陪审员，是否属于与案件审理结果有利害关系的人，是否属于外国人或者无国籍人，是否系从人民法院离任的审判人员和人民法院其他工作人员。审查辩护人是否具有相应的身份证件、身份关系证明材料，是否取得相应的委托或者法律援助机构的指派等。

（三）审查诉讼代理人资格

依照《刑事诉讼法》及相关司法解释的规定，公诉案件的被害人及其法定代理人，附带民事诉讼的当事人及其法定代理人，自诉案件的自诉人及其法定代理人，有权委托诉讼代理人代理诉讼。对于上述诉讼代理人是否具备代理资格的审查，可以参照辩护人资格审查的相应内容。

小结：

1.【岗位技能】

(1)对被告人指派辩护律师必要性的审查能力。

(2)对辩护人资格的审查能力。

(3)对诉讼代理人资格的审查能力。

2.【工作步骤】

(1)审查应否为被告人指派辩护律师。

(2)审查辩护人资格。

(3)审查诉讼代理人资格。

七、其他事项的审查

【工作情境7】法官助理贾宇将被告人李甲的案件材料审查了一遍，发现该案被媒体报道，引发被告人所在小区居民和社会公众的关注，他将该情况报告给吴法官，吴法官作出指示，提前做预案，保证庭审顺利进行。

【工作分析】贾宇的做法正确吗？如果你是该案法官助理，你将如何处理？作为一名法官助理，除了对管辖权、被告人主体资格等进行审查，还需对哪些事项进行审查？

(一)审查案件的社会影响

在开庭前需要审查该案是否属于社会影响大、媒体高度关注的刑事案件，是否需要根据案件本身的复杂程度、社会影响力、受关注程度等具体情况，除做好一般性的庭前准备工作外，制定保证庭审顺利进行的预案。

(二)审查是否需要采取保护性措施

在审查案件材料时，还需审查该案是否属于危害国家安全的犯罪、恐怖活动犯罪、黑社会性质的组织犯罪、毒品犯罪等案件；是否有证人出庭，证人、鉴定人、被害人出庭的，其本人或者其近亲属的人身是否面临着危险；是否应当采取相应的保护性措施；证人是否应当采取不公开真实姓名、住址和工作单位等个人信息，不暴露外貌、真实声音等出庭作证措施；是否应当禁止特定的人员接触证人、鉴定人、被害人及其近亲属；是否应当对其人身、住宅等采取专门的保护措施。

(三)审查是否与其他案件相关联

主要审查本案的审理是否应当以其他案件的事实认定或裁判结论为依据,或者其他案件的审理是否应当以本案认定的事实或裁判结论为依据,以及本案与其他法官审理的案件是否基于同一事实或者存在其他关联。

(四)审查是否属于新类型案件

主要审查是否属于所在法院第一次受理的新类型案件,其他法院有无可供参考的案例,审理方法、裁判结论是否对审理同类案件有借鉴、指导作用;是否属于应当依据新颁布的法律、法规或者司法解释裁判的案件;新颁布的法律、法规或者司法解释是否存在规定不明确、不具体的情况,是否与既有规定存在不一致或者冲突。

(五)审查与审理有关的其他情况

主要审查法官、人民陪审员、书记员以及其他诉讼参与人,是否应当主动回避;审查当事人是否申请财产保全措施;审查案件是否应当不公开审理,当事人是否申请不公开审理;审查案件的审理与裁判是否具有典型的教育意义,是否可以在案发地就地开庭审理,是否可以通过网络等进行庭审直播,是否可以邀请人大代表、政协委员、机关干部等旁听庭审。

小结:

1.【岗位技能】

(1)对案件社会影响的审查能力。

(2)对案件当事人保护必要性的审查能力。

(3)对案件与其他案件关联性的审查能力。

(4)对案件是否属于新类型的审查能力。

(5)对案件审理其他情况的审查能力。

2.【工作步骤】

(1)审查案件的社会影响。

(2)审查是否需要采取保护性措施。

(3)审查是否与其他案件相关联。

(4)审查是否属于新类型案件。

(5)审查与审理有关的其他情况。

八、制作阅卷笔录

【工作情境8】法官助理贾宇对新收案件进行审查后，详细查阅了案卷材料，对案卷信息有初步了解后将案卷材料交给法官进行一步处理。

【工作分析】贾宇的以上做法是否正确，如果你是负责该案的法官助理，你会如何处理？

(一)制作阅卷笔录的重要性

阅卷是案件审理的起势和基础，也是法官助理协助法官从事审判事务的重要工作。阅卷是一项浓缩"案件精华"的活动，是一个从众多分散、复杂的诉讼材料中，通过比较、分析、判断，将有价值的内容进行归纳提炼的过程。"好记性不如烂笔头"，即使法官助理有过目不忘的本领，仅凭头脑的简单记忆与粗浅印象，不可能全面、系统把握案件材料，也不可能从凌乱的诉讼材料中真正吃透案情。只有详尽地阅读全部的诉讼材料，在此基础上进行科学的梳理、透彻的分析研究，并将阅读、梳理、审查、比较、分析、判断等过程与成果通过阅卷笔录的方式体现出来，才可能确切地把握全部案情，才可能透彻地分析研究，才可能真正浓缩出"案件精华"。制作阅卷笔录，既可以切实固定法官助理审查诉讼材料的成果，而且有助于法官助理养成科学、细致的阅卷习惯，有助于培养法官助理的法律思维与研究案件的能力。制作阅卷笔录既有助于法官助理掌握全案情况，发现问题，加深印象，把握案件的争点，提高辅助工作的效率，又有助于法官固定案件的争点，形成正确的审理思路与裁判方法，提升诉讼效率与办案质量。

(二)阅卷笔录的基本要素

由于阅卷笔录是法官助理按照自己的阅读习惯在分析研究基础上形成的文字材料，并不是正式的对外公文或者裁判文书，没有固定的格式与结构，但作为一种反映阅卷、审查诉讼材料全过程及法官助理分析研究成果的书面材料，一般应当具备以下要素。

1. 标题

阅卷笔录应当写明标题，即"某某案件阅卷笔录"，如王某被控盗窃罪，张某被控掩饰、隐瞒犯罪所得罪一案的阅卷笔录。

2. 案号

阅卷笔录应当有所阅案卷的案号，即写明立案案号，如（2019）京 0105 刑初 4328 号、（2020）京 02 刑终 1126 号。

3. 案由

阅卷笔录应当记明案由，即写明立案确定的案由，如某某被控盗窃案。

4. 当事人基本情况

阅卷笔录应当写明被告人的姓名、性别、年龄、职业、住址、身份证号等基本信息；被告人系单位的，应当写明单位名称、住所地、法定代表人姓名、职务等。同时还应当写明被告人是否被限制人身自由及限制措施、是否受过刑事处分、受过何种刑事处分及其他特殊情况，公诉刑事案件还应当写明公诉机关及公诉人姓名、职务。

5. 摘录内容

法官助理摘录案卷，一般应当将整个案件情况分成若干部分，然后在卷宗材料中分门别类进行摘录。

（1）诉辩主张。诉辩主张主要从人民检察院的起诉书、自诉人的自诉状、辩护词等中摘录：一是摘录各自主张的要点，二是摘录主张所依据的事实，三是摘录主张依据的法律及司法解释的具体规定。有多项主张的，应当逐项分别摘录。

（2）案件事实及证据。每一刑事案件一般可以将每一指控的犯罪或者每一个犯罪行为列为一个事实，在每一事实下，摘录具体的情况及证明或否定这一事实的证据材料。

（3）案件性质或法律关系及认定依据。阅卷笔录应当摘录诉讼各方认定的案件性质或法律关系，以及认定依据的事实、理由、法律根据等。对于案情复杂、分歧较大的案件，应当着重摘录其分歧点。对于证据的摘录，既可以按照证据证明力大小进行摘录，即先摘录客观证据，后摘录主观证据，先摘录证明力强的证据，后摘录证明力弱的证据；也可以按照犯罪构成要件、法律关系构成要件、请求权基础等进行摘录。对于证据的摘录，可以根据证据性材料对比审查的方法，采用某一重要情节的证据对照表、当事人陈述、被告人及其他行为人供述对照表、证人证言对照表、同一事项的多个证据对照表，同一证人多份证言内容对照表等方式进行摘录。

(4)案件情节与法律规定。法官助理应当注重案件的细节,注意将案件的每一个情节及其具体情况,法律、司法解释对该情节有无具体规定,有哪些具体规定摘录下来。比如,以每个被告人的罪前情节、罪中情节、罪后情节为摘录单位,从犯罪预备、实施、犯罪后的表现等全过程,详细摘录是否处于犯罪预备阶段,已经着手实施犯罪的是否有未遂、中止等从轻、减轻情节,是否有从重、加重情节,犯罪后是否有投案自首、坦白、赔偿损失等法定或酌定从轻情节,是否有法定或酌定从重情节,同时,还应当将法律条文、司法解释关于该情节的具体规定予以摘录。

6. 分析意见及处理建议

法官助理制作阅卷笔录的目的,是把握全部的案情,并在此基础上分析研究,形成解决问题的建议方案。对某一问题的分析研究,应当写明自己分析的方法、理由、依据及结论。对某一问题的分析研究及结论,可以采用在相应的摘录内容下面或者旁边批注的方式,也可以在摘录内容后集中进行分析研究。通过对各个具体问题的分析研究,法官助理应当形成对全案的审理方案、审理重点等方面的建议,为法官提供参考。

7. 阅卷人署名

阅卷笔录末尾处,法官助理应当签署自己的姓名。

8. 成文时间

法官助理应当在签署自己的姓名后,另起一行写明形成阅卷笔录的具体时间。

(三)阅卷摘录的基本要求

对案卷材料的摘录,既不是对案卷材料的简单复制,也不是对案卷材料走马观花后的记载,更不是对案卷材料的选择性摘录,而是在认真阅卷基础上对与案件处理有关各项内容全面、客观、有条理地整理后的记载。摘录案卷材料,应当符合以下要求。

1. 认真研读

只有认真、仔细地阅读全部的案卷材料,认真分析研究全部的案卷材料,才可能提炼出与案件处理有关的各项材料,对案卷材料的摘录才可能以简练的文字或者其他方式反映出案件的全貌。

2. 客观全面

对案卷材料的摘录，既应反映出案件的全貌，又应反映与案件处理相关的各个细节，这就要求法官助理必须杜绝先入为主、主观臆断，防止任意取舍、随意摘录。

3. 详略得当

阅卷笔录是法官助理制作的纲领性材料，要求法官助理必须在明确重点的基础上，通过认真阅读、分析、研究案卷材料，用简练的文字或者其他方式高度概括、归纳案卷材料，既全面反映案件真实情况，又分清主次与详略。

4. 条理分明

摘录案卷材料，不是流水式阅卷的简单摘录，而是在全面、认真阅读案卷材料基础上，通过分析研究，有条理、有步骤，具有内在逻辑关系的摘录。法官助理摘录案卷材料，应当防止边读边摘、边阅边抄，以及毫无目的、杂乱无章的摘录。

5. 出处明确

摘录案卷材料，法官助理应当注明出处，即每一次摘录，都应当注明该材料的名称，位于案卷材料的某卷、某页，以防止出现疑问无法查对的情况出现。[1]

小结：

1.【岗位技能】

(1)初步梳理案件事实的能力。

(2)制作阅卷笔录的能力。

2.【工作步骤】

(1)对新收案卷材料进行审阅。收案后，审查案件材料是否齐全后需要对案件事实进行初步梳理，查看案卷基本情况。

(2)制作阅卷笔录。阅卷后应制作阅卷笔录，内容包括但不限于以下信息：①当事人基本信息；②是否委托辩护人及诉讼代理人；③被告人及辩护人对起诉书指控的犯罪事实的意见；④适用程序；⑤证据材料是否齐全以及关键

〔1〕 参见邓天杰、孙广华主编：《司法应用文写作》，高等教育出版社1991年版，第375~376页。

证据页码;⑥证据间是否存在明显矛盾;⑦证据是否存在瑕疵需要补正;⑧下一步工作内容等。

第二节　法律文书送达

法律文书送达是指人民法院依照法律规定的程序和方式,将法律文书送交被告人及其他诉讼参与人的一种诉讼行为。送达制度是诉讼法的基础制度,送达活动贯穿诉讼的始终。送达必须依照诉讼法按照法定程序和方式进行,以保障被告人及诉讼参与人的诉讼权利,否则不能产生法律效力,不能达到预期的法律后果。法官助理应当通过学习熟练掌握送达的相关法律规定和送达技能。

【工作情境9】法官助理贾宇在吴法官的指导下对被告人李甲的案件材料审查完后,做好了阅卷笔录,将所有材料提交给法官,法官指示贾宇将法律文书送达被告人、公诉机关及相关诉讼参与人,然后安排开庭。贾宇确定好开庭时间,并将开庭时间告诉了法官。随后,贾宇打电话给被告人李甲的辩护律师,通知其到法院来取起诉书等相关法律文书,给被告人、公诉机关及其他诉讼参与人邮寄法律文书。

【工作分析】贾宇的做法是否正确?如果你是该案法官助理,你该如何处理?对起诉书等法律文书材料应采用何种送达方式?

一、应送达的法律文书材料

(一)庭审组成人员及起诉书(自诉状)副本等材料

人民法院对提起公诉的案件进行审查后,决定开庭审判的,应当确定合议庭组成人员,将人民检察院的起诉书副本至迟在开庭10日以前送达被告人及其辩护人,并可同时向被告人送达权利义务告知书以及合议庭组成人员告知书。对于自诉案件,应当在审查立案后,将受理案件通知书送达自诉人或者代为告诉的人,并将刑事自诉状副本送达被告人,其他文书的送达与公诉案件相同。

（二）开庭传票等相关材料

确定开庭日期后，应当将开庭的时间、地点通知人民检察院，传唤被告人，通知辩护人、诉讼代理人、证人、鉴定人和翻译人员。传票和通知书至迟在开庭3日以前送达。适用简易程序审理的案件可用简便方式通知，记录在卷即可。

（三）裁判文书

当庭宣告判决的，应当在5日内将判决书送达当事人和提起公诉的人民检察院；定期宣告判决的，应当在宣告后立即将判决书送达当事人和提起公诉的人民检察院。判决书应同时送达辩护人、诉讼代理人。

（四）上诉材料

上诉人上诉的，法官助理应当审查上诉是否符合法律规定。符合法律规定的，应当在上诉期满3日内或接到上级人民法院转交的上诉状3日内将上诉状连同案卷、证据移送上一级人民法院，并将上诉状副本送交同级人民检察院和对方当事人。

（五）签收送达回证

送达诉讼文书必须有送达回证，送达回证是送达完成的标志，是法院与受送达人之间发生诉讼法律关系的凭证。送达回证上方应加盖法院印章，由受送达人在送达回证上记明收到的日期，并签名或者盖章。受送达人在送达回证上的签收日期为送达日期。

二、送达方式

（一）直接送达

刑事诉讼文书以直接送达为原则，直接送达是将应当送达的诉讼文书直接交付给受送达人签收的送达方式。直接送达是最基本的送达方式，只有在无法直接送达的情形下，才能使用其他送达方式。根据《刑事诉讼法》第107条的规定，送达传票、通知书和其他诉讼文件应当交给收件人本人；如果本人不在，可以交给他的成年家属或者所在单位的负责人代收。收件人或者代收人在送达回证上签收的日期为送达日期。“收件人”是诉讼文件中指明应交给的人及其法定代理人。

（二）留置送达

收件人或者代收人拒绝签收诉讼文书时，送达人可以邀请见证人到场，说明情况，在送达回证上注明拒收的事由和日期，由送达人、见证人签名或者盖章，将诉讼文书留在收件人、代收人的住处或者单位；也可以把诉讼文书留在受送达人的住处，并采用拍照、录像等方式记录送达过程，即视为送达。在刑事诉讼中，如果被监禁的被告人拒收，应邀请监管的警察作为见证人；在司法实践中，如果被监禁的被告人拒收，应邀请监管的警察作为见证人；如果被采取取保候审、监视居住的被告人拒收，可邀请邻居、物管人员、社区工作人员等人作为见证人；必须到庭的证人拒收出庭通知书的，可适用留置送达。

需要注意的是，只有收件人或者代收人拒绝签收诉讼文书才可以采用留置送达，即收件人或者代收人应当在场；如果在住处没有找到收件人或代收人，不能直接适用留置送达。但如果当事人恶意回避故意不接受法律文书，这时应当有通话语音记录或者不能进入其住处的视频资料，以及受送达人住所地物管、社区、村组或辖区公安机关等相关部门出具的受送达人在住处居住的相关证明，也可适用留置送达。

（三）委托送达

直接送达诉讼文书有困难的，可以委托收件人所在地的人民法院代为送达。委托送达的，应当将委托函、委托送达的诉讼文书及送达回证寄送受托法院。受托法院收到后，应当登记，在10日内送达收件人，并将送达回证寄回委托法院；无法送达的，应当告知委托法院，并将诉讼文书及送达回证退回。

（四）邮寄送达

直接送达诉讼文书有困难的，也可以邮寄送达。邮寄送达的，应当将诉讼文书、送达回证邮寄给收件人。签收日期为送达日期。

（五）转交送达

诉讼文书的收件人是军人的，可以通过其所在部队团级以上单位的政治部门转交。收件人正在服刑的，可以通过执行机关转交。收件人正在接受专门矫治教育等的，可以通过相关机构转交。由有关部门、单位代为转交诉讼文书的，应当请有关部门、单位收到后立即交收件人签收，并将送达回证及时寄送人民法院。

小结：

1.【岗位技能】

（1）确定须送达文书材料的能力。

(2)确定适宜送达方式的能力。

2.【工作步骤】

(1)确定需要送达的文书材料,不同的送达对象,须送达的文书是不一样的。给公诉人、被告人、辩护人及其他诉讼参与人送达各自的法律文书材料。

(2)根据受送达人的情况,采取合适的送达方式。

第三节 案件争点整理

【工作情境10】法官助理贾宇将庭前准备工作做好后将案卷交给法官,并告知法官开庭时间,之后自己准备案件的开庭笔录,法官询问贾宇被告人是否认罪,辩护人是否提出问题,贾宇称其未深入了解。

【工作分析】贾宇的以上做法是否正确?如果你是负责该案的法官助理,你会如何处理?

一、整理案件争点的重要意义

司法过程的实质是法官行使审判权对控辩双方争议的内容进行审理,根据具体案件情况,依据法律规范,将法律的抽象规定、价值取向、精神实质与立法目的,还原于具体案件并作出裁判的过程。没有控辩双方的争议,就没有法官的审判,在案件审理中,法官无不围绕控辩双方的争议内容去展开审理工作。争点,如同一条红线,发端于公诉机关的起诉,终结于法官的裁判,贯穿于案件审判的整个过程。所以说,争点的识别、整理与固定,是庭前准备阶段的重要内容,并且贯穿案件审理的全过程。法官助理在庭前通过审查诉讼材料等基础性工作,对案件的争点进行识别、整理与初步固定,可以帮助法官明确审理对象,将纷繁芜杂的争议简化为可以理性讨论的具体问题,[1]可以促使控辩双方进行初步合作,可以帮助法官规划庭审进程,为法官有目的、有效率、有秩序地展开庭审活动提供基础,为法官正确认定案件事实、准确适用法律规范提供基础。

法官助理对案件争点的识别、整理与初步固定,是一个在充分理解控辩双

---

〔1〕 参见冯文生:《争点整理程序研究》,载《法律适用》2005年第2期。

方争议内容的基础上,从直觉思维到理性思维的过程。法官助理应当充分阅读诉讼材料,在全面充分理解双方争议内容的基础上,发现真正的争议、争议的实质并予以准确固定;法官助理应当充分发挥主观能动性,摆脱固有思维方法的控制与约束,从含混杂乱、重复矛盾的控告与辩护中,从"未经加工的案件事实"中,对争议内容主动、积极地进行有序的处理与加工,透过层层迷雾,拨云见日,准确判断,去伪存真,由表及里。

二、争点整理的内容

法官助理对争点的整理,主要应当从指控罪名、案件证据、指控思路以及辩方的辩护思路、辩护意见等角度分析与归纳。综合起来,大致可以分为事实争点、法律争点与证据争点等3个方面。

(一)事实争点的整理

事实是指在实体法规定的、以犯罪构成要件为中心的框架内,与定罪量刑有关而为刑法所关注的事实。既包括案件起因、发生、过程、结果等案件本身的事实,也包括与行为人行为定性、定罪、量刑以及刑罚适用有关的被告人个人情况。法官助理对事实争点的整理,主要应当发现、归纳、整理以下内容。

1. 是否对被告人的个人情况存在争议

主要整理是否对被告人出生日期、年龄状况存在争议;是否对被告人的智力状况存在争议;是否对被告人行为时的辨认能力存在争议;是否对被告人行为时的控制能力存在争议;是否对被告人行为时的认识能力存在争议;是否对被告人具有某种特殊身份或职务存在争议;是否对被告人负有某种特定义务存在争议。

2. 是否对主要犯罪事实存在争议

"主要犯罪事实"是指决定行为人构成罪与非罪、重罪与轻罪、影响量刑档次的事实。法官助理应主要整理是否存在行为动因、行为时间、行为地点、行为动机、行为目的、行为手段、行为工具、行为后果等方面的争议;是否存在数额较大、数额巨大、数额特别巨大的争议;是否存在情节严重、情节特别严重、情节特别恶劣的争议;是否存在造成严重后果、后果特别严重的争议;是否存在重大伤亡事故的争议;是否存在严重损失、重大损失、特别重大损失的争议;是否对被告人在共同犯罪中的地位、作用存在争议等内容。

3. 是否对认定犯罪形态的事实存在争议

主要整理是否对犯罪预备的事实存在争议；是否对已经着手实施犯罪的事实存在争议；是否对犯罪未遂的事实存在争议；是否对犯罪中止的事实存在争议；是否对犯罪既遂的事实存在争议。

4. 是否对悔罪表现存在争议

主要整理是否对投案的事实存在争议；是否对自首的事实存在争议；是否对立功的事实存在争议；是否对积极退赔赃款赃物、尽力减少或者赔偿被害人损失存在争议；是否对取得被害人谅解的事实存在争议；是否对与被害人和解的事实存在争议。

（二）法律争点的整理

法律争点的整理，主要是从案件应当适用的法律方面去进行，包括对既有法律规范的冲突、模糊词语含义的确定以及法律空白的补充等争点的整理。刑事案件适用法律的范围，既包括案件适用的实体法，又包括案件适用的程序法；既包括《刑法》《刑事诉讼法》等，又包括单行刑事法律法规、其他法律法规中的刑法规范；既包括法律法规，又包括立法解释、规范性文件以及司法解释。

1. 是否因行为定性存在适用法律的争议

主要整理是否因构成犯罪与行为无罪的分歧存在适用法律的争议；是否因不可抗力、意外事件与构成犯罪存在适用法律的争议；是否因正当防卫与防卫过当存在适用法律的争议；是否因紧急避险与超过紧急避险必要限度存在适用法律的争议；是否因个人犯罪与单位犯罪存在适用法律的争议；是否因此罪与彼罪的分歧存在适用法律的争议；是否因一罪还是数罪存在适用法律的争议；是否因共同犯罪与单一犯罪存在适用法律的争议。

2. 是否因罪过存在适用法律的争议

主要整理是否因故意犯罪与过失犯罪存在适用法律的争议；是否因希望犯罪结果发生与放任犯罪结果发生存在适用法律的争议；是否因疏忽大意的过失与过于自信的过失存在适用法律的争议；是否因行为目的存在适用法律的争议；是否因行为动机存在适用法律的争议；是否因法律上的认识错误存在适用法律的争议；是否因事实上的认识错误存在适用法律的争议。

3. 是否因犯罪形态存在适用法律的争议

主要整理是否因犯罪预备与已经着手实施犯罪的分歧存在适用法律的争

议；是否因犯罪未遂与犯罪中止的分歧存在适用法律的争议；是否因犯罪中止与犯罪既遂的分歧存在适用法律的争议；是否因犯罪未遂与犯罪既遂的分歧存在适用法律的争议。

4. 是否因其他量刑情节存在适用法律的争议

主要整理是否因加重、从重、从轻、减轻、免除等量刑情节存在适用法律的争议；是否因累犯认定存在适用法律的争议；是否因投案自首认定存在适用法律的争议；是否因悔罪表现存在适用法律的争议。

5. 是否因刑罚适用存在适用法律的争议

主要整理是否存在主刑、附加刑单独适用，抑或主刑与附加刑一并适用存在适用法律的争议；是否因刑罚的种类分歧存在适用法律的争议；是否因宣告缓刑、暂予监外执行等刑罚执行方式的分歧存在适用法律的争议。

6. 是否存在其他法律适用的争议

主要整理是否因追缴、责令退赔分歧存在适用法律的争议；是否因民事赔偿等分歧存在适用法律的争议。

（三）证据争点的整理

证据争点是指控辩双方对证据材料的证据能力、证明能力以及举证责任产生的争执焦点。法官助理对证据争点的整理，主要应当发现、归纳、整理以下内容。

1. 是否对证据材料的合法性存在争议

主要整理是否对证据材料表现形式的合法性存在争议；是否对证据材料收集主体的合法性存在争议；是否对证据材料收集程序的合法性存在争议；是否对证据材料收集方法的合法性存在争议。

2. 是否对证据材料的关联性存在争议

主要整理是否对证据材料与案件待证事实之间的客观联系存在争议；是否对证据材料能否证明被告人身份、刑事责任能力、案件实体事实、案件程序事实、附带民事诉讼、涉案财物处理等 10 个方面的事实存在争议。

3. 是否对证据材料的证明力存在争议

主要整理对证人的作证资格、作证能力、与案件的利害关系是否存在争议；对证人证言、被害人陈述收集程序的合法性是否存在争议；对物证、书证是否为原物、原件以及证明力大小是否存在争议；对被告人供述和辩解的合法性、真实性是否存在争议;对鉴定意见的采信是否存在争议;对勘验、检查的合法性及笔录的采信是否存在争议;对辨认的合法性及辨认笔录的采信是否存在争议;对侦查实验的合法性及笔录的采信是否存在争议;对视听资料、电子数据来源的合法性、真伪等是否存在争议。

4. 是否对证明程度存在争议

主要整理是否对认定被告人有罪、对被告人从重处罚达到了证据确实、充分的证明标准存在争议;是否对证据之间的内在联系、证明对象、能否相互印证存在争议;是否对间接证据之间能否相互印证、有无无法排除的矛盾与无法解释的疑问、能否形成完整的证明体系、能否足以排除合理怀疑得出唯一结论等存在争议。

小结:

1.【岗位技能】

(1)判定被告人是否认罪的能力。

(2)审查辩护意见是否成立的能力。

(3)审查卷宗、归纳争议焦点能力。

2.【工作步骤】

(1)庭前阅卷,根据被告人供述判断是否认罪。

(2)提前与辩护人沟通,询问辩护意见,审查辩护意见是否成立。

(3)综合起诉书指控意见、被告人供述内容及辩护意见,围绕事实与证据认定、法律适用方面的问题,整理出争议焦点。

第四节　辅助庭前会议

【工作情境 11】法官助理贾宇向被告人送达起诉书副本时,被告人提出其在公安阶段曾被刑讯逼供,贾宇将情况在送达起诉书副本中进行了如实记录,并告知被告人开庭时可再向法官提出。

【工作分析】贾宇的以上做法是否正确,如果你是负责该案的法官助理,你会如何处理?

《刑事诉讼法》第187条第2款规定："在开庭以前，审判人员可以召集公诉人、当事人和辩护人、诉讼代理人，对回避、出庭证人名单、非法证据排除等与审判相关的问题，了解情况，听取意见。"最高人民法院、最高人民检察院、公安部、国家安全部、司法部印发的《关于推进以审判为中心的刑事诉讼制度改革的意见》第10条规定："完善庭前会议程序，对适用普通程序审理的案件，健全庭前证据展示制度，听取出庭证人名单、非法证据排除等方面的意见。"2018年1月1日起试行的《人民法院办理刑事案件庭前会议规程（试行）》（以下简称《刑事庭前会议规程（试行）》），规定了庭前会议的操作规程，明确规定人民法院在庭前会议中可以依法处理可能导致庭审中断的程序性事项，组织控辩双方展示证据，归纳控辩双方争议焦点，明确规范庭前会议与法庭审理的衔接机制，建立了我国刑事诉讼的庭前会议制度。按照全国人大常委会法工委的解释，之所以增加规定庭前会议程序，主要是因为该程序有利于确定庭审重点，便于法官把握庭审重点，有助于提高庭审效率，保证庭审质量。

庭前会议作为庭前准备制度之一，承载着3种功能：（1）准备功能，庭前会议集中清理程序障碍，确保庭审的顺利进行；（2）整理功能，庭前会议可以有效地集中控辩审三方关于案情的资讯，并且可以通过三方交流，对相关信息进行整理，实现程序分流，确认争议焦点；（3）保障功能，庭前会议建立起一整套控辩双方有效参与诉讼解决争议的机制，庭前会议制度凸显了控辩双方的参与性，对当事人的诉权予以了积极的回应和关照，保障了当事人的诉权。法官助理辅助法官召开庭前会议，应当围绕庭前会议制度设立的初衷、目的与功能开展辅助性工作。

一、召开庭前会议的情形

《刑诉法解释》第226条规定："案件具有下列情形之一的，人民法院可以决定召开庭前会议：（一）证据材料较多、案情重大复杂的；（二）控辩双方对事实、证据存在较大争议的；（三）社会影响重大的；（四）需要召开庭前会议的其他情形。"

（一）证据材料较多、案情重大复杂的情形

对于证据材料较多、案情重大复杂的案件，如黑社会性质组织犯罪案件、危害国家安全犯罪案件、恐怖犯罪案件、集团性犯罪案件、多人共同犯罪案件

等,如果不在庭前解决好证据开示、附带民事诉讼和程序性问题,可能导致庭审冗长,也可能因为补充证据和程序性原因中断庭审、二次甚至多次开庭,因而,可以召开庭前会议。

(二)控辩双方对事实、证据存在较大争议的情形

根据《刑事庭前会议规程(试行)》第1条第1款[1]的规定:人民法院在审理适用普通程序的公诉案件时,控辩双方对事实证据存在较大争议等情形的,可以决定在开庭审理前召开庭前会议。

(三)社会影响重大的案件

社会影响重大的案件,主要指涉外案件、名人案件或其他人民群众十分关注的案件等,这类案件社会关注度高,舆论敏感度强,可能是重大复杂案件,即使案件事实清楚、争议不大,但由于纠纷或当事人本身的特殊因素而广为关注,利用庭前会议程序,充分听取控辩双方意见,排除庭审中断的情况,更利于保证庭审效率与庭审质量。

(四)需要召开庭前会议的其他情形

需要召开庭前会议的其他情形系兜底性规定,主要考虑可能引起庭审中断的其他情形,如当事人提出了回避、不公开审理、调查取证、非法证据排除的申请或管辖权异议,提出对出庭证人、鉴定人名单的异议等,对于这些程序性事项,若不在庭前予以处理,将导致庭审的中断,因而可以召开庭前会议予以先行解决。

(五)控辩双方、其他参与人及其代理人申请召开庭前会议

控辩双方申请召开庭前会议的,法官助理应当审查其申请召开庭前会议需要处理的事项,审查后认为有必要的,应当报请法官或者合议庭决定召开庭前会议;决定不召开庭前会议的,应当告知申请人、被告人及其辩护人在开庭审理前申请排除非法证据。

法律及司法解释并未明确规定被害人、自诉人、附带民事诉讼的原告人和被告人、诉讼代理人是否有庭前会议建议权或者申请权,但从《刑事庭前会议

---

[1] 《刑事庭前会议规程(试行)》第1条第1款规定:"人民法院适用普通程序审理刑事案件,对于证据材料较多、案情疑难复杂、社会影响重大或者控辩双方对事实证据存在较大争议等情形的,可以决定在开庭审理前召开庭前会议。"

规程(试行)》第2条[1]规定看,应当赋予其申请权。被害人、自诉人、附带民事诉讼的原告人和被告人、诉讼代理人申请召开庭前会议的,法官助理应当根据是否有助于确保庭审效率与庭审质量、节约司法资源进行判别,并提出是否召开庭前会议的建议。

二、庭前会议参加人员、时间、地点与方式

(一)庭前会议参加人员

《刑事庭前会议规程(试行)》第3条、第7条规定,庭前会议由承办法官主持,其他合议庭成员也可以主持或者参加庭前会议。根据案件情况,承办法官可以指导法官助理主持庭前会议。公诉人、辩护人应当参加庭前会议。根据案件情况,被告人可以参加庭前会议;被告人申请参加庭前会议或者申请排除非法证据等情形的,法官助理应当通知被告人到场;有多名被告人的案件,主持人可以根据案件情况确定参加庭前会议的被告人。被告人申请排除非法证据,但没有辩护人的,应当通知法律援助机构指派律师为被告人提供帮助。庭前会议中进行附带民事调解的,应当通知附带民事诉讼当事人到场。被告人参加庭前会议,应当通知法警在场。法官助理在提出庭前会议参加人员建议名单时,应当遵照上述规定。依据《刑事庭前会议规程(试行)》第4条的规定,被告人不参加庭前会议的,辩护人应当在召开庭前会议前就庭前会议处理事项听取被告人意见。

(二)庭前会议召开时间

《刑事诉讼法》对庭前会议召开时间的规定,只是原则性地规定为开庭以前,没有作出具体的规定。法官助理应当根据案件情况,综合控辩双方意见与庭前会议需要处理的事项,提出庭前会议召开的时间报请合议庭决定。从庭前会议制度设立的目的来说,庭前会议召开的时间不能与开庭之日间隔太长。依据《刑事庭前会议规程(试行)》第8条的规定,人民法官应当在召开庭前会议3日前,将会议的时间、地点、人员和事项等通知参会人员,并将通知情况记录在案。被告人及其辩护人在开庭审理前申请排除非法证据的,人民法官应

[1] 《刑事庭前会议规程(试行)》第2条规定:"庭前会议中,人民法院可以就与审判相关的问题了解情况,听取意见,依法处理回避、出庭证人名单、非法证据排除等可能导致庭审中断的事项,组织控辩双方展示证据,归纳争议焦点,开展附带民事调解。"

当在召开庭前会议3日前,将申请书及相关线索或者材料的复制件送交人民检察院。

(三)庭前会议召开地点

《刑事庭前会议规程(试行)》第7条第1款规定:"庭前会议应当在法庭或者其他办案场所召开。被羁押的被告人参加的,可以在看守所办案场所召开。"庭前会议的主要任务是解决控辩双方的争议,在很大程度上具有协商的性质,因此,对于庭前会议地点的选择可以更加灵活,原则上不应当有强制性的要求,而应当根据参加人的具体情况进行选择,既可以在会议室召开,也可以在法庭召开,还可以根据被告人被羁押的情况在羁押场所召开。法官助理对庭前会议召开地点的建议,可以按照上述原则根据具体情况作出选择。

(四)庭前会议召开方式

依据《刑事庭前会议规程(试行)》第5条的规定,庭前会议一般不公开进行,根据案件情况,可以建议采用视频会议等方式进行。

三、庭前会议议程

对于决定召开庭前会议的案件,法官助理应当依据《刑事庭前会议规程(试行)》的规定,拟定庭前会议建议议程。建议议程主要应当包括以下内容。

1. 主持人核实参会人员情况,宣布庭前会议需要处理的事项。有多名被告人参加庭前会议且涉及事实证据问题的,为防止串供,应当提醒主持人组织各被告人分别参加。

2. 主持人就主要问题听取意见。主持人就是否对案件管辖有异议,是否申请有关人员回避,是否申请不公开审理,是否申请排除非法证据,是否申请提供新的证据材料,是否申请重新鉴定或者勘验,是否申请调取在侦查、审查起诉期间公安机关、人民检察院收集但未随案移送的证明被告人无罪或者罪轻的证据材料,是否申请向证人或有关单位、个人收集、调取证据材料,是否申请证人、鉴定人、侦查人员、有专门知识的人出庭,是否对出庭人员名单有异议以及与审判相关的其他问题,向控辩双方了解情况,听取意见。

3. 处理可能导致庭审中断且能在庭前会议处理的上述事项。

4. 归纳控辩双方的争议焦点。

5. 组织控辩双方协商确定庭审的举证顺序、方式等事项,明确法庭调查的方式和重点,确定协商不成的事项。

6. 组织展示控辩双方决定在庭审中出示的有关证据,听取控辩双方对在案证据的意见,梳理存在争议的证据。

7. 对于明显事实不清、证据不足的案件,建议人民检察院补充材料或者撤回起诉。

8. 主持刑事和解或者附带民事调解。

四、辅助法官主持证据展示

证据展示的主要目的是防止庭审中的"证据突袭",通过对证据的展示与过滤,明确证据争点,提高庭审效率。法官助理辅助证据展示,应当提出对控辩双方证据展示内容的建议,并在证据展示过程中,注意听取控辩双方对在案证据的意见,为梳理存在争议的证据、固定证据争议做好准备。

(一)建议控方展示证据

建议控方展示的证据,是拟在法庭审理时出示的证明被告人构成犯罪和罪行轻重、责任大小(包括民事责任)的证据材料,包括被告人的供述与辩解,证人证言,被害人陈述,物证,书证,鉴定意见,勘验、检查笔录,视听资料等,以及不准备在法庭上出示但对被告人有利的证据。对于证人、被害人地址、联系方式等,出于保护证人、被害人的需要,可以拒绝展示。

(二)建议辩方展示证据

建议辩方展示的证据,主要是拟在法庭审理时出示的证明被告人无罪、罪轻、不承担刑事责任的证据,包括正当防卫、紧急避险的证据,被告人不在犯罪现场的证据,被告人未达刑事责任年龄的证据,被告人不具备刑事责任能力的证据,被告人依法不负刑事责任的全部证据,被告人有自首、立功情节的证据。

组织展示证据的,一般应当通知被告人到场,听取被告人意见;被告人不到场的,法官助理应当告知辩护人在召开庭前会议前听取被告人意见。

五、在法官指导下主持庭前会议

根据《刑事庭前会议规程(试行)》第3条的规定,法官助理可以在承办法官指导下主持庭前会议。法官助理在承办法官指导下主持庭前会议,须遵照合议庭确定的议程,此外还应当注意处理好以下问题:(1)有多名被告人参加庭前会议且涉及事实证据问题的,应当组织各被告人分别参加。(2)被告人及其辩护人对案件管辖异议成立的,应当报请承办法官决定将案件退回人民检察院或者移送有管辖权的人民法院;认为本院不宜行使管辖权的,可以报请承办法官决定是否请求上一级人民法院处理;异议不成立的,应当报请承办法官依法驳回异议。(3)被告人及其辩护人申请审判人员、书记员、翻译人员、鉴定人回避成立的,应当建议有关人员回避;申请不成立的,应当建议依法驳回申请;被告人及其辩护人申请检察人员回避的,应当通知人民检察院。(4)被告人及其辩护人申请不公开审理,认为案件涉及国家秘密或者个人隐私的,应当报请承办法官予以准许;认为案件涉及商业秘密的,应当报请承办法官决定是否准许。(5)被告人及其辩护人在开庭审理前申请排除非法证据,并依照法律规定提供相关线索或者材料的,要求人民检察院在庭前会议中通过出示有关证据材料等方式,有针对性地对证据收集的合法性作出说明,法官助理可以对有关证据材料进行核实;经控辩双方申请,可以有针对性地播放讯问录音录像。(6)控辩双方申请重新鉴定或者勘验,审查认为理由成立,有关证据材料可能影响定罪量刑且不能补正的,应当报请承办法官予以准许。(7)被告人及其辩护人书面申请调取公安机关、人民检察院在侦查、审查起诉期间收集但未随案移送的证明被告人无罪或者罪轻的证据材料,并提供相关线索或者材料的,法官助理应当报请承办法官决定调取,并通知人民检察院在收到调取决定书后3日内移交。被告人及其辩护人申请向证人或有关单位、个人收集、调取证据材料,审查认为有关证据材料可能影响定罪量刑的,应当报请承办法官予以准许;认为有关证据材料与案件无关或者明显重复、没有必要的,应当报请承办法官决定是否准许。(8)控辩双方申请证人、鉴定人、侦查人员、有专门知识的人出庭,审查认为理由成立的,应当报请承办法官决定通知有关人员出庭。控辩双方对出庭证人、鉴定人、侦查人员、有专门知识的人的名单有异议,审查认为异议成立的,应当报请承办法官依法作出处理;认为异议不成立的,应当报请依法予以驳回。(9)达成调解协议或者和解协议的,报请承办法官审核确认。

六、协助法官固定案件争点

庭前会议的重要功能之一是发现并固定控辩双方的争点,确定庭审的重点,提升庭审的针对性、有效性,提高庭审效率与庭审质量。在庭前会议过程中,法官助理应当根据庭前会议的情况,及时发现、修正控辩双方无争议的内容,捕捉控辩双方在案件性质、案件事实、证据、法律适用等方面的争点,不断及时补充、修正、完善在审查诉讼材料过程中整理的各项争点,准确固定控辩双方的各项争点。

七、庭前会议结束后的工作

庭前会议结束后,法官助理除为法官开庭完成相关的准备工作外,还应当完成以下工作。

1. 撰写庭前会议报告

庭前会议召开后,法官助理一般应当在法官的指导下形成庭前会议报告。庭前会议报告应当包括庭前会议的基本情况、控辩双方对程序性事项的意见及其处理结果;经整理的各方对案件事实、证据和法律问题的争点;已经协商解决达成一致意见的事项;记录在卷需要在庭审中解决的事项等。

2. 撰写庭审提纲

对于案情复杂、证据较多的案件,法官助理应当在法官的指导下撰写庭审提纲,供法官开庭审理作参考。法官助理在法官的指导下撰写庭审提纲,应当明确庭审的重点,并对庭审中可能涉及的问题提供准备方案,既尽可能使庭审有条不紊,又使庭审重点突出。庭审提纲一般应当具备以下内容:(1)合议庭成员的分工;(2)起诉书指控犯罪事实的重点及认定的案件性质的要点;(3)法庭调查的重点及调查步骤;(4)讯问被告人、询问证人需要明确的要点;(5)出庭证人、鉴定人、侦查人员的名单及出庭的时间;(6)控辩双方申请当庭出示证据的目录及出示的时机与顺序;(7)认证、庭审小结的预案;(8)庭审需要适用的法律及司法解释;(9)庭审中可能出现的问题及处置预案。庭审提纲撰写后,法官助理应当及时提交给承办法官,由承办法官交与合议庭成员审阅,并根据合议庭的意见进行修改定稿。庭审提纲确定后,法官助理应当及时提交给各合议庭成员,以便合议庭成员准备庭审。

3. 收集相关资料

对于案情复杂、疑难的案件,为便于法官研究案件,以保证庭审有序高效进行,确保案件质量,法官助理应当为法官收集与案件审理、裁判相关的法律法规、司法解释、指导性案例、学者论述、其他法院的裁判以及域外参考文献。

小结：

1.【岗位技能】

(1)对是否符合庭前会议启动情形的审查能力。

(2)建议庭前会议要素、议程的能力。

(3)辅助法官主持证据展示的能力。

(4)在法官指导下主持庭前会议的能力。

(5)协助法官固定案件争点的能力。

(6)撰写庭前会议报告、庭审提纲、收集资料的能力。

2.【工作步骤】

(1)庭前审查案件是否符合庭前会议的启动情形。

(2)建议庭前会议参加人员、时间、地点与方式。

(3)建议庭前会议议程。

(4)安排庭前会议,并组织控辩双方进行证据交换。

(5)在法官指导下主持庭前会议。

(6)协助法官固定案件争点。

(7)完成庭前会议结束后的工作。

第五节　刑事扣押和附带民事保全

刑事诉讼中对财产的查封、扣押,主要是针对用于证明犯罪嫌疑人有罪或无罪的财物和文件,其目的主要是保存证据,同时被查封、扣押的财产也是刑事判决的重要内容,对保障执行、避免空判起到至关重要的作用。在刑事附带民事诉讼中,根据法律的规定,人民法院在必要的时候,可以采取保全措施,查封、扣押或者冻结被告人的财产,并适用《民事诉讼法》的有关规定。

一、刑事扣押

【工作情境12】有一天,案外人李丙(李甲的好友)找到法官助理贾宇说,扣押李甲的物品中有自己的财物,因为自己出差不了解情况,今天来请求法院返还被扣押的物品。贾宇告诉李丙,物品已经扣押,只能等案件审理结束,确认不是与案件有关的物品才能返还。这让李丙很无奈。

【工作分析】贾宇的说法是否正确?如果你是该案法官助理,你将如何处理?

(一)侦查阶段的扣押审查

对侦查阶段的扣押,法官助理应审查以下内容。

1. 审查查封、扣押的范围

审查查封、扣押的物品是否是能证明犯罪嫌疑人、被告人有罪或者无罪的各种财物、文件,与案件无关的财物、文件,不得查封、扣押。

2. 审查查封、扣押清单

查封、扣押物品应当有清单,清单是否经在场见证人和被查封、扣押财物、文件持有人查点清楚,并由侦查人员、见证人和持有人签名或者盖章。

3. 审查是否存在重复冻结的情形

审查犯罪嫌疑人的存款、汇款、债券、股票、基金份额等财产是否存在重复冻结或轮候冻结的情况。

4. 审查实物证据是否随案移送

审查作为证据使用的实物是否已随案移送,不宜移送的,公诉机关是否将清单、照片或者其他证明文件随案移送。

(二)审理阶段的扣押

在法院审理阶段发现与案件有关的物品时,法官助理应当按照以下程序和要求进行查封、扣押、冻结。

1. 关于不动产、汽车、船舶及航空器等财物的查封与扣押

查封不动产、车辆、船舶、航空器等财物,应当扣押其权利证书,经拍照或者录像后原地封存,或者交持有人、被告人的近亲属保管,登记并写明财物的名称、型号、权属、地址等详细情况,并通知有关财物的登记、管理部门办理查封登记手续。

2. 做好扣押清单及扣押后的工作

扣押物品,应当登记并写明物品名称、型号、规格、数量、重量、质量、颜色、新旧程度、缺损特征和来源等信息;扣押货币、有价证券,应当登记并写明货币、有价证券的名称、数额、面额等信息,货币应当存入银行专门账户,并登记

银行存款凭证的名称、内容,扣押文物、金银、珠宝、名贵字画等贵重物品以及违禁品,应当拍照,需要鉴定的,应当及时鉴定,对扣押的物品应当根据有关规定及时估价。

3. 冻结有价证券的处理

冻结存款、汇款、债券、股票、基金份额等财产,应当登记并写明编号、种类、面值、张数、金额等信息。

4. 妥善保管查封、扣押、冻结的财物及孳息

对查封、扣押、冻结的被告人财物及其孳息,应当妥善保管,并制作清单,附卷备查。

小结:

1.【岗位技能】

(1)对侦查阶段扣押情况的审查能力。

(2)对审理阶段法院扣押的执行能力。

2.【工作步骤】

(1)审查侦查阶段的扣押,须审查查封扣押的范围,审查其扣押清单,审查是否存在重复冻结的情形,审查实物证据是否随案移送。

(2)执行法院审理阶段的扣押。

二、附带民事诉讼中的财产保全

【工作情境13】法官助理贾宇在办理一起故意伤害案时,被害人赵乙提起了附带民事诉讼,同时提出被告人有一处财产线索需要进行诉讼保全,贾宇告知原告人刑事附带民事诉讼无法进行财产保全。

【工作分析】贾宇的以上做法是否正确,如果你是负责该案的法官助理,你会如何处理?

《刑事诉讼法》对附带民事诉讼的财产保全规定较为原则化,《刑事诉讼法》第102条规定:“人民法院在必要的时候,可以采取保全措施,查封、扣押或者冻结被告人的财产。附带民事诉讼原告人或者人民检察院可以申请人民法院采取保全措施。人民法院采取保全措施,适用民事诉讼法的有关规定。”

虽然《刑事诉讼法》规定附带民事诉讼中的财产保全适用《民事诉讼法》的有关规定，但刑事附带民事诉讼毕竟不是单纯的民事诉讼，有其特殊性，表现在提起诉讼的条件是被告人的犯罪行为造成被害人损失，诉求的范围仅限于犯罪行为引起的物质损失。提起诉讼的时间是在刑事案件立案以后至第一审判决宣告之前。因此，法官助理在附带民事诉讼中采取保全措施时应注意其特殊性。

（一）诉前财产保全的起诉期限

有权提起附带民事诉讼的人因情况紧急，不立即申请保全将会使其合法权益受到难以弥补的损害的，可以在提起附带民事诉讼前，向被保全财产所在地、被申请人居住地或者对案件有管辖权的人民法院申请采取保全措施。不同于民事诉讼的是，民事诉讼的诉前保全要求申请人在法院采取保全措施后30日内依法提起诉讼或者申请仲裁，否则法院应解除保全；而刑事案件由于侦查、审查起诉的时间进度不受附带民事诉讼原告人的控制，因此《刑诉法解释》第189条规定，申请人在人民法院受理刑事案件后15日内未提起附带民事诉讼的，人民法院应当解除保全措施。

（二）酌情让申请人提供担保

根据《民事诉讼法》的规定，申请人申请诉前保全应当提供担保，否则驳回申请。诉前保全担保的目的在于一旦保全错误，可以弥补被申请人因财产保全而遭受的损失。刑事附带民事诉讼中的被害人因刑事犯罪遭受了财产和精神损失，有的还因治疗花费了大量钱财，缴纳数额相当的保证金对其而言是一个沉重的负担，因而附带民事诉讼的担保金额应根据保全对象特点，以保全不当可能给被申请人造成的损失为限。如果申请人生活非常困难，可以分期提交，也可以不提供担保，由法院视具体情况而定。

（三）财产保全申请的审查

附带民事诉讼财产保全申请的审查，重点在4个方面。

1. 对前提条件进行审查

主要审查附带民事诉讼原告人有无证明人身伤害，或财产损毁犯罪事实的相关材料，以及被申请人的经济状况、信誉、保全标的物的类型等事项。

2. 对保全对象进行审查

主要看被保全标的物有无相关证明材料。

3. 对保全数额进行审查

附带民事诉讼中，申请人主张赔偿的数额可能远高于其实际损失，赔偿义务人应当支付的、法院判决确定的数额一般要少很多。基于刑事案件的特殊性质，应根据申请人提供的损害情况以及附带民事赔偿标准，确定保全数额。

4. 对保全担保进行审查

主要审查申请人的经济状况，决定其是否提供担保，以及提供担保的数额。

（四）财产保全与刑事扣押竞合的处理

一些附带民事诉讼案件，特别是交通肇事案件中，公安机关在侦查时已对犯罪嫌疑人的财物进行了扣押，在这种情况下，附带民事诉讼原告人申请财产保全时，可否再依申请对该财产进行财产保全？法律对此没有明确规定，考虑到财产保全与刑事扣押在目的和功能上不同，从保护被害人权益出发，在不影响物品证据价值的同时，对公安机关扣押的物品可以进行财产保全。[1]

小结：

1.【岗位技能】

（1）对财产保全案件的审查能力。

（2）对财产保全担保的审查能力。

2.【工作步骤】

（1）告知附带民事诉讼原告人提交书面财产保全申请和财产线索，并告知其提供相应担保。

（2）审查原告提交财产保全申请，审查其前提条件、保全对象、保全数额、担保等。

（3）制作财产保全文书，并送交执行部门。

---

〔1〕 参见刘庆伟：《关于刑事附带民事诉讼公财产保全的几点思考》，载《山东审判》2012 年第 5 期。

第六节 庭审前的其他工作

一、刑事鉴定

【工作情境 14】被害人赵乙提出附带民事诉讼后,又提出其伤情非常严重,要求进行伤残鉴定,法官助理贾宇表示伤残鉴定必须由公安机关委托才能鉴定,所以要求其与公安机关联系提出鉴定申请。

【工作分析】贾宇的以上做法是否正确,如果你是负责该案的法官助理,你会如何处理?

在诉讼过程中,当事人可以就查明事实的专门性问题向法院申请鉴定。具备资格的鉴定人对案件中出现的专门性问题,通过鉴别和判断后作出的书面意见就是鉴定意见,鉴定意见是证据的种类之一,对案件判决结果可能会产生直接或关键的影响。

(一)鉴定的启动

1. 启动的主体

公安机关、检察机关和人民法院有权启动刑事鉴定程序,鉴定机构统一受理办案机关的鉴定委托。在自诉案件特别是轻伤害案件中,自诉人往往会提交自行委托的鉴定意见。这类鉴定是自诉人单方委托鉴定,如果存在鉴定程序不合法、鉴定内容不规范的情形,需要由法院在诉讼过程中根据当事人的请求委托合法鉴定机构重新鉴定。

2. 鉴定的范围

在刑事诉讼中需要进行鉴定的专门性问题范围非常广泛,常见的有法医学鉴定、司法精神病学鉴定、笔迹鉴定、痕迹鉴定、会计鉴定、价格鉴定、食品药品鉴定、淫秽物品鉴定、毒品鉴定和其他各种刑事技术鉴定。

3. 选择鉴定机构和鉴定人

鉴定须由具备鉴定资质的鉴定机构和鉴定人作出。根据《全国人民代表大会常务委员会关于司法鉴定管理问题的决定》第 2 条、第 17 条的规定,国家对从事下列司法鉴定业务的鉴定人和鉴定机构实行登记管理制度:(1)法医类鉴定,包括法医病理鉴定、法医临床鉴定、法医精神病鉴定、法医物证鉴定和法医毒物鉴定;(2)物证类鉴定,包括文书鉴定、痕迹鉴定和微量鉴定;(3)声像资料鉴定,包括对录音带、录像带、磁盘、光盘、图片等载体上记录的声音、图像信息的真实性、完整性及其所反映的情况过程进行鉴定和对记录的声音、图像中的语言、人体、物体作出种类或者同一认定;(4)根据诉讼需要由国务院行政部门商最高人民法院、最高人民检察院确定的其他应当对鉴定人和鉴定机构实行登记管理的鉴定事项。

4. 提供鉴定材料

委托鉴定应当向鉴定机构提供真实、完整、充分的鉴定材料,并对鉴定材料的真实性、合法性负责。委托人应当为鉴定人进行鉴定提供必要条件,及时向鉴定人送交有关检材和对比样本等原始材料,介绍与鉴定有关的情况,并明确提出要求鉴定解决的问题,但是不得暗示或者强迫鉴定人作出某种鉴定意见。

(二)审查鉴定意见

1. 鉴定程序的合法性审查

可以从以下方面审查鉴定程序的合法性:(1)鉴定人回避的审查,鉴定人应当回避而未回避的,鉴定意见不得作为定案的根据;(2)司法鉴定程序的启动和鉴定人的选任是否合法;(3)鉴定人是否依法鉴定;(4)重新鉴定或者补充鉴定程序是否依照法律的规定进行。

2. 鉴定材料的审查

(1)材料的来源、取得、保管、送检是否符合法律及有关规定,与相关提取笔录、扣押物品清单等载体记载的内容是否相符。实践中,侦查机关可能未及时将相关检材送交鉴定,以及送交鉴定的检材在收集、保管、送检等方面存在问题,审判环节要注意审查,依法排除此类鉴定意见。(2)检材是否充足、可靠。检材未达到充足、可靠要求的,将会导致鉴定意见建立在不充足的基础之上,可靠性难以保证。

3. 鉴定意见的形式审查

对鉴定意见的形式审查,应当着重审查鉴定意见的形式要件是否完备,是否注明提起鉴定的事由、鉴定委托人、鉴定机构、鉴定要求、鉴定过程、鉴定方法、鉴定日期等相关内容,是否由鉴定机构盖章并由鉴定人签名。对于鉴定意见上述内容的审查,不仅影响鉴定意见本身的合法与规范,而且影响鉴定意见的真实性。

4. 鉴定的规范性审查

鉴定的过程和方法符合相关专业的规范要求,鉴定人员才能就刑事诉讼过程中的专门性问题作出准确判断。因此,在审判环节应当对鉴定程序、方法、分析过程进行审查,判断其是否符合相应的规范要求,从而判断所提出意见的科学与否。

5. 鉴定意见的明确性审查

在司法实践中,鉴定人员运用专业知识对刑事诉讼中的专门性问题进行鉴别和判断后,需要出具明确的意见。虽然鉴定对象、目的等存在差异,鉴定意见的表述也各不相同,但应当提出明确的判断意见。

6. 鉴定意见的关联性审查

所有的鉴定意见都必须与案件事实有关联,有助于证明案件事实,否则就会丧失鉴定意见应有的价值。如果经审查认为鉴定意见与案件待证事实之间并无关联性,则该鉴定意见不具有证明价值,应当不予采信。

7. 鉴定意见的综合审查

综合全案证据对某单项证据进行审查判断,是证据审查判断的基本要求和方法。对于鉴定意见的审查与判断亦应如此,应当注意结合其他证据审查判断其与鉴定意见之间能否印证,是否存在矛盾。

8. 鉴定意见告知程序的审查

《刑事诉讼法》第148条规定:侦查机关应当将用作证据的鉴定意见告知犯罪嫌疑人、被害人。如果犯罪嫌疑人、被害人提出申请,可以补充鉴定或者重新鉴定。司法实践中,法官助理要注意审查鉴定意见是否告知相关人员,当事人对鉴定意见是否有异议,异议是否得到处理等事项。

(三)补充鉴定和重新鉴定

1. 补充鉴定

经审查,发现有下列情形之一的,应当补充鉴定:(1)鉴定内容有明显遗漏的;(2)发现新的有鉴定意义的证物的;(3)对鉴定证物有新的鉴定要求的;(4)鉴定意见不完整,委托事项无法确定的;(5)其他需要补充鉴定的情形。

2. 重新鉴定

经审查,有下列情形之一的,应当重新鉴定:(1)鉴定程序违法或者违反相关专业技术要求的;(2)鉴定机构、鉴定人不具备鉴定资质和条件的;(3)鉴定人故意作虚假鉴定或者违反回避规定的;(4)鉴定意见依据明显不足的;(5)检材虚假或者被损坏的;(6)其他应当重新鉴定的情形。重新鉴定,应当另行指派或者聘请鉴定人。

(四)多份不同鉴定意见并存时的处理

在当前的司法实践中,可能出现多份不同鉴定意见并存的现象,这为审判人员取舍鉴定意见增加了难度。审判人员应当充分运用《刑事诉讼法》的相关规定,立足当前刑事案件庭审实质化的改革实践,妥善解决这一问题。

1. 要求鉴定人和有专门知识的人出庭

充分适用鉴定人出庭和有专门知识的人出庭制度。根据控辩双方的申请通知鉴定人或有专门知识的人出庭,以促使控辩双方对专门性问题充分发表意见,增强审判人员对鉴定意见审查判断的内心确信。

2. 审查分析多份鉴定意见,寻找解决办法

如果通过鉴定人、有专门知识的人出庭也未能形成结论,则应当慎用重新鉴定制度。应对多份鉴定意见进行审查分析,判断问题的症结并寻找解决办法。

(五)检验报告的审查与判断

案件中的专门性问题需要鉴定,但没有司法鉴定机构,或者法律、司法解释规定可以进行检验的,可以指派、聘请有专门知识的人进行检验,检验报告可以作为定罪量刑的参考。对检验报告的审查与认定,参照适用鉴定意见的有关规定。

小结:

1.【岗位技能】

(1)审查判断鉴定意见的能力。

(2)组织开始鉴定的能力。

2.【工作步骤】

(1)告知被害人享有向法院申请进行伤残鉴定的权利及法律后果,并制作谈话笔录。对于被害人受伤的案件,法院应将申请伤残鉴定的权利告知被害人,若被告人申请伤残鉴定,还应告知其伤残鉴定的费用承担规则及法律后

果;若被害人不申请伤残鉴定,应记录在案。

(2)制作伤残鉴定委托书,并送交鉴定机构。对于被害人申请伤残鉴定的案件,人民法院应组织当事人协商确定或摇号随机确定鉴定机构。鉴定机构确定后,由法院制作伤残鉴定委托书,并将委托书及相关材料送达鉴定机构,同时告知当事人及时到该鉴定机构进行伤残鉴定。

(3)及时与鉴定机构对接,跟进鉴定进展。

(4)依法审查与认定鉴定意见。依照《刑诉法解释》第97~101条的规定审查、认定相关鉴定意见。

(5)待鉴定意见出具后,及时告知有关诉讼参与人,组织进行庭审举证质证,必要时组织鉴定人员、专门知识人出庭。

(6)可以补充鉴定或重新鉴定。在案件审理过程中,若被告人申请进行行为能力鉴定,或者审判人员发现被告人可能存在行为能力问题时,可以对被告人进行行为能力鉴定、受审能力鉴定。该鉴定可由公安机关委托鉴定机构进行,也可以由人民法院委托鉴定机构进行。

二、刑事案件和解与撤诉

【工作情境15】被告人李甲故意伤害案开庭审理前,被告人李甲家属向法官助理贾宇提出其愿意积极赔偿被害人的经济损失,表示足额赔偿被害人经济损失并得到谅解后,希望公诉机关可以撤回对被告人李甲故意伤害罪的指控,贾宇心想,如果双方能够和解的话就能帮法官审结一个案件,于是向被告人家属表示自己会努力做工作促成双方和解及撤诉。

【工作分析】贾宇的以上做法是否正确,如果你是负责该案的法官助理,你会如何处理?

(一)当事人和解的公诉案件

符合《刑事诉讼法》第288条规定条件的公诉案件,犯罪嫌疑人、被告人真诚悔罪,通过向被害人赔偿损失、赔礼道歉等方式获得被害人谅解,被害人自愿和解的,双方当事人可以和解。

1. 可以和解的公诉案件的范围

(1)因民间纠纷引起,涉嫌《刑法》分则第4章侵犯公民人身权利、民主权利罪,第5章侵犯财产罪规定,可能判处3年有期徒刑以下刑罚的案件。(2)对于渎职犯罪以外的可能判处7年有期徒刑以下刑罚的过失犯罪案件。对于该类过失犯罪案件,行为人主观恶性不深、人身危险性较小,当事人之间的矛盾和对抗较小。在司法实践中,一些符合条件的交通肇事案件通过当事人和解的方式进行了处理,和解有助于确保被害方及时获得赔偿,同时也节约了司法资源,案件处理效果较好。对于过失的渎职犯罪案件,因涉及公权力的行使,无论罪行轻重,一律不适用和解程序。

2. 法院主持和解的程序

双方当事人和解的,法院应当听取当事人和其他有关人员的意见,事实清楚、证据充分的,应当告知当事人可以自行和解,对和解的自愿性、合法性进行审查,并主持制作和解协议;当事人提出申请的,可以主持双方当事人协商以达成和解。在和解过程中,主持者应保持客观、中立,不得偏袒或欺瞒任何一方。主持者应当对双方当事人的自愿性进行确认,并审查和解的内容是否违反法律的强制性规定,是否损害国家、社会利益和他人的合法权益。

3. 和解的主体

和解的主体是犯罪嫌疑人、被告人与被害人。被害人死亡的,其近亲属可以与被告人和解,近亲属有多人的,达成和解协议,应当经处于最先继承顺序的所有近亲属同意;被害人系无行为能力或者限制行为能力人的,其法定代理人、近亲属可以代为和解;被告人的近亲属经被告人同意,可以代为和解;被告人系限制行为能力人的,其法定代理人可以代为和解。被告人的法定代理人、近亲属代为和解的,和解协议约定的赔礼道歉等事项,应当由被告人本人履行。对于共同犯罪案件,被害人可以与所有被告人和解,也可以与部分被告人和解。被告人实施多起犯罪,且符合和解条件的,被告人可以同所有犯罪中的被害人和解,也可以同部分犯罪中的被害人和解。

4. 和解协议的审查

和解的基本原则是自愿、合法,不损害国家、集体和其他公民的合法权益。双方当事人在侦查、起诉阶段达成和解协议,案件进入审判阶段后,当事人提出异议的,法院应当对和解协议的自愿性、合法性进行审查。经审查,和解自愿、合法的,予以确认,无须重新制作和解协议书;和解违反自愿性、合法性的,应当认定无效。和解协议被认定无效后,双方当事人重新达成和解的,法院应当主持制作新的和解协议书。和解协议被认定无效的，无须制作专门法律文书认定和解协议无效或者撤销和解协议，只需在裁判文书中客观叙述，不认定双方当事人已达成和解协议即可。

5. 制作和解协议书

和解协议书应当首先写明案由、当事人双方的基本情况，写明协议是在审判人员主持下制作的。其次，要写明以下内容：(1)被告人承认自己所犯罪行，对犯罪事实没有异议，并真诚悔罪；(2)被告人通过向被害人赔礼道歉、赔偿损失等方式获得被害人谅解，涉及赔偿损失的，应当写明赔偿的数额、方式等内容，提起附带民事诉讼的，由附带民事诉讼原告人撤回附带民事部分的起诉；(3)被害人自愿和解，请求或者同意对被告人依法从宽处罚。但双方当事人对量刑作出的具体约定，对司法机关没有约束力。和解协议书应当由双方当事人和审判人员签名，但不加盖人民法院印章。

和解协议书一式3份，双方当事人各持一份，还有一份交法院附卷备查。对和解协议中的赔偿损失内容，双方当事人要求保密的，法院应当准许，并采取相应的保密措施。

6. 和解协议的履行

对于和解协议约定的赔偿损失内容，被告人应当在协议签署后即时履行。和解是重要的量刑情节，必须确定无疑。如果允许延期履行、分期履行赔偿损失，则法院对被告人的从宽处罚无法建立在确定的基础上，也使被害人的合法权益难以得到切实保障。被告人被从宽处罚后，拒不履行或者不全部履行赔偿义务，受上诉不加刑原则所限，二审法院不能加重其刑罚，和解协议也不能作为强制执行的依据，这样无疑会损害裁判权威。被告人一方将赔偿款交到法院，或者将存单、房产及贵重物品等财物交到法院作为履约的抵押、担保，确保裁判生效后能够全部履行的，也可视为即时履行。

7. 和解协议的效力

(1)对达成和解协议的案件，应当对被告人从轻处罚；符合非监禁刑适用条件的，应当适用非监禁刑；判处法定最低刑仍然过重的，可以减轻处罚；综合全案认为犯罪情节轻微不需要判处刑罚的，可以免除刑事处罚。(2)达成和解协议的，裁判文书应当作出叙述，并援引《刑事诉讼法》的相关条文，即在裁判依据部分，援引《刑事诉讼法》第290条。(3)和解协议已经全部履行，当事人反悔的,不予支持,但有证据证明和解违反自愿、合法原则的除外。(4)双方当事人在侦查、审查起诉期间已经达成和解协议并全部履行,被害人或者其法定代理人、近亲属又提起附带民事诉讼的,法院不予受理,但有证据证明和解违反自愿、合法原则的除外。(5)被害人或者其法定代理人、近亲属提起附带民事诉讼后,双方愿意和解,但被告人不能即时履行全部赔偿义务的,法院应当制作附带民事调解书。

(二)刑事自诉案件的和解与撤诉

《刑事诉讼法》第212条第1款规定:"人民法院对自诉案件,可以进行调解;自诉人在宣告判决前,可以同被告人自行和解或者撤回自诉。本法第二百一十条第三项规定的案件不适用调解。"

1. 和解

根据《刑事诉讼法》和《刑诉法解释》的规定,判决宣告前,自诉案件的当事人可以自行和解,自诉人可以撤回自诉。这有利于最大限度化解社会矛盾,修复被犯罪破坏的社会关系,维护社会和谐,取得良好的社会效果与法律效果。而且,自诉案件的当事人和解不同于《刑事诉讼法》第5编第2章"当事人和解的公诉案件诉讼程序",不受其关于案件范围等规定的限制。在自诉案件中,双方当事人可以自行和解,并撤回起诉。

2. 撤回自诉

(1)因和解而撤诉。提起自诉是自诉人的诉讼权利,对于所有自诉案件,自诉人在宣告判决前都可以撤回起诉。但根据《刑事诉讼法》的规定,对于撤回自诉的案件,不得就同一事实再次提起自诉。因此,法院对于自诉人撤回自诉,不应当仅仅是消极允许,而应当积极审查,以防止自诉人由于被告人及相关人员威胁、强迫而撤回自诉,确保自诉人撤回自诉的自愿性。《刑诉法解释》第329条第2款规定:人民法院经审查,认为和解、撤回自诉确属自愿的,应当裁定准许;认为系被强迫、威吓等,并非自愿的,不予准许。《刑诉法解释》第330条规定:裁定准许撤诉的自诉案件,被告人被采取强制措施的,法院应当立即解除。根据该规定,法官助理应及时办理解除强制措施的手续。

(2)按撤诉处理。自诉人经两次传唤,无正当理由拒不到庭,或者未经法庭准许中途退庭的,法院应当裁定按撤诉处理。部分自诉人撤诉或者被裁定按撤诉处理的,不影响案件的继续审理。

（三）附带民事诉讼案件的和解与撤诉

根据《刑事诉讼法》及《刑诉法解释》的规定，人民法院审理附带民事诉讼案件，可以根据自愿、合法的原则进行调解。在刑事案件中，被告人赔偿能力较弱，被害人又急于获得救济的情况时有出现。因此在实务中，为帮助被害人及时获得赔偿、固定量刑情节、节约司法资源、化解矛盾纠纷，具备条件的刑事附带民事诉讼案件会通过调解促进矛盾化解，达成赔偿协议并实际给付，案件取得较好的法律效果和社会效果。

法官助理在协助法官做附带民事诉讼当事人的和解、调解工作时，应注意审查和解、调解是否自愿、合法，在量刑时要综合全案情况考虑，既让双方当事人在和解和"宽严相济"的刑事政策中受益，也避免出现"花钱买刑"和强迫和解的情况。当事人自愿和解并及时给付，附带民事诉讼原告人撤诉的，应予准许；达成和解但不能在判决前及时给付，不准许撤诉，应当作出刑事附带民事调解书。

小结：

1.【岗位技能】

（1）化解矛盾能力。

（2）主持和解、调解的能力。

（3）审查判断自愿与合法原则的能力。

（4）草拟和解协议书、撤诉裁定等文书的能力。

2.【工作步骤】

（1）审查是否属于和解案件的范围。

（2）主持和解或调解。

（3）制作和解协议、调解笔录等。

（4）审查和解协议。

（5）督促即时履行。

（6）出具准许撤诉裁定书或帮助法官完成案件审理。

第二章　法官助理在刑事案件庭审中的工作

第一节　案件听审

庭审是控辩双方和其他诉讼参与人的共同参与过程中,法官通过对证据的核对、甄别、比较、对质、印证等,“去粗取精,去伪存真,由此及彼,由表及里”的审查判断,由感性认识上升为理性认识,合逻辑、有根据地认定案件事实,对控辩双方争议的内容,根据查明的事实,依据法律规范,遵循裁判规则,阐明裁判理由,将法律的抽象规定、价值取向、精神实质与立法目的,应用于具体案件并作出裁判的一系列活动。庭审既是控辩双方在法庭正面较量与交锋的过程,也是法官在法定场所履行审判职责的过程;既是法官运用法律正当化处置冲突与纠纷、宣扬法治精神、捍卫法律尊严、生成社会正义的过程,也是法官运用行为、语言驾驭庭审的艺术,展示专业素养、司法智慧与职业风采的过程。

法官助理不仅是法官的助手,也是未来法官的预备成员,应当积极参与听审。法官助理辅助法官的开庭审理,既可以增加法官助理的职业荣誉感,又可以强化法官助理的职业责任感;既可在直观观察、亲身感受过程中检验自己的工作成效,也可以在不断模仿、学习、比较过程中快速成长;既可以在不断检视与反省过程中改进上升、提高助理工作的质效,又可以为参与案件评议、草拟裁判文书等审判核心事务创造条件、提供基础,更好地分担法官的压力。可以说,法官助理要实现自我提升,听审是一项重要而必备的工作。

【工作情境16】被告人李甲故意伤害案开庭审理时,法官要求法官助理贾宇到法庭听取案件审理情况,贾宇欣然接受并提前准备好笔记本电脑,于庭审当日带到法庭,庭审过程中详细记录控辩双方的发言内容,庭后整理好交给了法官。

【工作分析】贾宇的以上做法是否正确，如果你是负责该案的法官助理，你会如何处理？

一、听审前工作

（一）庭审前提前阅卷，整理案件争议焦点

做该项工作可以更有效地帮助法官助理进行听审，把握听审的重点和关键点。关于如何整理案件争议焦点，前面已述及，在此不再赘述。

（二）确定听审的方式

听审有直接听审与间接听审两种方式。直接听审，即法官开庭审理时，法官助理亲自到法庭直观观察、亲身感受庭审的全过程；间接听审，即法官助理通过阅读庭审笔录、观看庭审录像等了解、分析、研究庭审的全部情况。考虑法官助理的工作情况，考虑听审的必要性与可行性，对于案情简单、事实清楚、争议不大的案件，一般采用间接的方式听审；对于案情重大复杂、证据材料较多、争议较大的案件，或新类型案件、社会影响大的案件、媒体高度关注的案件，一般采用直接的方式听审。

二、听审中工作

在整个庭审过程中，法官助理的听审与普通群众旁听案件有很大区别，其不仅需要认真听取案件审理过程，还需要帮助法官从事庭审中的辅助性工作。这种听审，是承载着目的与任务的能动履行职责的活动。要求法官助理在听审过程中忠于职守、勤勉尽责。对于间接听审，法官助理应当仔细阅读庭审笔录、认真观看庭审录像，不放过任何一个庭审细节，在充分了解庭审全部情况的基础上，结合相关诉讼材料认真分析、研究并做好相应的记录。对于直接听审，法官助理应当达到以下要求。

（一）准确定位，端正态度

法官助理听审，既应以“旁观者”的身份“静静地”观察、感受、体验整个庭审活动的全过程，又应以“应试者”的身份检视、反省自己庭前的全部准备工作。这就要求法官助理在听审前，明确自己的职责，选准自己的定位，端正自己的态度，以对法官负责、对自己负责、对审判团队负责的态度，认真对待听审

活动。法官助理还应以“亲历者”身份开展庭审过程中的必备辅助工作,比如协助通知等候的证人、鉴定人出庭,按照合议庭要求开展庭审必要辅助工作等。

(二)认真听审,检视问题

法官助理听审的主要任务,就是以听审的方式检视庭审活动的全过程,验证自己庭前所有准备工作的成败得失,辅助庭审顺利完成。这需要法官助理既专心致志认真听审,又适时有针对性、有重点地做好记录,在听审过程中检视与反省,同时关注合议庭需求并随时配合完成相关工作。法官助理应当帮助法官检视书记员工作的完整性与规范性,注意发现书记员工作是否存在遗漏与不足并及时帮助修正,法官助理还应当检视法官庭审活动过程,是否充分保障了当事人的诉讼权利,是否完整规范、思路清晰、节奏分明、繁简得当、重点突出、归纳准确、及时认证、小结适时、语速适中,是否妥当处置了庭审中出现的突发情况及相关问题。

(三)检视庭前争点的整理等工作是否准确,结合争议焦点总结证据内容

法官助理应当根据庭审的情况,审视庭前对争议焦点的整理、固定是否准确、完整,庭审提纲内容是否完整全面,是否找准了庭审重点,是否遗漏了应当审理的内容,庭审详略与节奏的安排是否恰当,预测庭审中可能出现的问题是否准确,处置庭审突发情况的预案是否妥当有效,合议庭成员分工是否合理等。

(四)谨慎提示,确保效率

法官助理听审的另一重要任务,就是通过认真的听审避免法官审理中出现重大失误与遗漏,必要时,谨慎地以恰当方式提示法官。一般情况下,法官助理在整个听审过程中,应当保持沉默。但是,出于维护法庭尊严、维护法官的职业形象、保障庭审效率与庭审质量的考虑,特殊情况下,在“不越位”“不错位”、不产生误解、不影响法庭庄严的前提下,法官助理可以“有所作为”。对于庭审提纲中已经确定、庭审中又无变化、应当审查而漏审的重大实体问题,以及庭审中被遗漏的程序性事项,被合议庭忽略的新出现的、与案件处理有直接关联的争点,法官助理可以采用恰当的方式,谨慎与法官进行必要的沟通。当庭审中出现严重违反庭审纪律或法庭规则的行为时,例如哄闹法庭,法官助理应当在法官的指导下,与书记员、法警密切配合,及时、依法、果断处置,

有效维护庭审的正常秩序和法庭尊严。

（五）得出案件的初步处理意见

根据当庭检察院的指控、辩护方的辩护意见，以及举证质证和法院的认证情况，结合法律适用得出初步处理意见。

三、听审后工作

听审结束后，法官助理应当根据庭审的情况，按照法官的安排，在法官的指导下完成以下工作。

（一）撰写听审报告

对于案情简单、事实清楚、争议不大的案件，可以不再撰写听审报告。对于案情重大复杂、证据材料较多、争议较大的案件，或新类型案件、社会影响大的案件、媒体高度关注的案件，一般应当撰写听审报告。听审报告除写明案号、案由、当事人基本情况、审判组织、庭审起止时间等事项外，主要应当包括以下内容：一是报告案件审理情况。如附带民事诉讼当事人是否适格，是否需要依职权变更或者追加当事人，是否应当告知当事人可以追加被告及不追加的法律后果；是否存在当事人诉讼请求不当应由法官予以释明的情况；案件争点是否全面审理清楚，是否遗漏了案件争点或出现新的争点，是否需要调整与修正已有争点，补充新增争点；案件事实是否清楚，是否需要再次开庭；是否需要当事人补充证据，是否需要对现场进行勘验，是否需要重新鉴定或者补充鉴定，是否需要通知新的证人出庭作证，是否需要依职权调查收集证据；对当事人逾期提供的证据，是否可以采纳，是否应当对当事人予以训诫、罚款。二是报告案件处理建议。对于认为事实清楚、应当作出裁判的案件，法官助理应当提出自己对裁判意见的建议。法官助理建议案件的处理意见，应当写明拟认定的事实，拟采信的证据，拟适用的法律法规、司法解释的名称、具体条文，有指导性案例、参考性案例的，还应当予以注明；属于法官自由裁量范围的，应当写明考量的因素、裁量的理由。三是对存在的问题提出参考性建议。对于书记员工作存在的遗漏、不规范情况，法警值庭中存在的问题，法官庭审中不规范、瑕疵、处置突发情况的妥当性，对自身庭前整理争点、拟写庭审提纲以及庭前其他准备工作存在的问题等，应当一一列明，并提出自己的参考性意见。

（二）参与合议庭评议活动

对于合议庭审理的案件，庭审结束后，法官助理可以通过向合议庭提交听审报告或者参与合议庭评议活动等方式,提出对案件如何处理的个人意见。法官助理参与合议庭评议活动的,可以根据案件审理的具体情况,提出案件事实是否查清,是否需要再次开庭,是否需要中止审理、终结诉讼,是否需要补充证据,是否需要变更或者追加当事人,是否需要向当事人释明等具体意见建议;对于认为事实清楚、应当作出裁判的案件,法官助理可以提出如何具体裁判的参考性意见,并阐明拟认定的事实、拟采信的证据以及拟适用的律法规及司法解释的具体名称与条款等。

(三)草拟案件审理报告

对于疑难复杂、案情重大的案件,新类型案件,处理结果可能产生重大社会影响的案件,合议庭无法形成多数意见应当提交审判委员会讨论决定,或者应当提请法官会议研究的,按照法官的安排与要求,法官助理应当草拟案件审理报告。法官助理草拟的案件审理报告,除符合案件审理报告的结构与规范要求外,应当做到客观全面、内容翔实、条理清晰、认证清楚、说理充分。

小结:

1.【岗位技能】

(1)协作配合能力。

(2)归纳总结能力。

(3)文书撰写能力。

(4)综合表达能力。

(5)突出事件处置能力。

2.【工作步骤】

(1)庭审前提前阅卷,整理案件争议焦点。

(2)确定听审的方式。

(3)认真听审,检视问题。

(4)检视庭前争点的整理等工作是否准确,结合争议焦点总结证据内容。

(5)庭审中听取控辩双方出具证据情况,结合争议焦点总结证据内容。

(6)根据庭审情况及证据认证,结合法律适用得出初步处理意见。

(7)根据法官的安排,完成听审后工作,撰写听审报告、参与合议庭评议活动、草拟案件审理报告等。

第二节　案件分析与研究

【工作情境17】在被告人李甲故意伤害案开庭审理结束的当天，法官助理贾宇就把整理好的听审报告交给了法官，法官粗略看了看该听审报告，指示法官助理贾宇深入研究案件，撰写一份案件分析与研究报告。贾宇略微迟疑后答应了。

【工作分析】法官助理贾宇如何做案件分析与研究，如何撰写案件分析与研究报告？

良好的案件分析和研究能力是法律职业者高水平专业素养的集中体现。在审判实务领域，案件分析和研究技能居于裁判技能的核心地位，是其他必备基本技能的再提升、再拓展和再延伸，也是司法工作的挑战所在。一般而言，一位具备良好专业和综合知识基础的法官助理，在法院历经一段时间的训练并较好地掌握了其他基本技能之后，就应当进阶学习案件分析和研究技能，以便协助法官从事更多、更复杂的裁判事务。

一、资料的查询和检索

研究资料的查询和检索是分析研究案件和相关法律问题的前提和基础，在信息技术飞速发展的时代，面对大数据和各类海量信息，法官助理要熟练地掌握和运用查询各种资料的科学方法。

（一）资料查询和检索的知识概述

法律调查所需的三个阶段中，分析和确认问题是前提，获取法律信息是准备，表述结论和方案是结果，其中获取法律信息就是法律检索。法律检索是获取法律信息的途径，这也是关键性的阶段，资料的齐备、准确、有效与否，一定程度上决定案件的成败，关系当事人的利益。信息技术的便利化为我们开启了新的法律检索大门，大量丰富的、碎片化的法律信息不断更新着我们的知识体系，检索的过程已然成为我们整理认知思维的必经过程。

1. 梳理检索分类，厘清信息支系

定位法律法规，明确断案依据；定位案例判例，谋求先例参考；定位裁判文书,研习论证说理;定位学术文献,汲取理论给养;定位裁判观点,博采权威意见。

2. 抓准检索核心,提炼关键字句

(1)时刻保持法言法语的严肃性。法言法语是法律工作者表述的程式化法律专业用语,讲究含义精确而不考虑生动效果。法言法语用规范将生活构成网罗起来,将生活性的描述"格式化",以便满足法律表达的严肃性要求。精确掌握并正确使用法言法语是司法辅助人员的基本功。(2)乐于丰富学科术语的多元性。审理案件时除熟练使用法律术语外,还须尽快掌握与法律密切相关的经济学、社会学甚至自然科学等相关学科的术语提炼。术语关键词与一般词汇的最大不同就在于,其一方面要求我们学会将行业的习惯用语甚至口语转化为书面术语;另一方面需要适应习惯术语极为严苛的标准性。(3)不断探索外文词汇的拓展属性。随着国际化的发展,涉外案件越来越多涌入法院。涉外法律文本和学科资料的翻译和查询都需要严谨地紧扣其要义。审判辅助人员在做外文一手法律资料的查询前,必须要找到准确的外文关键词,必要时还要进行翻译。北大法宝检索到的部分我国成文法会附有官方译本,常用的外文词汇应谨以译本为参照标准。法官助理应当注重外文的学习,此外,当翻译工作遇到困难时,可求助于常用的灵格斯翻译家、有道词典、金山词典、谷歌翻译等软件。

3. 对准检索来源,熟悉数据库

最好的检索工具应是最切合法律人思维和工作习惯、最快解决法律人工作问题的,能够为使用者提供深度指导的数据库,这就需要数据库本身具有相当的智能水平和数据存储量。在此推荐以下数据库和移动终端检索应用(见表1)。

表1 国内外常用数据库一览

检索方式	公布机构	数据库名称	功能说明
法条检索	全国人民代表大会官网	法律释义与问答	长期自动更新,具有权威性
	北大法宝	法宝联想	自动索引功能:每个法条下面,均自动索引引用该法条的其他法律、司法解释、裁判文书等,提供更大范围的有用信息

续表

检索方式	公布机构	数据库名称	功能说明
案例检索	最高人民法院官网	指导性案例	2010年最高人民法院发布了《最高人民法院关于案例指导工作的规定》，正式建立案例指导制度。不定期批次发布指导性案例，供各级人民法院审判类似案件时参照。登录最高人民法院官网，点击导航"审判业务"可查询所有发布的指导案例
	最高人民法院中国司法案例研究院	全国典型案例	2016年，由最高人民法院成立中国司法案例研究院并建立"中国司法案例网"，充分适用"互联网+司法案例"的新型研究模式，由各地法院不间断自主推送典型案例，并提供查询检索
	各省高级人民法院	参考性案例	参考性案例指各地高级人民法院发布具有典型或者指导意义的案例。最高人民法院在2010年发布的《最高人民法院关于规范上下级人民法院审判业务关系的若干意见》规定，高级人民法院可以通过发布参考性案例对辖区内各级人民法院和专门人民法院的审判业务工作进行指导。可登录各省级人民法院官网查询
	最高人民法院	公报案例库	《最高人民法院公报案例库》包括最高人民法院公报公布的案例和裁判文书。其内容分为：刑事、民事、商事、知识产权、海事、行政、国家赔偿、执行8大类
	最高人民法院中国应用法学研究所	人民法院案例选	从多个方面、多个视角挖掘案例开发和使用的深度，让读者可以按照案由、罪名、条文、主体、情节等多方面进行分类研究，以方便法律职业共同体和社会公众对案例的使用
裁判文书检索	最高人民法院	中国裁判文书网	依据2013年《最高人民法院裁判文书上网公布暂行办法》和2014年《文书上网规定》，大部分裁判文书都可以在该网站检索到
	各省高级人民法院	裁判文书公开页面	各省高级人民法院参照最高人民法院裁判文书公开和上网范式，在官方网站上均设置有辖区内裁决生效的文书公开，裁判文书上网公开现已成为衡量各级人民法院司法透明度的重要指标之一

续表

检索方式	公布机构	数据库名称	功能说明
参考文献、学术论文检索	清华同方	中国知网	国内知名度很高的中文文献检索数据库，集期刊、博士论文、硕士论文、会议论文、报纸、工具书、年鉴、专利、标准、国学、海外文献资源为一体的，具有国际领先水平的网络出版平台。中心网站的日更新文献量为5万篇以上
	人民法院出版社	法信——中国法律应用数字网络服务平台	该平台是中国首个法律知识和案例大数据融合服务平台，由最高人民法院于2012年立项开发，2016年在最高人民法院上线。它拥有6大资源库和55个子库，总文献数达2000万篇，总字数达100亿字
	百度互联网	百度文库/学术	百度文库是百度发布的供网友在线分享文档的平台。网友可以在线阅读和下载这些文档
外文法律检索	USC	United State Code	美国法典，包括美国宪法、议会通过的全部法律、各级法庭规则、联邦量刑指南等法律法规，涵盖50卷各门类全美联邦法律
	USCA	United State Code Annotated	美国法典注释，是官方的美国联邦法典的Westlaw全注释版本，以重点案例来解释法条
	UK-LIF	United Kingdom Law in Force	英国现行法律法规，包括1267年以来的法律和1948年以来含商贸法、知产法、财产法、税法、个人伤害法、诉讼法和法院规则在内的法律文献
	CANST-RULES-ALL	All Canadian Legislation	加拿大立法全集，包括联邦、各省及领土内所有地方的加拿大现行法律法规及最近新出台但尚未实行的法律法规
	EU-TREATIES	European Union Treaties	欧盟成员条约集，包括欧盟成员国之间自1951年以来缔结的条约
	Westlaw	Westlaw	全球较强大的在线法律研究工具，提供全球大量法律信息以及时事新闻和商业资讯，是检索快速有效的理想平台
	Find Law	Find Law	全球最为流行的法律网站之一，提供无偿的法律信息以及全面的信息索引

续表

检索方式	公布机构	数据库名称	功能说明
手机等移动设备法律检索 App	中国法律应用数字网络服务平台	法信 App	法信 App 注册用户免费,能够试用部分功能,主要用以测试法信大纲、法律文库全文和部分知识库功能
	荷兰 Kluwer 威科集团	威科法规库 App	所有的法条都有全英文版本对照,亦支持英文直接检索
	LexisNexis 律商联讯集团	律商法律中国 App	带有分享社交网络功能
	天同律师事务所	无讼阅读 App	内容覆盖法律实务、法治新闻、法律服务行业动态和商业领域的法律话题。优势在于可以将法条分享至印象笔记进行保存
	法律家法律数据库	法律家法律数据库	法律手机应用的后起之秀,对用户永久免费,且持续更新,可直接下载法条全文,保存为 Word 格式或 html 格式,在国内法律检索中独树一帜

4. 分析检索结果,做好检索记录

法官向法官助理布置检索任务时,应要求其随同检索结果一并提交检索记录(使用何种数据库、何种方法、何种关键词、何种顺序做的检索),以便查缺补漏。具体可参照表 2 检索记录报告模板总结检索成果,使提交给法官或自我保存管理的信息检索工作一目了然。

表 2 法律信息检索记录报告范例(参考)

<table>
<tr><td>检索主题</td><td colspan="5"></td></tr>
<tr><td>检索目的</td><td colspan="5"></td></tr>
<tr><td>检索人</td><td colspan="3"></td><td>完成时间</td><td></td></tr>
<tr><td>检索关键词</td><td colspan="5"></td></tr>
<tr><td colspan="6">一、检索信息结果明细</td></tr>
<tr><td rowspan="3">法律法规</td><td>文件名称</td><td>发布机构</td><td>效力等级</td><td>发布时间</td><td>是否有效</td></tr>
<tr><td></td><td></td><td></td><td></td><td></td></tr>
<tr><td></td><td></td><td></td><td></td><td></td></tr>
<tr><td rowspan="3">案例</td><td>案例名称</td><td>案例来源</td><td>案号</td><td>审级</td><td>地区</td></tr>
<tr><td></td><td></td><td></td><td></td><td></td></tr>
<tr><td></td><td></td><td></td><td></td><td></td></tr>
</table>

续表

裁判文书	文书名称	文书来源	案号	生效时间	地区
专著	专著名称	出版社	作者	发行年份	单位
期刊文章	文章名称	期刊名	作者	发表时间	单位
硕博论文	论文名称	学位	作者	发表时间	单位
裁判观点	观点概要	观点来源	作者	发表时间	其他
外文文献	文献名称	出处	作者	发表时间	国家
二、检索结果分析综述					

5. 善于检索管理,构建知识体系

法律资料的检索和管理目标是“将别人的东西变成自己的东西”,将知识内化吸收是最后也是最为关键的步骤。司法辅助人员的日常检索查询工作时时都在进行,如果不注意收集和整理,则可能重复之前的劳动,既不利于提高工作质量,又难以形成知识体系。因此,加强个人知识管理,在检索的过程中养成良好的记录、整理、总结、消化的习惯,是一个优秀的法律人的必备素质,需要我们不断总结和提升检索技能来增加个人的“知识砝码”。

(二)资料查询和检索的方法运用

1. 法条查询和检索的方法

在刑事案件中遵循“罪刑法定”原则,严格要求办案人员将法条意识贯穿法律检索本身。法条检索对关键词的精准度要求很严苛,法律语言和生活语言必须充分转化、完全区分,比如“车祸”必须转化为“交通肇事”,“解约”必须转化成“解除合同”,否则将无法精准检索出所需法条。一般采用以下方法:(1)明确法律要目。“法律要目”是根据我国现有法律体系,系统地设立了一套要目体系,将法律、行政法规、司法解释的每个条文都关联到对应的要目中,从而实现法律文献和法律概念的直接对应。(2)厘清法律位阶。上位法优于下位法,特别法优于一般法。对根本法、基本法、普通法、行政法规、地方性法规和行政规章等位阶成文法要准确识别。(3)甄别法条效力。法官助理应注意识别法条是否已被废止,是否属于已经公布但尚未施行,是否属于法院裁判可依据的文件范围,在事项效力上是否适用于本案。尤其须注意法律文件的标题对适用事项范围的界定,文件的名称和前部的条款可帮助甄别适用事项范围。(4)关注法条溯及力。“法不溯及既往”原则一般均适用于民法、刑法、行政法等涉及的各个方面,但司法活动尤其要注意法的“有利追溯”原则问题,例如,刑法上“从旧兼从轻”原则的正确适用。

2. 案例查询和检索的方法

案例检索紧扣以下6大关键问题:选择数据库、提炼关键词、案例的效力复核、参考案例分析、检索记录以及案例提交。

3. 裁判文书查询和检索的方法

裁判文书查询和检索须做到以下几点:优先使用关键词法,仔细甄别文书效力,务必提交原始文书。

4. 学术文献查询和检索的方法

(1)时间查找法,即从研究主题的起始时间年代开始往后顺时查找,直到近期为止。(2)回溯查找法,即以某一篇论文(或专著)后面所附的参考文献、注释为线索,跟踪追查的方法。这种查找方法在检索工具不齐全,对课题不熟悉或不需要做深入研究的情况是可取的,是一种针对性更强、更直接、效率更高的文献查阅方法。(3)网络查找法,对于公开出版的专著、汇编等文献而言,首选当当网、亚马逊网、淘宝图书、孔夫子旧书网等图书电商网站,这些网站兼容了检索和线上购买功能。(4)线下查找法，无论科技如何发展，公立图书馆、高校馆藏等场所均是最佳的线下文献查找宝库。近年来，现代化的图书馆也早已完成了图书管理的信息化检索升级改造，大量图书信息均可在图书馆网站查找，并可提供网络电商无法替代的免费借阅服务。

5. 裁判观点查询和检索的方法

主要有以下几个方面：翻阅观点集成书籍，查找法院内部纪要，搜索人民法院网站，辨析裁判学术观点等。

二、案件分析

(一)案件分析的基本方法

案件分析是在法律框架和法学理论指引下，对案件的证据事实和法律问题进行分析研究，确定案件事实和适用的法律，作出正确裁判的思维判断过程。任何案件，无论简单与复杂，无论有无争议以及争议大小，作出裁判前都有分析研究的过程，哪怕是最简单的案件，也是在思考和分析后才能得出案件是否简单以及如何裁判的结论。

1. 三段式的逻辑分析框架

在我国法律体系即制定法体系下，裁判案件的分析思考方式应当是以演绎推理即三段式逻辑分析为主，以其他分析方式为辅的思维框架和模式。这是诸多中外法学方法论学者的共识，也是司法的特征和规律决定的，还为司法实务中数不胜数的成功判例所证明。

我国是制定法国家，司法的基本要求就是按照法律的规定裁判案件。依此而论，裁判者的工作就是将手中案件的事实涵摄到某个法律条文之下，并按照法律条文设置的法律效果作出裁判。将这段文字叙述以逻辑的方式表达出来就是：法律规定是大前提，案件事实是小前提，从大前提中设定的法律后果对应得出裁判结果。这种思维方式就是形式逻辑中典型的演绎推理或三段式推理。

在三段论推理中，法律规则是分析推理的大前提，它往往是以被规整的主体——依法条而为的行为——产生法条规定的效果这样一种形式存在的；案件事实是小前提，它对应法律规定的构成要件或要素事实并为在案证据证明的案件事实，而非案件所有客观事实；裁判结果就是推理的结论，它是按照将小前提即要件事实归摄于大前提即法律条文之下，然后按照大前提必须为真——小前提与大前提要件必须相吻合——结论即为真(肯定)的方式，推论出的案件裁判结果。法院处理的每一个案件都是按照这种分析方式确定适用的法律，查明案件要件事实并按照法律规定的效果作出裁判。在整个推理结构和推理过程中，对大、小前提和每一步推理过程的要求非常严格，稍有不严谨和疏漏之处，就会发生推理错误，导致裁判错误或不被接受。

2. 论证式的研究分析过程

论证，简单地说就是提出主张并说明理由，包括论证过程和论证结果。法律论证是司法裁判的基础工作，通过案件分析得出结论以及阐述如何得出结论的过程实际上就是法律论证的过程。

在分析案件过程中进行法律论证，不仅需要遵循论证的一般规则，即论点突出、论据充分，论证过程严谨周密，而且需要根据案件分析和司法裁判的规律、特点和目的，充分考虑和满足多方面的论证要求；不仅使案件分析成果为法官司法裁判所吸收，而且成为训练和提升法律分析能力的重要平台。运用案件分析方法的相关理论，结合司法实务的实际情况，法律论证还对定式的职业思维、正确适度的价值判断、充分必要的论证标准、严谨准确的论证过程、娴熟运用的司法方法和简单明了的语言表达等方面提出基本要求。

(二)案件分析的思维步骤

刑事案件以正确定罪量刑为案件分析目的。分析过程简单说就是根据庭审查明的犯罪事实，确定被告人构成什么犯罪以及受什么刑罚处罚，具体可以按照以下步骤进行分析。

1. 阅读控辩材料，发现控辩焦点

分析案件的第一步，就是通过阅读起诉书、公诉意见、庭审记录或上庭听审，抓住公诉机关指控被告人犯罪的主要内容，即指控什么犯罪，具体犯罪事实是什么，提出了哪些从重和从轻处罚的量刑情节；辩方的主要辩护意见，即是作无罪还是罪轻的辩护，是此罪与彼罪的辩护还是量刑轻重情节的辩护，是对事实认定的辩护还是对法律适用的辩护等。这一步是分析案件的前提和基础，是一个立论的过程。

2. 检索法律条文，勾勒犯罪构成

在明确了双方意见和观点后，首先要做的应该是查阅和收集起诉指控罪名的相关法律规定和辩护方提出而未被控方适用的法律规定。这里的法律规定是从广义上说的,包括法律、法规和司法解释。检索到相关规定后,要进行初步的阅读和理解:一是要根据法条的具体内容和刑法理论,勾勒出指控犯罪的构成要件。分析者要根据条文的具体含义,结合立法技术、习惯和刑法理论,正确细致地理解起诉罪名的具体构成要件。二是要对其他与定罪量刑有关的法条进行解读,明确其主要含义和要件。三是要对法律涉及的相关法理,特别是对理论研究和司法实践中新的观点和研究成果,要及时查询和了解。

3. 分析研究证据,固定案件事实

分析证据从而认定案件事实是分析刑事案件乃至刑事审判最核心和最关键的环节。因此,运用证据理论和司法技术分析证据就显得尤为重要。需要把握的重点有:一是纳入分析的证据只限于在庭审认证中决定采纳的证据,法律和司法解释另有规定的除外。未经当庭出示、辨认、质证和认证的证据,以及经依法确认并被排除的非法证据,因不能作为认定案件事实的证据而不能纳入分析范围。二是要按照证据的种类分类区分各类证据,并按照法律及司法解释对各类证据证明力的规定、证据法理论和司法技术,逐个分析确定单个证据证明的案件事实及其证明力强弱。三是在对单个证据的证明力逐个分析的基础上,综合分析全部在案证据是否能够相互印证,证明指控的犯罪事实及其证明力强弱,采用的方法主要是前面讲到的推定、推理和其他方法。四是在分析证据及其证明力的基础上,固定事实,即认定案件事实。

4. 定罪定性分析,确定罪与非罪

认定案件事实之后,需要根据《刑法》和相关司法解释的规定,分析被告人是否构成犯罪以及具体构成什么罪,实际上就是前面所讲的事实涵摄到法律规定的过程,这时的分析思路和视线要在法条和事实之间来回穿梭,分析比较事实与法条规定的要件是否相符合。对于简单案件来说,这一步工作比较容易,直接将认定的案件事实对应相应的法条规定,就可以分析得出是否构成犯罪和构成什么罪的结论。对于事实认定复杂的案件,因为已经通过第三步的证据分析并对案件事实作出了认定,如果没有其他法律适用上的疑难问题,就可以将已经认定的事实直接对应法律规定的要件,得出是否构成犯罪以及构成什么犯罪的结论;事实清楚,证据充分,但对应法条后难以作出相关事实是否符合法条含义的判断时,应当结合案件事实理解和解释法律,通过理解和解释法律及运用推理的方法,确定法律含义是否包括案件的具体情形,以判断案件是否符合法条规定的犯罪构成要件。

5. 刑罚定量分析,实现罪刑相适

这一步是法条规定的法律效果在案件中的具体落实,即对认为构成犯罪的被告人是否处以刑罚和处以何种刑罚的问题。这一步分析,主要根据《刑法》总则中有关刑罚的总体规定、《刑事诉讼法》中关于不追究刑事责任的规定和《刑法》分则中具体犯罪的刑罚规定进行。

(1)不追究刑事责任的情形。一是经上一步分析认为不构成犯罪的,应当依法宣告被告人无罪;二是认为构成犯罪的,分析被告人的犯罪情节是否属于《刑法》规定的免予处罚、免除处罚和不负刑事责任的情形,属于这些情形的,依法不再追究刑事责任;三是分析被告人的行为是否属于《刑事诉讼法》第16条规定的构成犯罪但不追究刑事责任的情形,属于这些情形的,依法不再追究刑事责任。以上情况不再进行具体的刑罚和量刑分析。

(2)分析适用何种刑罚及具体量刑。具体分析思路是结合具体的犯罪事实和情节,先分析法定即法律明确规定的量刑情节,再分析酌定即法律没有明确规定,在法定幅度范围内由法官酌情考量的量刑情节。法定量刑情节以《刑法》分则规定的具体刑罚为基础,逐项考虑《刑法》总则规定的各种量刑情节。

6. 参考类案裁判,追求同案同判

对于一些疑难案件、公众和媒体关注的案件,除了认真分析研究外,还要注意查找有无相同或近似的案例,以防止作出不当裁判而引发舆情。参考案例不是必经步骤,也不是必须借鉴,但是从严谨的角度来说,是不可忽略的重要环节。有了恰当的理论分析,再有相关案例作支撑,就可以保证裁判结果具有公正性,使其法律效果与社会效果相统一。

7. 确定法律适用,得出裁判结果

这个步骤是案件分析的最后一站,也是最关键的环节。经过以上几个步骤的分析研究,正确的裁判结果随着分析的逐步深入和完成,一步步清晰地显现出来,水到渠成,实体结果就蕴含在分析过程之中。但作为分析的最后步骤,必须简要和准确归纳分析结论。这个结论包括:一是案件事实是否已经查清,被告人的行为是否构成犯罪,如果构成犯罪,证据是否达到确实、充分或者足以证明犯罪事实的证明标准;二是所适用的法律是否确定,即法律与案件事实是否实现了完全的对应而没有疑问和盲区;三是量刑是否恰当,即是否符合《刑法》规定的罪与刑相一致的量刑原则;四是有没有其他没分析解决的问题。这些问题都没有疑问了,案件分析过程就算完成。

小结:

1.【岗位技能】

(1)查阅检索能力。

(2)归纳总结能力。

(3)逻辑分析能力。

2.【工作步骤】

(1)资料查阅与检索。

(2)案件分析,并形成报告。

第三章　法官助理在刑事案件庭审后的工作

第一节　起草裁判文书

法院的裁判文书,主要有裁定书和判决书,关于裁定书和判决书的写作已有专门的课程(《法律文书写作》)作了详细的讲解和训练,此处不再赘述。

第二节　刑事案件的执行

【工作情境18】被告人李甲故意伤害案判决后,被告人李甲未提起上诉,检察院也未提起抗诉,法院判决生效。案件进入执行阶段,法官助理贾宇在被告人李甲的判决生效后一个月内向公安机关送达了执行材料。

【工作分析】法官助理贾宇的以上做法是否正确,如果你是负责该案的法官助理,你会如何处理?

一、刑罚执行概述

刑事案件执行程序是国家刑罚执行机关根据人民法院发生法律效力的刑事判决或裁定,依照法律规定的程序,将已经确定的刑罚付诸实施的刑事司法活动,是国家刑罚权的体现,具有主动性和强制性。

根据《刑法》的规定,刑罚分为主刑和附加刑。主刑包括:管制、拘役、有期徒刑、无期徒刑、死刑(死刑立即执行和死刑缓期执行)。附加刑包括:罚金、剥夺政治权利、没收财产。对于犯罪的外国人,可以独立适用或者附加适用驱逐出境。

刑罚执行的机关包括:(1)人民法院,人民法院负责判处死刑立即执行、罚金、没收财产刑罪犯的执行;(2)监狱机关,监狱机关负责判处死刑缓期二年执行、无期徒刑、有期徒刑罪犯的执行；(3)社区矫正机构，社区矫正机构负责判处管制、宣告缓刑、假释、暂予监外执行罪犯的执行或监督考察；(4)公安机关，公安机关负责有期徒刑剩余刑期在3个月以下、拘役、剥夺政治权利以及驱逐出境罪犯的刑罚执行。

刑罚执行的依据为发生法律效力的判决、裁定，包括：已过法定期限未上诉、抗诉的判决、裁定；终审的判决、裁定；最高人民法院核准的死刑判决和高级人民法院核准的死刑缓期二年执行的判决。

二、对死刑的交付执行

死刑案件的一审管辖法院为中级以上人民法院，死刑由中级以上人民法院执行。

(一)准备阶段

最高人民法院院长签发执行死刑命令，经高级人民法院转交第一审人民法院执行。第一审法院接到最高人民法院执行死刑的命令后，应当在7日以内执行。

第一审人民法院在执行死刑前，应当告知罪犯有权会见其近亲属。罪犯申请会见并提供具体联系方式的，应当通知其近亲属。罪犯近亲属申请会见的，人民法院应当准许，并及时安排会见。在执行前，执行死刑的法院应当提审被告人，查明其身份，核实犯罪事实及证据。法院将罪犯交付执行死刑，法官助理应当在交付执行3日前通知同级人民检察院派员临场监督。

(二)执行阶段

执行死刑前，指挥执行的审判人员对罪犯应当验明正身，讯问有无遗言、信札，并制作笔录，然后交付执行人员执行死刑。死刑采用枪决或者注射等方法执行。采用注射死刑可以在指定的刑场或者羁押场所内执行。采用枪决、注射以外的其他方法执行死刑的，应当事先层报最高人民法院批准。

司法实践中，执行死刑后，应当由法医验明罪犯确实死亡，在场法官助理制作笔录。在执行死刑后15日内将执行情况，包括罪犯被执行死刑前后的照片，上报最高人民法院。

(三)后续工作

司法实践中，执行死刑后，负责案件的法官助理应当办理以下事项：(1)对罪犯的遗书、遗言笔录,应当及时审查,涉及财产继承、债务清偿、家事嘱托等内容的,将遗书、遗言笔录交给家属,同时复制附卷备查,涉及案件线索等问题的,抄送有关机关。(2)通知罪犯家属在限期内领取罪犯骨灰,没有火化条件或者因民族、宗教等原因不宜火化的,通知领取尸体,过期不领取的,通知有关单位处理,并要求有关单位出具处理情况的说明。对罪犯骨灰或者尸体的处理情况,应当记录在案。(3)对外国籍罪犯执行死刑后,通知外国驻华使领馆的程序和时限,根据有关规定办理。

三、对被判处死刑缓期二年执行、无期徒刑、有期徒刑、拘役罪犯的交付执行

被判处死刑缓期二年执行、无期徒刑、有期徒刑的罪犯,交付执行时在押的,一审法院应当在判决、裁定生效后 10 日内,将判决书、裁定书、起诉书副本、自诉状复印件、执行通知书、结案登记表送达看守所,由公安机关将罪犯交付执行。执行通知书回执经看守所盖章后,应当附卷备查。

对于判处拘役的罪犯,在判决、裁定生效后 10 日内,一审法院应当将判决书、裁定书、人民检察院的起诉书副本、自诉状复印件、执行通知书、结案登记表及时送达公安机关。执行通知书经公安机关盖章后,应当附卷备查。

四、对被判处管制、宣告缓刑、单处剥夺政治权利罪犯的交付执行

对被判处管制、宣告缓刑的罪犯,人民法院应当依法确定社区矫正执行地。宣判时,应当告知罪犯到执行地社区矫正机构报到的期限和不按期报到的后果。

人民法院应当在判决、裁定生效之日起 5 日以内通知执行地社区矫正机构,并在 10 日内将判决书、裁定书、执行通知书等法律文书送达执行地社区矫正机构,同时抄送人民检察院和执行地公安机关。

对单处剥夺政治权利的罪犯,人民法院应当在判决、裁定生效后 10 日内,将判决书、裁定书、执行通知书等法律文书送达罪犯居住地的县级公安机关,并抄送罪犯居住地的县级人民检察院。

五、无罪、免除刑事处罚判决的执行

第一审人民法院判决被告人无罪、免除刑事处罚的,如果被告人在押,在

宣判后应当立即释放。

一般情况下,一审判决在宣判后并不立即发生法律效力,但无罪或者免除刑事处罚的判决一经宣判,就要释放在押被告人,无论被告人、自诉人和他们的法定代理人、附带民事诉讼的当事人和他们的法定代理人是否上诉,同级人民检察院是否抗诉,都应当立即释放。在法定期限内有上诉或者抗诉,二审判决发生变化的,可以重新对被告人依据终审判决执行刑罚。

六、财产刑的执行

(一)执行机构和执行依据

第一审人民法院负责裁判执行的部门(执行局或执行庭)是财产刑的执行机构。财产刑的执行依据是本院或者上级人民法院作出的生效刑事判决、裁定;委托执行的,委托法院的生效判决、裁定也是执行的依据。

(二)财产状况调查

人民法院执行部门应当依法对被执行人的财产状况进行调查,发现有可供执行的财产,需要查封、扣押、冻结的,应当及时采取查封、扣押、冻结等强制执行措施。

(三)罚金的减免和折抵

符合法定条件的,罚金可以减免。因遭遇不能抗拒的灾祸缴纳罚金确有困难,被执行人申请延期缴纳、酌情减少或者免除罚金的,应当提交相关证明材料。法院应当在收到申请后一个月内作出裁定。符合法定条件的,应当准许;不符合法定条件的,驳回申请。

被行政机关处以的罚款可以折抵罚金。罪犯被判处罚金之前,因同一事实已经被行政机关处以罚款的,罚款可以抵扣罚金数额。通常情况下,抵扣的主张应由罪犯提出书面申请,由执行法院进行审查。审查同意后,可以折抵。罚款抵扣不足部分仍继续执行,罚款数额超出罚金数额的,不再执行。

(四)没收财产刑的财产范围

没收财产只针对罪犯个人所有合法财产的一部分或者全部,不涉及其家属和亲戚朋友的财产。如罪犯个人所有的财产与他人的财产发生联系时,还应当对共有财产进行分割。在分割财产时,可以从有利于生产和生活的实际需要出发,以不损害财产的效用为原则,采取折价、拍卖、适当补偿等方法处理。

（五）案外人异议处理

执行财产刑和附带民事赔偿过程中，案外人对被执行财产提出权属异议的，应当参照《民事诉讼法》第236条的规定进行审查并作出处理。

（六）财产刑执行顺位

被判处财产刑，同时又承担附带民事赔偿责任的被执行人，应当先履行民事赔偿责任。判处财产刑，同时又承担附带民事赔偿责任的被执行人，应当先履行民事赔偿责任。

查封、扣押、冻结的财物属于被告人合法所有的，应当在赔偿被害人损失、执行财产刑后及时返还被告人；财物未随案移送的，应当通知查封、扣押、冻结机关将赔偿被害人损失、执行财产刑的部分移送法院。

（七）财产无人认领时的处置

判决返还被害人的涉案财物，应当通知被害人认领；无人认领的，应当公告通知；公告满1年无人认领的，应当上缴国库；上缴国库后有人认领，经查证属实的，应当申请退库予以返还；原物已经拍卖、变卖的，应当返还价款。

侵犯国有财产的案件，被害单位已经终止且没有权利义务继受人，或者损失已经被核销的，查封、扣押、冻结的财物及其孳息应当上缴国库。

七、犯罪所得、所用之物的处理

《刑法》第64条规定：犯罪分子违法所得的一切财物，应当予以追缴或者责令退赔；违禁品和供犯罪所用的本人财物，应当予以没收。需要注意的是，对这些财物的处理是刑事诉讼中的措施，不是刑罚。

（一）追缴、退赔

判处追缴或者责令退赔的，在裁判文书中应当明确追缴或者退赔的金额或财物的名称、数量等相关情况，对赃款、赃物及其收益，应当一并追缴。对于属于被害人的合法财产，如盗窃、诈骗所得的被害人的财物，返还被害人；受贿、行贿的财物或没有物主、物主不明的财物，应上缴国库。

被执行人将赃款赃物投资或置业，对因此形成的财产及其收益，人民法院应予追缴。被执行人将刑事裁判认定为赃款赃物的涉案财物用于清偿债务、转让或者设置其他权利负担，具有下列情形之一的，人民法院应予追缴：（1）第三人明知是涉案财物而接受的；（2）第三人无偿或者以明显低于市场的价格取得涉案财物的;(3)第三人通过非法债务清偿或者违法犯罪活动取得涉案财物的;(4)第三人通过其他恶意方式取得涉案财物的。第三人善意取得涉案财物的,执行程序中不予追缴。作为原所有人的被害人对涉案财物主张权利的,应当通知其通过诉讼程序处理。[1]

被告人是成年人,其违法所得都由自己挥霍的,其家属没有代为退赔的义务。被告人在家庭共同财产中有其个人应有部分的,在其个人应有部分的范围内退赔。如果被告人的违法所得有一部分用于家庭日常生活,对这部分违法所得,被告人和家属均有退赔的义务。[2]

(二)没收

对于违禁品和供犯罪所用的本人财物,应当予以没收。违禁品是指国家禁止私人制造或持有的物品,如毒品、淫秽物品、伪造的国家货币、枪支、弹药等。供犯罪所用的本人财物包括实施犯罪时所用的财物和为实施犯罪所准备但尚未使用的财物,如犯罪时使用的凶器、通信工具、交通工具等。

对于违禁物品和供犯罪使用的物品,涉及特殊物品的处置按照相关分类规定交相关部门处理。属于专管专营的财物的,交专管机关或专营企业收兑或收购;属于淫秽物品、吸毒用具等违禁品,以及其他无保管价值的物品的,由收缴机关按有关规定处理。

小结:

1.【岗位技能】

(1)审查判断能力。

(2)及时处置能力。

2.【工作步骤】

(1)制作结案表、执行通知等材料,送交执行机关。

(2)及时将财产刑移交法院执行部门执行。

(3)处理涉案财物。

---

〔1〕 参见《最高人民法院关于刑事裁判涉财产部分执行的若干规定》第10条、第11条。

〔2〕 参见《最高人民法院关于被告人亲属主动为被告人退缴赃款应如何处理的批复》第1条、第2条。

第四编

行政审判法官助理工作规范

行政诉讼与民事诉讼是两种性质不同的诉讼活动，它们在诉讼当事人、举证责任、审判方式等方面都存在很大差别。但是，行政诉讼法和民事诉讼法又都属诉讼程序方面的法律，都是为了解决纠纷案件，因此两者也有许多共同之处，如某些诉讼的基本原则、案件审判组织、当事人的追加与变更、诉讼保全与证据保全、鉴定等。因而，在这些操作程序或事项方面可以参照民事诉讼法的相关规定，正如《行政诉讼法》第 101 条规定的那样，适用《民事诉讼法》的相关规定，[1] 本编对保全、鉴定等不再赘述。

〔1〕《行政诉讼法》第 101 条规定："人民法院审理行政案件，关于期间、送达、财产保全、开庭审理、调解、中止诉讼、终结诉讼、简易程序、执行等，以及人民检察院对行政案件受理、审理、裁判、执行的监督，本法没有规定的，适用《中华人民共和国民事诉讼法》的相关规定。"

第一章　法官助理在行政诉讼庭审前的工作

第一节　案件接收与材料初步审查

【工作情境1】小祝经过了一系列的入职培训后,被分到了某区人民法院行政审判庭做法官助理。工位刚收拾妥当,内勤就抱着一摞卷放在了她的桌子上,对她说:“小祝,这是分给郑法官的卷。每一本卷上都有一个二维码,你根据咱们庭工作群里的通知登录案件流转跟踪管理平台,接收一下。一共5本。”两人核对了一下卷宗的数量后,小祝登录案件流转跟踪管理平台对案件进行扫描接收。然后,小祝到郑法官的办公室告诉郑法官新分了5个案子,郑法官说:“梳理一下,安排开庭吧。”小祝就把案卷交给了书记员李铮。

【工作分析】在上述工作情境中,小祝的做法是否正确?如果你是该案的法官助理,你会怎么做?

一、案件的接收与登记

法官助理拿到案卷后一定要第一时间核对案卷的数量、信息、材料,核对无误后再签收,并及时向主审法官进行报告并进行登记。案件登记的方式可根据所在法院的工作实践及个人工作习惯进行,可适用Excel或纸质登记簿。具体案件登记内容包括:案号、立案时间、当事人姓名及联系方式、是否具有敏感因素等。

二、对案件进行初步筛查

法官助理在行政案件审判中很大程度上承担了团队纽带的角色,既要控制团队案件的程序性推进,避免在一些程序性事项上浪费审理期限,又要对团队案件的实体性工作进行把关。团队收到新分的案件后，法官助理把的第一道关就是对案件进行初步审查，即对案件材料形式方面进行初步审查，审查行政行为的可诉性、原告材料是否齐全，被告信息是否清晰，以及证据材料和案由等。

1. 审查是否属于行政诉讼的受案范围

与民事诉讼不同的是，并不是所有行政争议，行政相对人都可以向法院提起行政诉讼，只有当行政争议在法律规定的受案范围之内，行政相对人才可以提起行政诉讼。法官助理在接收案件后，首先要审查该行政行为的可诉性，即依据《行政诉讼法》第 12 条、第 13 条，以及《行政诉讼法解释》第 1 条、第 2 条审查案件是否属于人民法院受理行政案件的范围。

经过审查，该案件属于人民法院行政诉讼可以受理的范围，人民法院才能对案件进行审理。在立案阶段，立案庭会对该案件是否属于行政诉讼的受案范围进行初步审查，在有管辖权的情况下才会对案件进行立案，但也有部分案件，需要进入审判庭后进一步审查才能确定对该案件是否有管辖权。法官助理拿到案件后，需要对该案所诉的行政行为的可诉性进行实质性审查，确定公民、法人或非法人组织所诉的对象是属于《行政诉讼法》第 12 条规定的行政机关的行政行为，而非《行政诉讼法》第 13 条规定的不属于法院受理的行为。

2. 审查原、被告身份信息

依据《行政诉讼法》第 25 条、《行政诉讼法解释》第 12 条至第 18 条的规定审查核实原告身份信息，判断其是否具有原告主体资格。

依据《行政诉讼法》第 26 条、《行政诉讼法解释》第 19 条至第 25 条的规定审查核实被告行政机关信息，判断被告是否适格。

3. 对起诉材料进行初步审查

法官助理依据《行政诉讼法》和《行政诉讼法解释》的相关规定，对原告提交的起诉材料，进行如下审查：(1)行政起诉状形式是否符合规范，如原、被告是否列明，是否有原告的签名或印章。(2)起诉状内容是否规范，是否包含侮辱、谩骂、攻击性语言等需要进行修正的情形。(3)原告是否提交身份证明材料及材料是否符合要求，如原告为自然人的，应提交身份证复印件，是法人或其他组织的，应提交最新的主体资质材料(营业执照等)，是未成年人的，须同时提交法定代理人身份证及证明法定代理人身份的户籍材料等，有委托代理人的,应提交诉讼代理手续。(4)原告提交的起诉状副本数量是否符合当事人数量要求。(5)原告是否提交证据清单,证据清单所列证据材料是否提交齐全,提交证据副本的数量是否符合当事人数量要求。(6)诉讼费交费通知书是否已送达原告,原告是否已预交诉讼费用。(7)诉讼请求是否明确、规范,是否存在一案要求处理两个行政行为的情形。(8)是否追加共同原告,是否为必须追加的必要共同原告人。(9)是否应当追加共同被告,当事人起诉时是否少列被告。(10)是否应当追加第三人。(11)是否存在当事人申请调取证据或申请鉴定材料。

三、初步审查后的处理

1. 起诉状不符合规范问题的处理

对于起诉状不符合规范、诉讼请求不明确等问题,联系原告进行更正的,因可能会涉及后续送达应诉材料与法定规定的自立案之日起5日内向被告送达起诉材料的规定相冲突的情况,故应当注意保留原告原始起诉材料及修改后的起诉材料,如在原始起诉材料上进行更正的,要求原告注明修改人员及日期等内容。

2. 当事人众多的诉讼案件

当事人众多的群体性诉讼案件,需要对起诉书中列明的当事人与签名及提交的身份证明材料逐一核对,以提交的有效签名和身份证明材料为准,同时要注意核对诉讼代表人推选书上的签名。

3. 更换、追加或通知诉讼参与人

法官助理在审查有关诉讼材料的基础上,应当对诉讼参加人的资格进行复核和确认,并依法进行更换、追加或通知,这是法院依法行使释明权的一种表现。由于案情的复杂性和审理工作的深入进行,诉讼参加人的更换和追加不局限于庭前准备阶段,在一审未裁判前的其他阶段也可能发生。

(1)更换当事人。更换当事人是指起诉人或应诉人不符合当事人的条件,由法院通知符合条件的当事人参加诉讼,要求不符合条件的当事人退出诉讼。不适格的原告不愿退出,或原告起诉的被告不适格,经法院释明原告变更,原告不同意变更的,应裁定驳回起诉。

(2)追加当事人。必须共同进行诉讼的当事人没有参加诉讼的,法院应当通知其参加诉讼,并应通知其他当事人。追加当事人后,原诉的程序继续进行。应当追加的原告,已明确表示放弃实体权利的,可不予追加;既不愿意参加诉讼,又不放弃实体权利的,应追加为第三人,其不参加诉讼,不能阻碍人民法院对案件的审理和裁判。[1] 追加被告应经原告同意。应当追加被告而原告不同意的,人民法院应当通知其以第三人的身份参加诉讼。但复议双被告案件中,原告不同意的,人民法院应当将另一机关列为共同被告。

(3)通知第三人参加诉讼。通知第三人参加诉讼,是法院根据案件审查情况,通知与被提起行政诉讼的具体行政行为有法律上的利害关系的公民、法人或者非法人组织参加诉讼。第三人应当与诉讼标的存在直接的利害关系,参与诉讼后具有独立的诉讼地位。

4. 案由

行政案件案由是行政案件名称的核心组成部分,起到明确被诉对象、区分案件性质、提示法律适用、引导当事人正确行使诉讼权利等作用。2020 年最高人民法院印发《行政案由暂行规定》(并于 2021 年 1 月 1 日开始实施),就人民法院在行政立案、审判及执行工作中进一步规范行政案件案由作出相关规定。《行政案由暂行规定》设置了三级行政案件案由。法官助理拿到一个新案子,需要对这个案件有初步的了解,审查原告的诉讼请求是否可以放在该案由项下,在这个案由项下原告提交的基础证据是否充分。如果有问题,及时与原告进行沟通,询问其是否需要变更案由?是否还有证据提交?在审判实践中,原告提交的每一份起诉状、每一份证据材料,我们都需要送达被告,被告收到后根据法律规定应当享有答辩期、举证期,法官助理的提前审查,可以有效避免多次送达,既减轻了送达的负担,又大大增加了团队的工作效率,缩短了案件的审理周期。

5. 对原告、第三人的委托诉讼代理人的审查

委托代理人均应提交授权委托书,载明委托人姓名、受托人姓名、委托权限及期限。

(1)委托代理人系律师或基层法律服务工作者。若委托代理人是律师,应审查律师执业证,重点审查执业证有效期和执业范围,以及律师事务所函;

---

〔1〕《行政诉讼法解释》第 28 条。

若委托代理人是基层法律服务工作者,应审查法律服务工作者执业证及基层法律服务所出具的信函,以及当事人一方位于本辖区(指基层法律服务工作者执业的基层法律服务所所在的县级行政区划和直辖市的县级行政区划辖区)的证明材料。

(2)委托代理人是当事人的近亲属。若委托代理人是当事人的近亲属,应审查受托人的身份证明材料及与委托人有亲属关系的证明材料,即是否属于夫妻、父母、子女、兄弟姐妹、祖父母、外祖父母、孙子女、外孙子女和其他具有抚养、赡养关系的情况。

(3)委托代理人是当事人的工作人员。若委托代理人是当事人的工作人员,应审查受托人的缴纳社保记录或者领取工资凭证或其他能够证明其为当事人工作人员身份的证明材料。注意"当事人的工作人员"是指与当事人存在真实、持续劳动关系(含人事、任用关系等)的职工。与当事人不存在劳动关系的法律顾问、与当事人签订仅以特定诉讼活动为工作内容的劳动合同的人员等,不能作为当事人的工作人员被委托。

(4)委托代理人是当事人所在社区、单位及有关社会团体推荐的公民。若委托代理人是当事人所在社区、单位推荐的公民,应审查身份证明、推荐信(应载明所涉案件、当事人与推荐人的关系、被推荐人与当事人或者推荐人的关系、推荐理由等内容)。若委托代理人是有关社会团体推荐的公民,应审查如下内容:社会团体依法登记设立或依法免予登记设立的证明;被代理人属于该社会团体或当事人一方住所地位于该社会团体的活动地域的证明;代理事务属于该社会团体章程载明的业务范围;被推荐的人是该社会团体的负责人或者与该社会团体有合法劳动人事关系的证明。

(5)法定代理的审查。原告、第三人为无民事行为能力人或者不具备相应诉讼行为能力的限制行为能力人的,需由法定代理人代为诉讼。

无民事行为能力人或者不具备相应诉讼行为能力的限制行为能力人的监护人是他的法定代理人,要求法定代理人提交与原告的亲属关系证明或者其他可以证明监护人资格的材料。

事先没有确定监护人的,可以由有监护资格的人协商确定;协商不成的,人民法院在他们之中指定法定代理人。监护人的确定规则应按照《民法典》的相关规定进行。

小结：

1.【岗位技能】

（1）及时签收、检查接手的案件的能力。

（2）对案件进行初步筛查；熟练掌握《行政诉讼法》第12条、第13条的规定；《最高人民法院关于适用〈中华人民共和国行政诉讼法〉的解释》（以下简称《行政诉讼法解释》）第1条、第2条的规定的能力。

（3）熟练掌握《最高人民法院关于行政案件案由的暂行规定》（以下简称《行政案由暂行规定》）的能力。

（4）整体把握案件流转节奏的能力。

2.【工作步骤】

（1）接收新案件时对卷宗数量、当事人信息、卷宗材料进行核查，核查无误后及时登录案件流转跟踪管理平台对案件进行扫描接收。

（2）对案件进行初步筛查。

①审查行政行为的可诉性。

②再次审查原告的起诉材料：a.起诉状形式是否符合规范。b.起诉状内容是否规范。c.原告是否提交身份证明材料及材料是否符合要求。d.原告提交的起诉状副本数量是否符合当事人数量要求。e.原告是否提交证据清单，证据清单所列证据材料是否提交齐全，提交证据副本的数量是否符合当事人数量要求。f.诉讼费交费通知书是否已送达原告，原告是否已预交诉讼费用。g.诉讼请求是否明确、规范，是否存在一案要求处理两个行政行为的情形。h.是否应当追加共同被告，是否应当追加第三人。i.是否存在当事人申请调取证据或申请鉴定的材料。

（3）对存在问题的卷宗及时与当事人联系。

（4）对不存在问题的卷宗交给书记员安排送达工作。

3.【业务文件】

《行政诉讼法》、《行政诉讼法解释》、《行政案由暂行规定》、《诉讼费用交纳办法》（国务院令第481号）

附：

【法条链接】

关于行政诉讼的受案范围：《行政诉讼法》第12条、第13条；《行政诉讼法解释》第1条、第2条。

关于原、被告的身份：《行政诉讼法》第25条、第26条；《行政诉讼法解释》第12条至第25条。

关于行政诉讼的案由：《行政案由暂行规定》。

关于诉讼代理人：《行政诉讼法》第31条。

关于复议双被告：《行政诉讼法》第26条第2款；《行政诉讼法解释》第133条、第134条。

关于共同原告：《行政诉讼法解释》第28条。

关于共同被告：《行政诉讼法》第26条第4款；《行政诉讼法解释》第26条第2款。

关于第三人：《行政诉讼法》第29条；《行政诉讼法解释》第26条第2款、第28条、第30条。

关于诉讼代表人：《行政诉讼法》第28条；《行政诉讼法解释》第29条。

关于诉讼费用：《诉讼费用交纳办法》（国务院令第481号）；《最高人民法院关于适用〈诉讼费用交纳办法〉的通知》（法发〔2007〕16号）；《最高人民法院关于对经济确有困难的当事人提供司法救助的规定》。

第二节　审查诉答材料

【工作情境2】法官助理小祝在同事的指导和帮助下，学会了使用案件流转跟踪管理平台，知道了签收新案件时应对卷宗材料检查完毕后再扫码确认接收，并对拿到新收案件之后的审查有了初步的了解。

小祝不知道还需要做什么工作，于是就去问郑法官下一步做什么工作？郑法官告诉小祝要对案件进行深入审查，对于案件基本事实清楚，原告提交证据充分，被告身份信息明确，不存在保全问题、管辖问题的案件，可以交给书记员张宁对被告进行送达，对于存在管辖问题、原告申请保全或者存在其他问题的案件，则需要根据不同情况作出不同的处理。

【工作分析】对于存在管辖问题的案件，该如何处理？对于原告申请保全的案件，该如何处理？对于被告身份信息不明确，原告提交证据不充分的或者案由有问题的案件，该如何处理？

一、审查管辖权

对于进入后端审判庭室的案件，法官助理在审查管辖权的时候，主要应从立案依据方面入手，对照《行政诉讼法》第三章中关于管辖的规定，以及《行政诉讼法解释》第 3 条至第 10 条来确定案件的管辖权，收案阶段的审查主要核对：(1)案件受理是否符合级别管辖的规定；(2)不同案由项下的案件是否符合地域管辖的规定；(3)是否存在应当移送管辖或报请指定管辖的情形。

二、关于诉讼主体资格的深入审查

(一)审查原告是否适格

法官助理审查原告主体资格时，应依据《行政诉讼法》第 25 条、《行政诉讼法解释》第 12 条至第 18 条的规定，主要审查原告是否是被诉行政行为的相对人，被诉的行政行为是否涉及公平竞争权、相邻权等，审查原告是否具有《行政诉讼法》第 25 条、《行政诉讼法解释》第 12 条至第 18 条规定的情形，并依法进行处置。

(二)审查被告是否适格

对行政被告资格的审查，应当依据《行政诉讼法》第 26 条，《行政诉讼法解释》第 19 条至第 25 条、第 133 条的规定，主要审查被告是否作出行政行为的行政机关；对于经复议的案件，审查复议机关是维持还是变更原行政行为，在法定期限内未作出答复等情形下，被告的列明是否正确；审查《行政诉讼法》第 26 条、《行政诉讼法解释》第 19 条至第 25 条规定的其他情形下，被告的资格是否适格。

(三)审查是否遗漏当事人

法官助理主要审查是否遗漏了共同原告、共同被告，是否遗漏了第三人。对于是否遗漏原告或者被告的审查，可以参照前述审查原告是否适格、被告是否适格的内容。对于是否遗漏了第三人的审查，主要应当依据《行政诉讼法》第29条及《行政诉讼法解释》第26条、第27条、第28条、第30条的相关规定进行审查：第一，审查是否遗漏原告型第三人，即审查享有诉讼权利但在法定期限内没有提起诉讼而应当参加他人提起的行政诉讼的公民、法人或其他组织是否参加诉讼。第二，审查是否遗漏被告型第三人，即审查诉讼地位相当于被告的行政机关或其他组织是否参加诉讼。第三，审查是否遗漏证人型第三人，即审查案件审理过程中，协助法院查明案件事实的公民、法人或者其他组织是否参加诉讼。

(四)审查当事人的诉讼行为能力

法官助理要审查行政原告、被告、第三人等公民，是否系无民事行为能力人，是否系限制民事行为能力人；无民事行为能力的当事人或者限制民事行为能力的当事人，其法定代理人是否具有诉讼行为能力，是否参加诉讼。法官助理要审查法人的法定代表人是否作为法人的代表人参加诉讼；法定代表人已经变更但未完成登记的，是否由原法定代表人代表法人参加诉讼；当事人系非法人组织的，其主要负责人是否作为代表人参加诉讼。

三、审查诉辩主张

(一)审查原告的诉请或者被告的答辩主张

法官助理主要审查当事人自己的诉辩主张是否明确，不同的诉讼主张之间是否存在矛盾或冲突，是否存在相互交叉或者包容的情况，当事人的诉请主张或者答辩主张是否有相应的事实依据、法律依据作支撑，是否一并请求附带审查规范性文件。

(二)审查诉辩主张的异同

法官助理应主要审查各方当事人的诉辩主张是否存在一致的内容，存在哪些一致的内容；审查各方当事人是否存在当事人适格的分歧，存在哪些分歧；各方当事人对诉讼标的是否存在分歧，存在哪些分歧；各方当事人是否对行政机关认定的事实存在分歧，存在哪些分歧；各方当事人对证据能力、证明能力是否存在分歧，存在哪些分歧；各方当事人对被告适用的法律是否存在分歧，存在哪些分歧；各方当事人是否对法院应当如何适用法律存在分歧，存在哪些分歧等。

四、审查证据材料

法官助理应主要依据《行政诉讼法》第 33 条至第 43 条、《行政诉讼法解释》第 34 条至第 47 条、《最高人民法院关于行政诉讼证据若干问题的规定》进行审查。

1. 审查证据的提交时间

主要审查当事人是否不提供证据或逾期提交证据，逾期提交证据是否有正当事由等。当事人申请延期提交证据或当事人申请延长举证期限的，是否依法履行程序等。

2. 审查证据的表现形式

主要审查证据是否符合法律规定的当事人的陈述、书证、物证、视听资料、电子数据、证人证言、鉴定意见、勘验笔录等证据形式。

3. 审查证据来源的合法性

主要审查证据来源、收集途径是否存在合法性问题，是否系以严重侵害他人合法权益、违反法律禁止性规定或者严重违背公序良俗的方法形成或者获取的证据。

4. 审查证据的关联性

主要审查各方当事人提供的证据，是否与其主张的事实存在客观联系，当事人自己提供的证据是否存在相互矛盾或相互冲突的情况；不同当事人提供的证据间是否存在矛盾或者冲突的情况，存在哪些矛盾或冲突；在案的证据是否与待证事实存在因果联系、条件联系、时间联系、空间联系、必然联系、偶然联系。

5. 审查证据的收集时间及其程序的合法性

对于被告提供的证据，应当特别注意审查是否系被告及其诉讼代理人在作出行政行为后自行收集的证据，证据收集主体、收集对象、收集步骤、收集方法等收集程序是否合法。

五、审查诉讼代理情况

主要依据《行政诉讼法》第 30 条、第 31 条，《行政诉讼法解释》第 31 条、第 32 条、第 33 条的规定，参照《民事诉讼法》的相关规定，审查以下内容。

(一)诉讼代理人资格

当事人、法定代理人已经委托诉讼代理人的，除审查当事人、法定代理人是否委托二人以上的代理人外，主要应当审查被委托之人是否系律师，是否系基层法律工作者；以当事人近亲属名义作为诉讼代理人的，审查是否与当事人有夫妻关系，是否系当事人的直系血亲或三代以内旁系血亲，是否为近姻亲关系、是否与当事人之间存在抚养、赡养关系。有关社会团体推荐的公民担任诉讼代理人的，审查推荐的社会团体是否属于依法登记设立或者依法免予登记设立的非营利性法人组织；被代理人是否属于该社会团体的成员，或者当事人一方住所地是否位于该社会团体的活动地域；代理事务是否属于该社会团体章程载明的业务范围；被推荐的公民是否是该社会团体的负责人或者与该社会团体有合法劳动人事关系的工作人员。在专利行政案件中担任诉讼代理人的，审查专利代理人是否经中华全国专利代理人协会推荐。以当事人工作人员名义作为诉讼代理人的，审查是否系与当事人有合法劳动人事关系的职工；被委托的诉讼代理人是否系无民事行为能力人、限制民事行为能力人或者其他依法不能作为诉讼代理人的公民。

(二)是否提交授权文书及证明材料

主要审查当事人、法定代理人委托他人代为诉讼的，是否提交了由委托人签名或者盖章的授权委托书；是否系特殊情况下无法书面委托而由他人代书、自己捺印等方式确认的委托；侨居在国外的中华人民共和国公民从国外寄交或者托交的授权委托书，是否出具了中华人民共和国驻该国的使领馆证明；没有使领馆的，与中华人民共和国有外交关系的第三国驻该国的使领馆是否出具了证明，是否再由中华人民共和国驻该第三国使领馆出具了证明，或者当地的爱国华侨团体出具了证明。审查诉讼代理人除提交授权委托书外，是否提交了律师执业证、律师事务所证明材料，是否提交了法律服务工作者执业证、基层法律服务所出具的介绍信以及当事人一方位于本辖区内的证明材料；是否提交了身份证件和与委托人有近亲属关系的证明材料。以当事人工作人员的名义作为诉讼代理人的，审查是否提交了与当事人有合法劳动人事关系的证明材料，是否提交了缴纳社会保险记录凭证、领取工资凭证、其他能够证明其为当事人工作人员身份的证据，是否提交了推荐材料。有关社会团体推荐公民担任诉讼代理人的，审查是否提交了身份证件，以及社会团体是否属于依法登记设立或者依法免予登记设立的非营利性法人组织、被代理人是否属于该社会团体的成员,或者当事人一方住所地是否位于该社会团体的活动地域,代理事务是否属于该社会团体章程载明的业务范围,被推荐的公民是否是该社会团体的负责人或者与该社会团体有合法劳动人事关系的工作人员,专利代理人是否提交经中华全国专利代理人协会推荐的证明材料。

(三)代理权限

主要审查当事人提交的授权委托书是否记明了委托事项和权限,授权委托书是否仅写明"全权代理"而无具体授权;诉讼代理人的代理权限为代为承认、放弃、变更诉讼请求,进行和解的,审查是否有委托人的特别授权。

六、审查原告是否申请保全

主要依据《行政诉讼法》第42条及第101条、《行政诉讼法解释》第76条至第78条、《最高人民法院关于行政诉讼证据若干问题的规定》第27条及第28条进行审查。

法官助理要审查材料是否有原告申请财产保全、证据保全的申请材料;如果有,应当在第一时间与原告进行联系,询问相关有关保全和先予执行的情况,然后区分情况予以依法处置。不符合保全、先予执行条件的,要劝说原告撤回相关申请;原告拒不撤回申请的,需要通知原告到庭进行谈话,做好谈话笔录,告知其相应的风险及法院对于原告提交的保全申请的处理结果;符合保全条件的,通知原告到庭进行关于保全、先予执行的谈话并提交完备的保全、先予执行材料,包括:保全/先予执行申请书、原告身份信息证明、担保材料,并交纳保全费用。

关于如何进行财产保全、证据保全及先予执行,请参照《民事诉讼法》中的相关规定。

七、审查其他事项

(一)审查案件的社会影响

审查是否属于社会影响大、媒体高度关注的行政案件,是否属于群体性诉讼,是否属于与社会稳定密切相关的行政案件,是否需要根据案件本身的复杂程度、社会影响力、受关注程度等具体情况,除做好一般性的庭前准备工作外,还需制定保证庭审顺利进行的预案。

(二)审查是否与其他案件存在关联

审查案件的审理是否应当以刑事案件、民事案件或者其他行政案件的事实认定或裁判结论为依据,其他案件的审理是否应当以本案认定的事实或裁判结论为依据;审查本案与其他法官审理的案件是否基于同一事实或者存在其他关联。

(三)审查是否属于新类型案件

审查是否属于本法院第一次受理的新类型案件,其他法院有无可供参考的案例,审理方法、裁判结论是否对审理同类案件具有借鉴、指导作用;是否属于应当依据新颁布的法律、法规或者司法解释裁判的案件;新颁布的法律、法规或者司法解释是否存在规定不明确、规定不具体情况,是否与既有规定存在不一致或者冲突。

(四)审查与审理相关的其他情况

审查原告是否申请停止原行政行为的执行,原告的申请是否符合法律规定,是否应当停止或不停止原具体行政行为的执行;审查原告是否申请附带审查行政行为所依据的国务院部门和地方人民政府及其部门制定的规范性文件,是否申请了对规章的审查;审查法官、人民陪审员、书记员以及其他诉讼参与人,是否具有应当回避的情形;审查案件是否应当不公开审理,当事人是否申请不公开审理;审查案件的审理与裁判是否具有典型教育意义,是否可以在案发地就地开庭审理,是否可以通过网络等进行庭审直播,是否可以邀请人大代表、政协委员、机关干部等旁听庭审;审查被告行政机关的应诉态度;审查是否需要向有关机关提出司法建议。

小结:

1.【岗位技能】

(1)熟练掌握并准确应用《行政诉讼法》的能力。

(2)熟练掌握并准确应用《行政诉讼法解释》的能力。

(3)熟悉案件的材料的能力。

(4)从行政起诉状、当事人身份信息、证据材料中准确把握案件的基本事实及法律关系的能力。

(5)与当事人沟通的能力。

2.【工作步骤】

(1)审查法院对案件是否具有管辖权。

(2)审查行政诉讼的主体资格。

(3)审查诉辩主张。

(4)审查证据材料。

(5)审查代理情况。

(6)审查原告是否申请保全。

(7)审查其他事项。

3.【业务文件】

《行政诉讼法》《行政诉讼法解释》《最高人民法院关于行政诉讼证据若干问题的规定》

第三节　制作阅卷笔录

【工作情境3】法官助理小祝在郑法官指导下和在同事们的帮助下,对办理的案件进行深入细致的审查,并对需要处理的问题及时依法进行处置。郑法官吩咐他接下来要认真阅卷,进一步厘清法律关系,掌握案件事实和可能需要用到的法律条文,并制作一份阅卷笔录。小祝对案卷进行深入研读,也作了一些记录,但他不知道自己的记录是否符合要求,于是向资深法官助理王艳请教。

【工作分析】如果你是一名资深法官助理,该如何指导小祝制作阅卷笔录?

阅卷是法官助理协助法官从事审判事务的基础,制作阅卷笔录是法官助理重要工作之一。该工作既可以切实固定法官助理审查诉讼材料的成果,又有助于法官助理养成科学、细致的阅卷习惯,有助于培养法官助理的法律思维方法,提升研究案件的能力;既有助于法官助理掌握全案情况,发现问题,加深印象,把握案件的争点,提高辅助工作的效率,又有助于法官固定案件的争点,形成正确的审理思路与裁判方法,提升诉讼效率与案件质量。

一、阅卷笔录的基本要素

阅卷笔录是法官助理为了熟悉全案情况,处理相关程序性问题,整理诉讼争点,为法官确定审理思路提供参考,用简短的文字或其他方法,在阅读案卷、审查诉讼材料基础上,将案件的全部情况真实、概括、系统地摘录并进行分析研究而形成的书面材料。由于阅卷笔录是法官助理按照自己的阅读习惯在分析研究基础上形成的文字材料,并不是正式的对外公文或者裁判文书,它没有固定的格式与结构,因不同案件的具体情况不同,因而阅卷笔录内容、结构也应当有较大的灵活性。只要能够满足功能和需求,应当允许体现法官助理的个性特点。但是,作为一种反映阅卷、审查诉讼材料全过程及法官助理分析研究成果的书面材料,一般应当具备以下要素。

1. 标题

阅卷笔录应当写明标题,即"某某案件阅卷笔录",如王某诉某某行政机构信息公开一案。

2. 案号

阅卷笔录应当有所阅案卷的案号,即写明立案号,如(2021)京0105行初2328号、(2021)京02行终826号。

3. 案由

阅卷笔录应当记明案由,即写明立案确定的案由,如某某认为某某行政机关不履行法定职责案。

4. 当事人基本情况

阅卷笔录应写明当事人的姓名、性别、年龄、职业、住址、联系方式,当事人系单位的,应当写明单位名称、住所地,法定代表人姓名、职务等。

5. 摘录内容

法官助理摘录案卷,一般应当将整个案件情况分成若干部分,然后在卷宗材料中分门别类,分别予以摘录。

(1)诉辩主张。主要从原告的起诉状、被告及第三人的答辩状中摘录。第一,要摘录各自主张的要点;第二,摘录主张所依据的事实;第三,摘录主张依据的法律及司法解释的具体规定。有多项主张的,应当逐项分别摘录。

(2)案件事实及证据。可以按照不同类型的案件进行摘录。对于行政案件,可以将一个法律行为或者一个法律事件作为一个事实。在每一事实下,摘录具体的情况及证明或否定这一事实的证据材料。

(3)案件性质或法律关系及认定依据。主要应当摘录案件性质或诉讼各方的法律关系,以及认定依据的事实、理由、法律根据等。对于案情复杂、分歧较大的案件,应当着重摘录其分歧点。对于证据的摘录,既可以按照证据证明力大小进行摘录,即先摘录客观证据,后摘录主观证据,先摘录证明力强的证据,后摘录证明力弱的证据;也可以按照法律关系构成要件、请求权基础等进行摘录。对于证据的摘录,可以根据证据性材料对比审查的方法,采用某一重要情节的证据对照表、证人证言对照表,同一事项的多个证据对照表,同一证人多份证言内容对照表等方式进行摘录。

(4)案件情节与法律规定。法官助理应当注重案件的细节,注意将案件的每一个情节及其具体情况,法律、司法解释对该情节有无具体规定、有哪些具体规定摘录下来。

6. 分析意见及处理建议

法官助理制作阅卷笔录的目的,在于把握全部的案情,并在此基础上分析研究,形成解决问题的建议方案。对某一问题的分析研究,应当写明自己分析的方法、理由、依据及结论。对某一问题的分析研究及结论,可以采用在相应的摘录内容下面或者旁边批注的方式,也可以在摘录内容后集中进行分析研究。通过对各个具体问题的分析研究,法官助理应当形成对全案的审理方案、审理重点等方面的建议,为法官提供参考。

7. 阅卷人署名

阅卷笔录末尾处,法官助理应当签署自己的姓名。

8. 成文时间

法官助理应当在签署自己的姓名后,另起一行写明形成阅卷笔录的具体时间。

二、阅卷摘录的基本要求

对案卷材料的摘录,需要在认真阅卷基础上对与案件处理有关各项内容全面、客观、有条理地整理后的记载。摘录案卷材料,应当符合以下要求:(1)认真研读;(2)客观全面;(3)详略得当;(4)条理分明。

小结：

1.【岗位技能】

（1）较强的理解归纳能力，梳理好案件的法律关系，掌握案件事实和需要适用的法律条文。

（2）书面表达能力。

2.【工作步骤】

（1）对新收案卷材料进行审阅。

（2）制作阅卷笔录备查。

阅卷后应制作阅卷笔录，内容包括但不限于以下信息：①当事人基本信息；②是否委托诉讼代理人；③被告行政机关是否及时提供了答辩材料及相关依据；④适用程序；⑤证据材料是否齐全以及关键证据页码；⑥证据间是否存在明显矛盾；⑦证据是否存在瑕疵需要补正；⑧下一步工作内容；⑨案件争议焦点等。

3.【业务文件】

《行政诉讼法》《行政诉讼法解释》

第四节 案件争点的整理

【工作情境4】郑法官交给法官助理小祝两本卷宗，说是后天要开庭的两个案子，让小祝将案件争点整理一下，方便明天顺利开庭。

案件1：小区居民王某、崔某诉区规划委变更规划许可案中，某小区居民王某、崔某起诉到法院，称因区规划委在未经小区居民同意情况下，批准了开发商变更规划，导致新建房屋挡住了其采光，且新建房屋不符合某市关于高层建筑防火间距的规定，要求法院判令区规划委批准某小区变更规划违法。小区居民王某、崔某向法院提交了三张照片作为证据。

案件2：胡某诉区公安分局行政拘留案中，胡某与赵某因琐事发生口角，进而有肢体冲突，区公安分局接到群众举报，到现场处置，对胡某作出了拘留10天的处罚，胡某不服，提出行政复议，复议机关维持了该处罚，现胡某起诉至法院，要求区公安机关撤销该行政处罚。区公安分局向法院提交了作出行政拘留 10 天的证据和相关法律依据。

小祝梳理了一下卷宗内容,梳理了原告的诉讼请求及相关证据,着重整理了被告的证据材料,然后把案卷交给了书记员李铮准备后天庭审。

【工作分析】在上述工作情境中,小祝的做法是否正确?如果你是该案的法官助理,你会如何整理案件的争议焦点呢?

行政案件争点的整理是法官助理在庭审前的基础性工作。对案件的争点进行识别、整理与初步固定,有助于帮助法官明确审理对象、明晰案件审理脉络,为法官有目的、有效率、有秩序地展开庭审活动奠定基础,为法官正确认定案件事实,准确适用法律规范打下良好基础。

法官助理应当充分阅读诉讼材料,在全面充分理解双方争议内容的基础上,发现真正的争议、争议的实质并予以准确固定;法官助理要从相互对立的原告诉请与被告答辩中,去伪存真、由表及里、准确判断案件的争议所在。法官助理可以从事实、证据、法律、程序等方面进行案件争点的概括与整理。

一、事实与证据争点的整理

原告到法院起诉行政机关是认为行政机关的行政行为违法侵犯其合法权益,法院审查行政机关作出行政行为是否具有事实根据和法律依据。法官助理在整理争点时可以先从事实方面入手,查看原、被告对事实和证据的争执。

1. 双方陈述事实与证据的争议

法官助理不仅要审查原告起诉所依据的事实与证据,而且要审查被告提供的事实和证据,审查他们之间矛盾之处,这也是争议所在。依据《行政诉讼法》第 34 条的规定,被告对作出的行政行为负有举证责任,应当提供作出该行政行为的证据和所依据的规范性文件。被告不提供或者无正当理由逾期提供证据,视为没有相应证据。但是,被诉行政行为涉及第三人合法权益,第三人提供证据的除外。法官助理要着重对此进行审查,整理双方是否存在被告逾期提供证据的争议,是否存在被告有无逾期举证的正当理由的争议。

2. 证据合法性的争议

法院审查行政机关作出的行政行为是否合法,主要是审查行政机关在作出行政行为时所依据证据的合法性。原告起诉的原因之一是对行政机关所依据的证据存在争议。对证据合法性争议的整理,应当按照《行政诉讼法》规定的证据要求,审查是否存在证据来源、收集途径、获取方法合法性的争议;是否存在证据的收集时间、收集主体、收集对象、收集步骤、收集方法等收集程序合法性的争议。

3. 证据关联性和证明力的争议

法院审查的是行政行为的合法性,就是审查被诉行政行为与其提供的证据之间是否存在关联性,是否存在一定的内在联系。因此,整理当事人对证据的争议,主要是整理是否存在证据与被诉行政行为合法性有关的事实之间有无联系的争议;主要整理证据对被诉行政行为的证明力大小的争议。

二、法律适用争点的整理

根据《行政诉讼法》第63条的规定,人民法院审理行政案件,以法律和行政法规、地方性法规为依据。人民法院审理行政案件,参照规章。因此,法官助理对原、被告之间法律适用争点的整理,首先应当整理原、被告之间是否存在行政行为适用法律法规、地方性法规以及参照规章正确与否的争议,在此基础上,还应当整理当事人之间是否存在适用具体法律条款正确与否的争议。

三、被诉行政行为作出程序争点的整理

关于原、被告间就行政行为作出程序的争议,法官助理可以从以下方面进行整理:是否对告知程序的合法性存在争议;是否对回避问题存在争议;是否对行使职权的工作人员职能存在争议;是否存在相对人陈述和申辩方面争议;是否对听证程序存在争议;是否对理由的说明存在争议;是否对行政行为的期间存在争议;是否对行政救济问题存在争议。

四、超越职权争点的整理

原告起诉的理由可能是行政机关及其工作人员行使了法律、法规没有授予的行政权力,或者超越了法律、法规授予的权限,作出了违法行政行为。法官助理对该争点的整理,可以从行政权限逾越争点与行政权能逾越争点两个方面进行。

1. 行政权限逾越争点的整理

对是否存在行政权限逾越争点的整理，主要整理当事人双方是否存在以下争议：被诉行政行为是否属于被告法定职权范围；被诉行政行为是否超过了法律、法规规定的被告法定管辖的行政辖区；作为上级的被告是否行使了下级的行政职权；作为下级的被告是否行了上级的行政职权；作为授权的行政机关是否行使了被授权行政机关的职权；被授权的行政机关是否行使了授权机关的职权；被诉行政行为在两项或者多项方面是否均出现了越权行为。

2. 行政权能逾越争点的整理

对是否存在行政权能逾越争点的整理，主要整理当事人双方是否存在以下争议：被诉行政行为是否超越了该项权能的法定幅度或限度。

五、滥用职权争点的整理

对被告是否存在滥用职权争点的整理，主要应当整理以下方面的争议：是否存在行政行为不符合法定目的的争议，即行政机关及其工作人员是否出于私利或者为了小集团利益作出行政行为，行政机关及其工作人员是否恶意行使自由裁量权，行政机关及其工作人员是否因为疏忽大意或者过于自信而导致行为目的与法定目的不一致；行政机关及其人员是否考虑了不应当考虑的因素，行政机关及其工作人员是否没有考虑应当考虑的因素；行政机关及其工作人员是否没有考虑行政裁量决定的可行性。

六、不履行法定职责争点的整理

原告起诉被告不履行法定职责，法官助理可以从以下几个方面进行整理：原告是否向被告提出了履行法定职责的申请；原告提出的申请是否具有基本的事实根据和理由；被告是否具有原告申请的某种法定职责或负有某种作为的义务；接到原告申请后，被告开展了哪些工作；履行法定职责或者某种作为义务事由发生后，被告是否在法定期限内或者承诺的期限内，明确拒绝履行或者拒绝作为；履行法定职责或者某种作为义务事由发生后，被告是否在法定期限内或者承诺的期限内，拖延履行法定职责；履行法定职责或者某种作为义务的事由发生后，被告是否在法定期限内或者承诺的期限内，怠于履行法定职责。

七、明显不当争点的整理

原告认为被诉行政行为“明显不当”主要是从行政行为严重不合理,影响行政行为合法性角度提出的合法性审查要求,法官助理对当事人之间是否存在“明显不当”争点的整理,从以下两个方面进行:行政行为是否违背行政比例原则的争议;行政行为是否违背平等原则的争议。

八、规范性文件附带审查争点的整理

在行政诉讼中,当原、被告可能对适用的规范性文件存在争议,就需对规范性文件进行合法性附带审查,法官助理对规范性文件附带审查的争点整理,可以从以下几个方面进行:是否对应当附带审查规范性文件存在争议;是否对规范性文件的审查范围存在争议;是否对规范性文件效力存在争议;是否对规范性文件审查方式存在争议。

九、行政程序审查争点的整理

行政行为的作出应遵循法定的程序和原则。因此,在行政诉讼中,需对行政作出的程序是否合法进行审查。法官助理对行政程序相关争点的整理上,可以从以下方面:行政行为的作出是否有规范性程序要求的争议;行政行为的作出是否按照规范性程序要求进行的争议;行政行为是否违背正当程序原则的争议。

小结:

1.【岗位技能】

(1)对案由的分析能力。

(2)对原告诉讼请求及被告答辩意见的归纳总结能力。

(3)对证据证明力的分析与总结能力。

(4)对案件争议焦点的总结分析能力。

2.【工作步骤】

(1)与原告进行沟通,明确原告的诉讼请求及其提交的必要证据。

(2)对案件的案由进行分析,分析不同案由项下原、被告双方的举证证明责任及证明范围。

(3)总结归纳案件争议焦点。

3.【业务文件】

《行政诉讼法》《行政诉讼法解释》

第五节　辅助庭前会议

【工作情境5】郑法官找到法官助理小祝,告诉其胡某诉区公安分局行政拘留的案子,需要召开庭前会议,要求小祝安排一个庭前会议并做好相关工作。小祝拿到卷宗之后,查看了一下原、被告的诉讼材料,并与双方当事人电话沟通了主要的诉讼请求和答辩意见,在初步了解双方当事人争议焦点后,将案卷交给了书记员李铮,并安排时间做庭前会议。

庭前会议如期举行,随着进程推进,小祝发现该案是胡某与赵某发生口角,进而有肢体冲突,胡某才被处以拘留10天的行政处罚,该案与赵某具有利害关系,需要追加他为第三人参加诉讼;另外被告复议机关提出该案已经超过了起诉期限,原告因没有准备对此无法答辩,导致此次庭前会议没有达到预期目的。

【工作分析】在上述工作情境中,小祝该如何做?如果你是该案的法官助理,应该怎么做庭前会议的准备工作?又该如何开展庭前会议呢?

根据《行政诉讼法解释》第38条的规定,对于案情比较复杂或者证据数量较多的案件,人民法院可以组织当事人在开庭前向对方出示或者交换证据,并将交换证据清单的情况记录在卷;当事人在庭前证据交换过程中没有争议并记录在卷的证据,经审判人员在庭审中说明后,可以作为认定案件事实的依据。因而,辅助庭前会议是法官助理的职责之一。法官助理辅助法官召集庭前会议,应当围绕庭前会议制度设立的初衷、目的与功能开展辅助性工作。

一、建议召集庭前会议

法官助理在审查案件材料的基础上,依据《行政诉讼法解释》第38条的规定,对于案情比较复杂或者证据数量较多的案件,建议承办法官召开庭前会议,组织当事人在开庭前向对方出示或者交换证据;对于案件事实并不复杂,证据数量较少,当事人之间争议不大,但由于当事人身份、案件后果、社会舆论等因素导致社会影响较大、舆论广泛关注的案件,也应当建议法官召开庭前会议,听取相关当事人等的意见,确保庭审效率与庭审质量,节约司法资源。

二、建议庭前会议参加人员、时间、地点及方式

根据案件实际情况,法官助理对于庭前会议的主持人、参加人员,举行的实际地点和方式向法官提出建议。庭前会议应当由当事人及其诉讼代理人、证人等参加;举行的时间必须在举证期限届满后至开庭审理前,同时应当考虑法院相应的准备工作所需的时间,并为当事人及其诉讼代理人整理对方的证据及意见预留合理的时间;召开的地点一般应为审判法庭(当事人不得进入办公区域),也可以参照巡回审判的形式,在有关基层组织办公场所等地点进行,为了方便双方当事人,还可以在双方当事人约定的地点进行;行政案件的庭前会议,法官助理应当建议一般不公开进行,根据案件情况,可以建议采用在线云开庭的方式进行。确保在庭前会议明确当事人的诉辩主张、组织证据交换、明确争议焦点等。

三、建议庭前会议议程

对于决定召开庭前会议的案件,法官助理应根据案件的不同情况,拟定庭前会议建议议程。一般应当包括以下内容:

(1)主持人核实参会人员情况,宣布庭前会议需要处理的事项。

(2)主持人就是否对案件管辖有异议,是否申请有关人员回避,是否申请不公开审理,是否申请重新鉴定或者勘验,是否申请调取证据,是否申请证据保全,是否申请证人、鉴定人、有专门知识的人出庭,是否追加当事人、原告,是否申请停止具体行政行为的执行以及与审判相关的其他问题,向当事人及其诉讼代理人进行询问,了解情况,听取意见。

(3)处理可能导致庭审中断且能在庭前会议处理的上述事项。

(4)明确原告的诉讼请求与被告的答辩意见,归纳当事人争议的问题与焦点。

(5)组织当事人及其诉讼代理人协商确定庭审的举证顺序、方式等事项,

明确法庭调查的方式和重点，确定协商不成的事项。

(6)组织当事人及其诉讼代理人交换证据，听取各方对对方证据的意见，梳理存在争议的证据。

(7)依法可以调解、当事人之间有调解可能的，主持庭前调解。

(8)征询原告是否撤诉的意见。

四、辅助法官(主持)组织证据交换

法官助理可以在承办法官指导下主持庭前会议，辅助法官组织庭前会议中的证据交换，应当完成以下工作。

1. 建议进行证据交换

法官助理根据《行政诉讼司法解释》《最高人民法院关于行政诉讼证据若干问题的规定》的相关规定，对于案情比较复杂或者证据数量较多的案件，建议法官组织当事人在开庭前向对方出示或者交换证据。

2. 建议证据交换的范围

当事人掌握的与案件相关的证据都应当进行交换，特别是被告应当出示作出该行政行为所依据的规范性文件；人民法院调查收集的证据也应在庭前会议上出示，征询当事人及其诉讼代理人的意见。当事人为诉讼而准备的诉讼资料中，涉及国家秘密的证据不进行交换，涉及商业秘密和个人隐私的证据、与程序事实相关的证据等，可以不交换或限制进行交换。

五、协助法官固定案件争点

庭前会议的重要功能之一是发现并固定当事人双方的争点，确定庭审的重点，提高开庭的针对性、有效性，提高庭审效率与庭审质量。在庭前会议过程中，法官助理应当根据庭前会议的情况，及时发现、修正当事人及其诉讼代理人无争议的内容，捕捉当事人及其诉讼代理人在诉讼标的、诉讼请求、案件事实、证据、法律适用等方面的争点，及时补充、修正、完善在审查诉讼材料过程中整理的各项争点，准确固定当事人的各项争点。

六、庭前会议结束后的工作

庭前会议结束后，法官助理除为法官开庭审理做相关的准备工作外，还应当做好以下工作。

1. 撰写庭前会议报告

庭前会议报告应当包括当事人对程序性事项的意见及其处理结果；经整理的各方对案件事实、证据和法律问题的争点；已经协商解决的事项以及记录在卷需要在庭审中解决的事项等。

2. 撰写庭审提纲

对于案情复杂、证据较多的案件，法官助理应当在法官的指导下撰写庭审提纲，供法官开庭审理作参考。庭审提纲，一般应当具备以下内容：(1)合议庭成员的分工；(2)法庭调查的内容、重点及调查的先后顺序；(3)证人、鉴定人、勘验人员出庭的时机；(4)法庭出示证据的时机与顺序；(5)庭审不同阶段需要适用的法律法规及司法解释；(6)当庭认证、庭审小结的预案；(7)庭审中可能出现的问题及处置预案。庭审提纲撰写后，法官助理应当及时提交给承办法官，由承办法官交与合议庭成员审阅，并根据合议庭的意见修改定稿。庭审提纲确定后，法官助理应当及时提交给各位合议庭成员，以便合议庭成员准备庭审。

3. 收集相关资料

对于案情复杂、疑难的案件，为便于法官研究案件提供参考，以保证庭审有序、高效进行，确保案件质量，法官助理应当为法官收集与案件审理、裁判相关的法律法规、司法解释、指导性案例、学者论述、其他法院的裁判以及域外参考文献。

小结：

1.【岗位技能】

(1)开展庭前会议辅助工作的能力。

(2)主持庭前会议的能力。

(3)应对突发问题的能力。

(4)总结案件争议焦点的能力。

(5)与当事人沟通的能力。

2.【工作步骤】

(1)进行庭前会议前尽可能通过电话方式或其他方式与当事人进行充分

沟通,限定举证期限并指导当事人尽早提交相关材料。

(2)根据案件的具体情况准备不同的庭前谈话内容。

(3)针对庭前会议过程中出现的不同问题,做好相应的处理工作。

第六节　行政行为的先予执行与停止处理

【工作情境6】郑法官主审的胡某诉区民政局最低生活保障资格认定案,胡某申请先予执行,郑法官让法官助理小祝处理一下;郑法官主审的牛某诉区市场监督局查封厂房案中,牛某申请停止执行行政行为,郑法官让小祝一并处理。小祝顿感压力山大。

【工作分析】小祝要如何做才能完成郑法官交代的任务?如果你是一名行政庭的法官助理,你要如何处理行政行为的先予执行或停止行政行为的执行?

一、行政行为的先予执行

(一)申请先予执行的条件

对于当事人申请先予执行的案件,从以下方面审查是否符合先予执行的条件:案件类型,必须是行政机关没有依法支付抚恤金、最低生活保障金和工伤、医疗社会保险金的案件;权利义务关系明确,即根据起诉材料基本可以判断审理结果有利于原告;不先予执行将严重影响上诉人生活,即有证据证明上诉人的生活已经难以或无法维持。

(二)先予执行决定

决定先予执行的,及时制作《行政裁定书》(先予执行用),移送有关部门及时采取措施;当事人对先予执行裁定不服的,可以申请复议一次。注意复议期间不停止裁定的执行。

二、停止执行行政行为

被告认为需要停止执行的,应当由被告作出决定,告知原告并书面报告法院。

对于当事人申请停止执行行政行为的案件,法院应审查是否符合停止执行的条件，即行政行为的执行会造成难以弥补的损失，并且停止执行不损害国家利益、社会公共利益。

法院应依职权审查行政行为的执行是否会导致国家利益、社会公共利益重大损害，如果存在该种情形，应依职权停止行政行为执行。

决定停止执行行政行为的，应制作《行政裁定书》（依职权停止执行行政行为用或依申请停止执行行政行为用），移送有关部门及时采取措施；当事人申请停止执行行政行为理由不成立的，应制作《行政裁定书》（驳回申请用）。当事人对停止执行或不停止执行的裁定不服的，可以申请复议一次。

小结：

1.【岗位技能】

（1）认真倾听、归纳总结的能力。

（2）围绕重点问题，记录要点的能力。

2.【工作步骤】

（1）先予执行的审查与决定。

①审查当事人提出的行政行为先予执行的申请。

②符合条件，裁定先予执行；如果不符合，进行谈话告知。

③将先予执行裁定书送交行政机关和相关机构。

④当事人对先予执行裁定不服，申请复议一次的，经审查后应答复当事人。

（2）停止行政行为的执行。

①审查停止行政行为执行的申请是否符合法定要求。

②符合条件的，裁定停止行政行为的执行；如果不符合，裁定驳回。

③将裁定停止行政行为执行的裁定书发给行政机关；将驳回的裁定书发给申请人。

④当事人对停止执行裁定或不停止执行裁定不服，申请复议一次的，应答复当事人。

3.【业务文件】

《行政诉讼法》。

第二章　行政案件庭审及庭审后工作规范

第一节　撰写案件审理报告

【工作情境 7】小区居民诉区规划委的案子庭审第二天，郑法官找到法官助理小祝要案件审理报告，小祝为难地说：还没有来得及写，也不太会写。

【工作分析】如果你是一名行政庭的法官助理，你要如何撰写案件审理报告？

审理报告的用途主要系提交专业法官会议、审判委员会会议研判案情使用，帮助参会的人员快速了解案件争议焦点，原、被告的诉讼主张，审查认定的案件事实及适用的法律依据，并结合合议庭的几种意见，提出自己的参会意见。一般情况下，该审理报告应由承办法官提交会议使用，因此法官助理主要负责草拟审理报告的草稿，最后由承办法官审定。审理报告最终也会作为案件材料附卷备查。法官助理需掌握审理报告撰写的基本要素，一般包括以下内容。

1. 标题

审理报告应当写明标题，即“原告某某诉被告某某行政案由审理报告”，如王某诉某某行政机构信息公开一案的审理报告。

2. 案号

审理报告应当写明该案案号，如（2021）京 0105 行初 2328 号、（2021）京 02 行终 826 号。

3. 当事人基本情况

审理报告主要应写明当事人的姓名、性别、年龄、职业、住址、联系方式，当事人系单位的，应当写明单位名称、住所地，法定代表人姓名、职务等。

4. 原、被告的诉辩称

审理报告应当写明原告的诉讼请求及事实理由，同时写明被告的答辩意见，特别应明确原告的诉讼请求，确保内容清晰有条理。

5. 庭审查明的事实及法律依据

根据庭审情况，结合原、被告的证据材料，归纳案件争议焦点，详细阐述经审查后认定的案件事实，并列明所依据的证据材料及法律依据。

6. 合议庭的意见

根据合议庭合议的结果，详细阐明合议庭的几种处理意见，要求条理清楚、观点明确、理由充分。

7. 上会需要讨论的内容

对于案件的疑难问题，无论是涉及事实认定还是法律适用，均分条明确写明需要讨论的问题，确保参会人员在会议过程中可以有针对性地发表自己的意见。

8. 成文时间

承办法官署名，另起一行写明形成审理报告的具体时间。

小结：

1.【岗位技能】

(1)案卷材料的分析、归纳、总结能力。

(2)准确检索和正确理解法律法规的能力。

(3)案件事实认定能力。

(4)正确的法律分析判断能力。

2.【工作步骤】

(1)阅读案卷材料，明确诉讼请求和各方意见。

(2)审查行政行为，确定被诉具体行政行为。

(3)收集法律法规，厘清规范性文件的内容。

(4)梳理双方争议，确定双方争议问题和争议焦点。

(5)分析证据材料，解决案件事实认定问题。

(6)解决法律争议，明确案件的裁判意见。

(7)参考类案裁判，追求相同案件相同裁判。

第二节　行政案件的撤诉

【工作情境8】法官助理小祝在工作中遇到了如下情形：

胡某诉区公安分局行政拘留案中，胡某向法院打来电话，称区公安分局变更了处罚措施，撤销了对他的行政拘留，现在想向法院申请撤回对区公安分局的起诉。

【工作分析】在上述情境中，小祝该如何分别处理？如果你是上述案件的法官助理，你会如何做？

一、原告申请撤诉

根据《行政诉讼法》第62条和《最高人民法院关于行政诉讼撤诉若干问题的规定》第1条、第2条的规定，人民法院经审查认为被诉行政行为不当，可以在宣告判决或者裁定前，建议被告改变其所作的行政行为。被告改变被诉行政行为，符合法律规定，原告申请撤诉符合条件的，法院应当裁定准许。根据上述规定，法院在审理行政案件过程中，在对被诉行政行为进行合法性审查的基础上，可以根据案件的具体情况，建议被告改变其所作的行政行为，主动赔偿或补偿原告的损失，协调双方在法律规定的范围内达成和解，以撤诉的形式解决行政争议，实现案结事了。

（一）协调撤诉案件的范围

1. 可以协调撤诉的案件

具有下列情形的行政诉讼案件，可以协调撤诉：（1）被诉行政行为违法，但撤销该行政行为将会给国家利益、公共利益或者他人合法权益造成重大损失的；（2）被诉行政行为合法，但其合理性存在问题的；（3）被诉行政行为涉及的法律规定不明确或者法律规定与相关政策不一致的；（4）行政相对人的诉讼请求难以得到法院支持，但其诉求又确实包含亟待解决的合理要求的；（5）其他可以协调撤诉的情形。

2. 不宜进行协调撤诉的案件

下列案件一般不宜进行协调撤诉：（1）被诉行政行为合法、合理，行政相对人的诉讼请求明显不能成立的；（2）法律、法规对协调撤诉有禁止性规定的;(3)行政法律关系的性质不适宜协调撤诉的。[1]

(二)协调撤诉的原则

1. 合法性审查原则

协调撤诉的案件都应当对被诉行政行为的合法性进行审查和评议,被诉行政行为存在重大明显违法情形的,应当在合议笔录中予以载明,对于行政机关根据原告的请求依法履行法定职责,采取相应的补救、补偿等措施或在行政裁决案件中书面认可原告与第三人达成和解等视为改变行政行为具体内容的,也应在合议庭笔录中予以体现。

2. 及时裁判原则

要注意处理好协调与裁判的关系,防止以协调之名久拖不结。经审查申请撤诉不符合法定条件,或者行政机关改变被诉具体行政行为后当事人不撤诉的,应当及时作出裁判。

3. 当事人权益保护原则

当事人之间达成的和解协议中往往具有履行权利义务的内容,法院应当关注和解内容的履行情况,对于有履行内容且履行完毕,符合撤诉条件的,可以裁定准许撤诉;不能即时或者一次性履行的,可以裁定中止审理,以防止约定的义务不能及时履行或者不履行,使当事人的权益未能得到保护。

(三)对撤诉的审查

1. 对和解协议的审查

当事人之间达成的和解协议应当符合下列条件:(1)和解协议系当事人自愿达成,为当事人的真实意思表示;(2)和解事项属于当事人有权处分的范围,执行和解协议不影响行政职权的合法行使,也不会使任何一方当事人获取非法利益;(3)和解协议的内容不违反法律、法规及规章的禁止性规定,不损害国家利益、公共利益或者他人的合法权益;(4)当事人之间达成的和解协议应当由各方当事人签字、盖章或者通过其他方式确认,书面和解协议涉及案外人的内容,须经案外人签字认可。

2. 对行政机关改变行政行为的审查

有下列情形之一的,属于被告改变其所作的行政行为:(1)改变被诉具体

---

[1] 参见高杰主编:《行政审判实务技能》,人民法院出版社 2013 年版,第 181 页。

行政行为所认定的主要事实和证据；(2)改变被诉具体行政行为所适用的规范依据且对定性产生影响；(3)撤销、部分撤销或者变更被诉具体行政行为的处理结果。

有下列情形之一的，可以视为被告改变其所作的行政行为：(1)根据原告的请求依法履行法定职责；(2)采取相应的补救、补偿措施；(3)在行政裁决案件中，书面认可原告与第三人达成和解。

3. 对撤诉申请的审查

被告改变被诉行政行为，原告申请撤诉，符合下列条件的，法院应裁定准许：(1)申请撤诉是原告真实意思表示；(2)被告改变被诉行政行为，不违反法律、法规的禁止性规定，不超越或者放弃职权，不损害公共利益和他人合法权益；(3)被告已经改变或者决定改变被诉具体行政行为，并书面告知法院；(4)第三人无异议。

（四）结案方式

当事人经协调达成和解协议，被告已经改变被诉具体行政行为，行政争议已妥善解决的，应当根据法律规定及案件的实际情况，分别采取不同的结案方式。

1. 一审程序

(1)原告申请撤诉的，依法裁定准许。准许撤诉裁定可以载明被告改变被诉具体行政行为的主要内容及履行情况，并可以根据案件的具体情况，在裁定理由中明确被诉行政行为全部或者部分不再执行。

(2)当事人经协调达成和解协议，被告已经改变被诉具体行政行为，原告坚持不撤诉的，可以裁定终结诉讼，在裁定理由部分可以根据案件情况载明行政机关改变被诉具体行政行的主要内容及履行情况，并明确被诉具体行政行为不再执行。

2. 二审程序和再审程序

在二审或者再审期间行政机关改变被诉具体行政行为，当事人申请撤回上诉或者再审申请的，参照前述规定。

(1)准许撤回上诉或者再审申请的裁定可以载明行政机关改变被诉具体行政行为的主要内容及履行情况，并可以根据案件具体情况，在裁定理由中明确被诉行政行为或者原裁判全部或者部分不再执行。

(2)当事人经协调达成和解协议,被告已经改变被诉具体行政行为,上诉人或再审申请人坚持不撤回上诉的,可以裁定终结诉讼,在裁定理由部分可以根据案件情况载明行政机关改变被诉具体行政行为的主要内容及履行情况,并明确原裁判被诉行政行为不再执行。

3. 申诉复查程序

在申诉复查程序中经协调达成和解协议,被告已经改变被诉具体行政行为,申诉人申请撤回申诉的,以通知的形式终结复查程序。申诉人反悔的,应通知驳回其申诉。

和解笔录、和解协议、被诉行政机关改变或者视为改变的具体行政行为的书面材料及和解协议履行情况、协调工作过程中形成的谈话询问笔录等有关材料应当归卷存档。

二、按照撤诉处理

《行政诉讼法》第 58 条规定,经人民法院传票传唤,原告无正当理由拒不到庭,或者未经法庭许可中途退庭的,可以按照撤诉处理。《行政诉讼法解释》第 61 条规定,原告或者上诉人未按规定的期限预交案件受理费,又不提出缓交、减交、免交申请,或者提出申请未获批准的,按自动撤诉处理。在按撤诉处理后,原告或者上诉人在法定期限内再次起诉或者上诉,并依法解决诉讼费预交问题的,人民法院应予立案。上述两条规定了行政诉讼按照撤诉处理的情形。按照撤诉处理的情形,相较原告主动申请撤回起诉,属于被动撤回起诉的情形。

三、工作中需要注意的情形

一般情况下,撤诉手续的办理由法官助理主导完成。因此,在办理撤诉案件时,法官助理要针对撤诉的情形,分别注意以下问题。

1. 原告主动申请撤回起诉的案件

一是注意审查原告的撤诉申请书是否格式要求。撤诉申请书是否写明了撤回案件的案号及原告被告情况,是否明确表述了自愿申请撤回起诉,是否手写签名或盖章。对于诉讼代理人办理撤诉的案件,诉讼代理人是否具有放弃诉讼请求的代理权限。二是在办理撤诉时要与原告进行谈话并制作笔录。法官助理要重点询问原告是否自愿申请撤回起诉、是否是其本人真实意思表示、明确告知行政案件撤回起诉后不可以同一事实和理由重复起诉。

2. 按照撤诉处理的案件

经人民法院传票传唤,原告无正当理由拒不到庭,或者未经法庭许可中途退庭的案件,应注意保存向原告送达传票的相关材料或是原告未经法庭许可中途退庭的视频录像。未缴纳诉讼费按照撤诉处理的案件,应保存原告未按期缴纳诉讼费的材料。

小结:

1.【岗位技能】

(1)撤诉的程序性事项处理能力。

(2)撤诉裁定的草拟及校核能力。

2.【工作步骤】

(1)收到当事人的撤诉申请后,及时提交法官决定是否准许。

(2)通知当事人进行谈话,裁定是否准许撤诉。

(3)当事人未按期到庭或未按期缴纳诉讼费的,询问当事人原因,并提交法官做进一步处理。

(4)草拟撤诉裁定书。

(5)向当事人送达裁定书。

第三节　行政判决书的制作与校对

【工作情境9】郑法官对法官助理小祝说,“下周我们要对王某、崔某诉区规划局的案子进行宣判,我已将你起草的判决书修改好了,你最后对判决书进行一下校对,并打印出来,盖好院章,你一定保证判决书没有任何问题”。小祝爽快地答应了,但对如何校对好行政判决书感到压力山大。

【工作分析】小祝要对行政判决书如何进行校对,才能保证没有瑕疵?

行政裁判文书是人民法院在审理行政案件过程中,对当事人之间的诉讼争议进行判断的文书,是裁判结果的外化,具有法律约束力。根据案件的结案方式不同,行政裁判文书分为三类:行政判决书、行政裁定书、行政调解书。行政裁判文书由承办法官制作,并由法官助理、书记员校核。

文书校对内容(以行政判决书为例)

根据最高人民法院发布的《行政诉讼文书样式(试行)》的规定,行政判决书分为首部、事实、理由、判决结果、尾部及附录六部分。文书校对既包括对文书具体内容,即标题、当事人情况、认定的事实、适用的法律、裁判主文、合议庭成员等内容的校对,也包括技术规范、语言文字方面的校对。文书校对时,应注意与卷宗中的材料进行一一核对。

1. 具体内容的校对

(1)校对标题中法院名称是否正确,基层法院应冠以省、市、自治区的名称,涉外案件应冠以"中华人民共和国"字样。行政诉讼案件的裁判文书标题应为"行政判决书/裁定书";行政赔偿案件的裁判文书标题应为"行政赔偿案件判决书/裁定书"。

(2)校对案号是否准确。

(3)校对诉讼参与人的基本情况是否准确,易遗漏出庭行政机关负责人的基本情况。

(4)校对案由、案件审理的程序、审判组织、开庭时间及诉讼参与人的参加情况等是否与庭审笔录中的记载一致。

(5)校对当事人的诉辩意见有无遗漏、变更,证据是否清楚全面,与开庭笔录一致,事实是否准确、清晰,全文是否无错别字。

(6)校对法律法规引用是否规范,应按照《最高人民法院关于裁判文书引用法律、法规等规范性文件的规定》第1条的规定,规范引用法律法规。

(7)校对判决主文是否处理回应了原告的全部诉讼请求,对于未支持的诉讼请求应有"驳回其他诉讼请求"项;判决主文涉及赔偿数额的,赔偿数额必须使用汉字数字,不用阿拉伯数字;对于撤销原行政行为的,应写明是否需要判决被告重新作出行政行为并明确履行期限。

(8)校对诉讼费用的负担是否全部列明,包括案件受理费、保全费、鉴定费等有无遗漏,数额是否正确;上诉期限及上诉法院表述是否正确。

(9)校对合议庭成员、法官助理及书记员是否与告知当事人的一致,文书落款时间是否是案件审结时间。

2. 编辑文书的技术规范、字体字号、标点符号

(1)文书字体上,法院名称应用二号标宋体字,裁判文书名称应用一号标宋体字,案号和正文应用三号仿宋体字(仿宋_GB2312);打印使用国际标准A4纸;标题单倍行距、居中;正文两端对齐、首行缩进2字符、行间距26磅;案号居右对齐;案号和标题之间空1行,连接正文,并与正文右侧相差1个字符。

(2)四位数内(含四位数)的数字,不用分节法;大于四位数的数字,每三个之间应分开(例:58234应写为58 234);一个完整的数字不能出现换行的情况,只能在一行中出现;相邻两个数字并列连用表示的概数,在连用的两个数字之间不得用顿号隔开。

(3)判决主文中的金额等必须使用大写,不得出现小写数字;判决主文中不能出现简称,一律使用当事人原名称。

(4)关于标点符号的使用,参照《标点符号用法》。

(5)关于文书格式,两页以上的法律文书必须居中编写页码,从“1”开始编起;最后一页无正文内容,仅有合议庭组成、日期等内容的,要定格写明“此页无正文”字样。

小结:

1.【岗位技能】

(1)熟练掌握裁判文书结构的能力。

(2)熟练掌握裁判文书语言表达的能力。

(3)熟练掌握执行裁判文书技术规范的能力。

2.【工作步骤】

(1)校对行政判决书的各要素齐全,不要有漏项。

(2)校对裁判文书的具体内容,包括标题、案号、当事人情况、认定的事实、适用的法律、裁判主文、合议庭成员、落款时期等。

(3)校对行政裁判文书的文字,不要有错别字。

(4)校对裁判文书引用的法律条文。

(5)校对行政裁判文书说理论证逻辑。

(6)校对裁判文书的数字、度量单位、标点符号等。

第四节　行政案件的执行

【工作情境10】郑法官提示法官助理小祝，小区居民王某、崔某诉区规划委违法变更规划一案的判决已经生效，嘱咐小祝做好接下来的执行工作。

【工作分析】小祝需要如何做才能做好执行工作呢？

一、行政裁判文书的申请执行

执行是诉讼的保障，诉讼是为了判决、裁定能够得到实现。行政判决中的判决书、调解书等法律文书仅仅是对案件的事实和法律问题作出一个判断和裁决，并不自动使当事人的权益转化为现实，执行程序便是一道桥梁，将判决书等法律文书和当事人的实际权益连接在一起，保证当事人合法权益的实现，维护司法公信力。

（一）申请执行与执行依据

对发生法律效力的行政判决书、行政裁定书、行政赔偿判决书和行政赔偿调解书，当事人应当自觉履行，负有义务的一方当事人拒绝履行的，对方当事人可以依法申请人民法院强制执行。

公民、法人或者其他组织拒绝履行判决、裁定、调解书的，行政机关或者第三人可以向第一审人民法院申请强制执行，或者由具有直接行政强制执行权的行政机关依法强制执行。

（二）对行政机关的执行措施

行政机关拒绝履行判决、裁定、调解书的，第一审人民法院可以采取下列措施。

1. 对应当归还的罚款或者应当给付的款额，通知银行从该行政机关的账户内划拨。如果行政机关的处罚决定因为违法而被人民法院撤销，或者因为处罚明显不当而被法院判决变更，行政机关应当及时通知财政部门将罚款退回并归还受处罚人。如果行政机关拒绝履行，法院执行员应当从行政机关开立的银行账户内划拨。

2. 在规定期限内不履行的，从期满之日起，对该行政机关负责人按日处50元至100元的罚款。

3. 将行政机关拒绝履行的情况予以公告。行政机关理应成为守法的模范。如果其拒绝履行,法院将其拒绝履行的情况予以公开,使其名誉受到一定减损,以期达到促使其自觉履行的目的。

4. 向监察机关或者该行政机关的上一级行政机关提出司法建议。接受司法建议的监察机关或者上一级行政机关按照国家有关人事管理权限和处理程序,对相关的责任人员作出行政处分,并将处理情况告知法院。

5. 拒不履行判决、裁定、调解书,社会影响恶劣的,可以对该行政机关直接负责的主管人员和其他直接责任人员予以拘留;情节严重,构成犯罪的,依法追究刑事责任。

二、非诉执行

(一)非诉执行的申请主体

非诉执行的申请主体包括:(1)行政机关。公民、法人或者其他组织对行政行为在法定期限内不提起诉讼又不履行的,行政机关可以申请人民法院强制执行,或者依法强制执行。《行政强制法》规定,行政机关的直接强制执行权只能由法律设定。目前我国只有《税收征收管理法》《海关法》等少数法律规定的行政机关有直接强制执行权。(2)权利人。行政机关根据法律的授权对平等主体之间民事争议作出裁决后,当事人在法定期限内不起诉又不履行,作出裁决的行政机关在申请执行的期限内未申请人民法院强制执行的,生效行政裁决确定的权利人或者其继承人、权利承受人在6个月内可以申请人民法院强制执行。

(二)非诉执行的条件

行政机关申请人民法院强制执行其作出的行政决定的,应当具备以下条件:(1)行政行为依法可以由人民法院执行;(2)行政行为已经生效并具有可执行内容;(3)申请人是作出该行政行为的行政机关或者法律、法规、规章授权的组织;(4)被申请人是该行政行为所确定的义务人;(5)被申请人在行政行为确定的期限内或者行政机关另行指定的期限内未履行义务;(6)申请人在法定期限内提出申请;(7)被申请执行的行政案件属于受理申请执行的人民法院管辖。

(三)非诉执行的法院

行政机关申请人民法院强制执行其行政行为,由申请人所在地的基层人民法院受理;执行对象为不动产的,由不动产所在地的基层人民法院受理。

(四)对非诉执行的审查

行政机关申请人民法院强制执行其行政行为,应当提交申请执行书、据以执行的行政法律文书、证明该行政行为合法的材料和被执行人财产状况以及其他必须提交的材料。享有权利的公民、法人或者其他组织申请人民法院强制执行的,参照行政机关申请人民法院强制执行行政行为的规定。对符合条件的申请,法院应当立案受理,并通知申请人;对不符合条件的申请,应当裁定不予受理。

小结:

1.【岗位技能】

(1)行政裁判文书申请执行的处理能力。

(2)非诉执行的处理能力。

2.【工作步骤】

(1)行政裁判文书执行。

①审查行政裁判文书执行的申请。

②根据案情和对象采取合适的执行措施。

(2)非诉执行的审查。

①审查非诉执行的主体是否适格。

②审查非诉执行是否符合条件。

③审查非诉执行的执行主体(法院)是否适格。

④审查非诉执行的对象是否合法。

3.【业务文件】

《行政诉讼法》《行政诉讼法解释》《行政强制法》